全国医药中等职业教育护理类专业"十二五"规划教材

应用文写作

主编 常平福 杨 军

中国医药科技出版社

内 容 提 要

　　本书是全国医药中等职业教育护理类专业"十二五"规划教材之一，依照教育部教育发展规划纲要等相关文件要求，紧密结合护士执业资格考试特点，根据《应用文写作》教学大纲的基本要求和课程特点编写而成。

　　全书共分为九个单元，从应用文写作的基础知识入手，阐述了各种文体的概念、作用、写作方法和写作要求，并结合护理工作实际，每个文种后面都有可供借鉴的范例、病文分析和仿真练习。

　　本书适合医药卫生中等职业教育相同层次不同办学形式教学使用，也可作为医药行业培训和自学用书。

图书在版编目（CIP）数据

应用文写作/常平福，杨军主编 . —北京：中国医药科技出版社，·2013. 8
全国医药中等职业教育护理类专业"十二五"规划教材
ISBN 978 - 7 - 5067 - 6214 - 4

Ⅰ. ①应…　Ⅱ. ①常…　②杨…　Ⅲ. ①汉语 - 应用文 - 写作 - 中等专业学校 - 教材
Ⅳ. ①H152. 3

中国版本图书馆 CIP 数据核字（2013）第 147122 号

美术编辑　陈君杞
版式设计　郭小平

出版　中国医药科技出版社
地址　北京市海淀区文慧园北路甲 22 号
邮编　100082
电话　发行：010 - 62227427　邮购：010 - 62236938
网址　www. cmstp. com
规格　787 × 1092mm¹⁄₁₆
印张　17¾
字数　366 千字
版次　2013 年 8 月第 1 版
印次　2021 年 1 月第 3 次印刷
印刷　三河市腾飞印务有限公司
经销　全国各地新华书店
书号　ISBN 978 - 7 - 5067 - 6214 - 4
定价　39. 00 元
本社图书如存在印装质量问题请与本社联系调换

全国医药中等职业教育护理类专业"十二五"规划教材
建设委员会

主 任 委 员 刘贞明（山东省莱阳卫生学校）

副主任委员 （按姓氏笔画排序）

尤　康（成都大学中职部）

毛如君（天水市卫生学校）

李智成（山东省青岛卫生学校）

邵兴明（重庆市医科学校）

郑明金（山东省青岛第二卫生学校）

钟　海（四川护理职业学院）

符史干（海南省卫生学校）

颜　勇（毕节市卫生学校）

委　　员 （按姓氏笔画排序）

于全勇（山东省莱阳卫生学校）

文宇祥（重庆市医科学校）

王建鹏（四川护理职业学院）

刘忠立（山东省青岛卫生学校）

吴文敏（成都大学中职部）

沈　珣（贵州省人民医院护士学校）

陈天泉（天水市卫生学校）

姜瑞涛（山东省青岛第二卫生学校）

常平福（定西市卫生学校）

黎　梅（毕节市卫生学校）

秘 书 长 吴少祯（中国医药科技出版社）

办 公 室 浩云涛（中国医药科技出版社）

赵燕宜（中国医药科技出版社）

顾　　问 陈锦治（中华预防医学会公共卫生教育学会职教分会）

编 委 会 ▶▶▶ 《应用文写作》

主　编　常平福　杨　军
副主编　李　红
编　者　(以姓氏笔画为序)
　　　　向勇光（四川护理职业学院）
　　　　杨　军（天水市卫生学校）
　　　　李　红（山东省莱阳卫生学校）
　　　　张小平（甘肃省定西市安定区中华路中学）
　　　　常平福（定西市卫生学校）

编写说明

　　随着《国家中长期教育改革发展纲要(2010～2020年)》的颁布和实施,职业教育更加强调内涵建设,职业教育院校办学进入了以人才培养为中心的结构优化和特色办学的时代。为了落实国家职业教育人才培养的"德育优先、能力为重、全面发展"的教育战略需要,主动加强教育优化和能力建设,实现医药中职教育人才培养的主动性和创造性,由专业教育向"素质教育"和"能力培养"方向转变,培养护理专业领域继承和创新的应用型、复合型、技能型人才已成为必然。为了适应新时期护理专业人才培养的要求,过去使用的大部分中职护理教材已不能适应素质教育、特色教育和创新技能型人才培养的需要,距离以"面向临床、素质为主、应用为先、全面发展"的人才培养目标越来越远,所以动态更新专业、课程和教材,改革创新办学模式已势在必行。

　　而当前中职教育的特点集中表现在:①学生文化基础薄弱,入学年龄偏小,需要教师给予多方面的指导;②学生对于职业方向感的认知比较浅显。鉴于以上特点,全国医药中等职业教育护理类专业"十二五"规划教材建设委员会组织建设本套以实际应用为特色的、切合新一轮教学改革专业调整方案和新版护士执业资格考试大纲要求的"十二五"规划教材。本套教材定位为:①贴近学生,形式活泼,语言清晰,浅显易懂;②贴近教学,使用方便,与授课模式接近;③贴近护考,贴近临床,按照实际需要编写,强调操作技能。

　　本套教材,编写过程中还聘请了负责护士执业资格考试的国家卫生和计划生育委员会人才交流服务中心专家做指导,涵盖了护理类专业教学的所有重点核心课程和若干选修课程,可供护理及其相关专业教学使用。由于编写时间有限,疏漏之处欢迎广大读者特别是各院校师生提出宝贵意见。

全国医药中等职业教育护理类专业

"十二五"规划教材建设委员会

2013年6月

前 言

    21 世纪，护理事业正以前所未有的速度向前迈进。护理理论体系、职能范围、工作内容都发生了巨大变化。护理专业成为科技性和人文性高度结合、高度统一的专业。护士作为融知识技术与人文素养于一体的专业工作者，仅仅掌握专业知识技能已远远不能满足工作的需要，还必须掌握护理应用文写作知识。应用文作为护士交往的手段、信息的载体、管理的工具，在工作、管理、交往、学习、生活中越来越受到人们的广泛认同。于是，我们在中国医药科技出版社的关怀和领导下，组织一线的教师编写了本教材，希望能为广大一线的护理工作者暨在校护理、助产专业的学生提供一些帮助和借鉴。

    本教材根据护理人员在工作中的写作需要，按照应用文的类别分为九个单元，另有五部分附录内容，介绍了四十多种常用应用文的写作。从护理应用文写作基础知识入手，阐述了各种文体的写作方法与写作要求，并结合护理工作实际，在每个文种后面提供了可供借鉴的例文、病文分析及实战演练，旨在切实提高学生的应用文写作能力。

    本教材的特点是：

    实用为主，具有护理特色。本教材从文种的取舍、例文的筛选、文中的举例，都尽可能贴近护理专业、贴近工作需要、贴近现实生活，体现了应用文写作知识与护理专业的有机结合和相互渗透。

    理实结合，注重能力培养。本教材在知识点的阐述上特别注重科学、准确，在案例中特别注重与护理专业及实际工作相结合。每个文种都按理论概述与写作方法两部分来写，并都有实践演练，即前半部分为理论知识，后半部分为实践能力的训练，以期通过多写多练，切实提高学生的应用文写作能力。

    简明扼要，便于掌握技巧。本教材在每个文种后面，都专门列举了病文分析与例文，便于学生正误对照，掌握写作技巧。

    参加本书编写的有向勇光（第一单元、第五单元），杨军（第二单元、第四单元），张小平（第三单元、第八单元），李红（第六单元、第九单元），常平福（第七单元、附录）。本教材编写过程中，各位编者尽心尽力，积极努力，通力合作，对本教材的编写花费了大量心血；编写中参阅并汲取了有关的著作和资料，在此一并表示衷心的感谢。

    由于编者水平有限，书中不足之处在所难免，恳请有关专家和同行予以批评指正，以便我们不断改进。

编者

2013 年 3 月

目 录

应用文写作基础知识 /// 第一单元

要点导航

1. 了解应用文的概念、特点及作用，公文的概念。
2. 熟悉应用文的种类，应用文构成要素，公文的种类、行文关系、行文方向和行文方式。
3. 掌握应用文的写作过程，公文的行文规则、格式，根据公文的行文规则和格式，学会拟写常见的公文。

第一节　应用文概述

应用文是国家机关、社会团体和个人在工作、学习和日常生活中，用以处理各种公私事务、传递交流信息、解决实际问题的具有实用价值和某种惯用体式的多种文体的统称。它包括法定性公文和一般应用文。

应用文与人们的生活密切相关，自有文字开始，就有了应用文。我国奴隶社会的殷商时期，人们把占卜吉凶的结果、祭祀祖先的活动经过等，用符号刻记在龟甲或兽骨上，这种甲骨卜辞可以说是人类历史最早的应用文。通过长期实践，人们对应用文的形式和功能进行约定，共同遵守、共同使用，使其成为相对于记叙文、议论文、说明文的又一类特殊文章类型。应用文以实际应用为目的，是传递信息、处理事务、解决问题、交流经验的一种必不可少的工具。

应用文是用途最广而又最大众化的一种文体。由于社会的不断进步和科学文化的迅速发展，应用文的使用范围也越来越广泛。在今天，无论国家机关、企事业单位或是个人，在传递信息、交流思想、介绍经验、联系工作和进行各种写作时，均离不开应用文。随着社会的发展和科学技术的进步，应用文也将发挥越来越重要的作用。

一、应用文的特点

1. 实用性　所谓实用性，就是应用文是用于解决实际问题的。一般来说，写作应用文总有具体明确的实用目的，总是为了解决特定的问题，总有明确而固定的使用对象。记叙文是"以事感人"，议论文是"以理服人"，应用文则是"以实告人"。应用文的写作目的是为处理某一些实际事务，写作内容是实实在在解决某些具体问题，写作对象是特定的单位和个人，在写作和使用上有明确的时间限制，还有明确的使用范围。也就是说，应用文是为了处理工作中和生活中的实际问题而写的。比如写一篇请示，是为了向上级请求批准办理某一事项，或者可能是在工作中遇到了无权或无力解决的问题，而向上级求助；写一份财务报告，目的是向上级报告财务收支状况；写一篇民事诉状，是为了解决已经发生的民事纠纷；写一篇广告，是为了向公众宣传某种商品或服务，或扩大自身的知名度，推销产品。

2. 真实性 所谓真实性，是指应用文的内容必须是真实可靠的，应用文的性质决定了真实性是它的另一个显著特征。作为解决实际问题的应用文体，无论处理公务或私务，它必须如实地反映客观现实，必须准确无误，不能经过任何艺术加工。要以诚信、诚实为基础，实事求是，遵守道德，讲求信誉，决不能弄虚作假，虚构编造。比如写会议纪要，不能无中生有，张冠李戴；写调查报告，不能闭门造车，凭想当然来写；写广告不能虚实相间，真假混淆；写新闻，一定要要真实地反映时间、地点、人物和事件。

3. 针对性 应用文的内容通常都力求准确，要有针对性。或提出要解决的问题，或介绍、总结、说明工作中的实际情况。写作时务必将时间、地点、基本情况、事件原委、处理办法或措施等方面的内容交代清楚。

4. 简约性 所谓简约性，是指应用文的语言应力求准确平实、通俗易懂、简练明白。应用文尚简约而不尚冗长，尚朴实而不尚浮华。叶圣陶先生说："公文不一定要好文章，可是必须写得一清二楚，十分明确，句稳词妥，通体通顺，让人家不折不扣地了解你说的是什么。"应用文写作不同于文学创作，要做到准确鲜明，重实际，讲实效，并且所述之事要求真实，不弄虚作假，不浮夸。多采用直陈其事的写法，无论叙述、说明，还是议论部分，都力求干净利落，不能拖泥带水，交错冗杂。"文以辩洁为能，不以繁缛为巧"这对于应用文来说，再恰当不过了。

5. 时效性 所谓时效性，是指应用文对时间要求极为严格。应用文都是为解决问题而写的。要在传递信息、解决实际问题方面取得好的效果，就必须注意时间、效率、讲究时效。一般来说，应用文往往是在特定的时间来处理特定的问题，尽快的传递相关信息，因此时效性很强。不及时发文，拖拖拉拉，或时过境迁再放马后炮，使信息失败，就会失去其实用价值。

6. 固定性 所谓固定性，是指应用文有相对固定的惯用的格式和语言风格。这些固定的格式和风格，有的是大家约定俗成，共同遵守的；有的由国家规定，统一执行的。由于应用文种类繁多，它必须尽可能在形式上便于掌握，内容上便于理解，以便更好地为生活和工作服务。为了适应这一要求，应用文在长期的发展过程中逐渐形成了固定的写作格式。这些写作格式，大都已成定体，不能随便变动。如书信，一般由称谓、正文、祝词、署名、日期五部分组成，通常不随意改动。虽然某些格式在实践中根据实际需要可以稍有变化，但这种变化是有很大限制性的。必须根据它所反映的不同内容，来选用与之相适应的格式及语言形式，作者不可随心所欲、标新立异，否则就会出现差错、造成混乱。这种结构形式上的格式化首先是为了便于运用，同时也是由应用文内容及实用性特点所决定，这构成了应用文与其他文体相区别的一大特点。

二、应用文的作用

应用文的作用是多方面的。从纵的方面讲，它起到沟通、联络、维系各级政府、机关、单位，甚至个人的公务活动的作用；从横的方面讲，它维系着平行单位之间、个人之间的公、私活动，是协调各级部门和关系的桥梁。上至中央，下至基层单位及个人，上情下达、下情上传、协调一致，都离不开应用文所发挥的作用。

1. 沟通和协调作用 国家机关、社会团体、企事业单位、个人，都不是独立孤立地工作，彼此之间需要相互联系、传递信息、交流经验、协调行动，应用文可以把一些情况或信息传递出去，从而促进各部门的联系。沟通是指思想认识而言的，沟通的目的是统一认识。协调是指行动而言的，是把统一的认识付诸实践。没有沟通就没有办法协调，没有协调就没有办法沟通。现在，我们进入了信息化时代，彼此间联系更加密切，沟通和协调的任务将更加繁重，应用文的这一作用将会显得更加重要。

2. 宣传和教育作用 宣传的侧重点在于说明讲解，教育的侧重点在于用道理说服。应用文的宣传和教育作用与其他文学作品不同，它不是通过塑造人物形象，以美感形式传达宣传的教育意义，而是以实际的事例给人以警戒、以教育，应用文的宣传与教育作用更为直接，当然也更具有权威性。例如通报，是通过正面或反面的典型事例、经验教训，来启迪和教育有关工作人员，以便更好地促进工作。

3. 规范行为作用 机关应用文的许多种类，都不同程度地规定了人们的行动准则和行为方向，特别是法规性和政令性文件，对于人们该干什么，不该干什么，在什么时间、什么范围、什么问题上可干或不可干，能干到什么程度等等，都有明确的规定，有的还具体地制订了奖惩办法。这类文件一经发布，就必须坚决执行，任何人都不得违反。

4. 依据和凭证作用 在现实生活中，人们办事处理问题，为了做到有法可依，有章可循，有案可查，需要依据和凭证。每个单位、甚至每个人的行为都是历史长卷的一部分，为了使这部历史长卷完整无缺，为后人以资考察，需要依据和凭证。历史是一面镜子，可以知兴替，明得失、辩正误，我们办事少走弯路、提高效率，也需要依据和凭证。公务文书是各机关最根本、最真实的记录，具有最权威的依据和凭证作用，具有较高的实用和历史资料。例如经济合同和一些条据类应用文，则是当事人具有法律作用的依据和凭证。

三、应用文的种类

根据应用文的实际使用功能，人们一般把它分为通用和专用两大类。

（一）通用类

是指人们在办公或办事中普遍使用的文书。大体可分为三类：

1. 党政公文类 指的是《党政机关公文处理工作条例》中规定的文种。

2. 通用事务类 包括调查报告、工作总结、述职报告、简报、计划、规章制度等。

3. 个人事务类 如信函、启事、祝词、悼词、楹联等。

（二）专用类

是指某种特定行业使用的专业性较强的文书。大体可以分为四类：

1. 法律文书类 如诉状、辩护词、公证书、判决书等。

2. 经济文书类 如市场预测报告、经济合同、审计报告等。

3. 科教文书类 学术论文、实验报告等。

4. 新闻文书类 如消息、通讯、广告等。

第二节 应用文的写作

一、应用文的构成要素

尽管应用文的体式繁多，使用功能也千差万别，但就其构成要素来说，不外乎主要包含了主旨、材料、结构、语言四个方面。

（一）主旨

所谓主旨，是指通过文章内容所表达的核心思想、主要意图或者观点主张，古人称为"意"，也就是现在通常所说的主题。主旨在不同的文体中有不同的称谓：在记叙文中称为"主题"或"主题思想"，在论文中称为"中心观点"，在应用文体文章中则称为"主旨"。不管称作主旨还是主题，作为一篇文章的核心思想，它是文章的灵魂。

应用文的主旨，除了具有一般文章主题的特性以外，还有其独具的特征：

1. 应用性 有些应用文，特别是党政机关公文的主旨，不是作者本人、或者某个领导个人的主张，而是体现党和国家的方针政策，代表发文机关的意志，具有法定的权威性和约束力，具有很强的应用性。

2. 直显性 应用文的主旨是要解决实际问题、指导实际工作、处理机关事务和规范现实行为的，因此不能像文学作品那样含蓄多义，而是要清晰明确。越是清楚明白，越容易理解，才能便于操作。

3. 单一性 应用文的主旨要一个中心贯穿全文，尤其是党政公文要一文一事，一题一议。

一般文章主题的提炼，也叫"炼意"，是对生活材料发掘提炼，进行理性升华，从而产生作者的思想见解。有人把这个过程比喻成"剥茧抽丝"，或者"采花酿蜜"。应用文体写作中确立主旨，其立意过程也类似"茧中抽丝"、"花中取蜜"，但与一般文章提炼主题相比，还有自己的特点。一是要定向定位。所谓定向，就是确定主旨时要把握一定的方向，包括对问题的处理、工作的主张、事情的观点、以及对结果的预估都要有明确的意向。这个主旨的定向，宏观上要符合党和国家的方针政策，符合客观实际的发展规律，具体指向要符合所涉区域范围（具体地区或单位）的总体发展思路和行动路线。所谓定位，就是主旨的确立要有现实针对性，文章的目的、对象、要解决的问题，以及对解决问题的原则、方法、见解或主张要十分明确。应用文的主旨一般具有指导性、约束性和操作性，不像一般文章的主题，只要理解就可以了，而更重要的是去做，去实施，去贯彻，只有定位明确了，才能使确立的主旨更有针对性、更有指导性、也就更有现实效力；二是要删繁就简。确立应用文的主旨时往往面对庞杂繁芜的生活材料，面对千头万绪的工作局面和形形色色的矛盾现象，要找出需要针对的主要对象，对准中心事件和核心问题，抓住主要矛盾和矛盾的主要方面，删繁就简，避散居要，经过深入研究提炼和确立主旨。不能期望一个文件、一篇文章解决所有问题，要善于理顺思路，抓住主要问题和主要矛盾，不能面面俱到。

提炼主旨，首先要占有丰富详实的材料，材料是产生主旨的现实土壤和客观依据，材料匮乏或者失真，无法提炼出正确深刻的主旨。其次是依据正确的思想理论，包括邓小平理论和三个代表重要思想在内的政治理论、党和国家的方针政策、科学发展观指导下的当地发展的指导思想等等，应用文的主旨是主客观相结合的产物，没有正确的理论作为主旨的思想内核，也不能产生正确深刻的主旨；第三要运用科学的方法分析提炼主旨，要在充分调查研究的基础上，以求真务实的态度辩证地分析研讨相关材料，然后确立主旨。

（二）材料

材料是作者为了一定的写作目的，在日常生活中搜集到的生活现象和文字资料。材料分为两类：一类是确立主旨和提炼主题时所依据的基础，文章的主旨是通过这些材料形成的，但这些材料不能都写进文章。另一类就是写进文章中用来表现主旨的事实现象和理论依据，文章的主旨要靠这些材料来佐证。动笔写作之前，材料是形成主旨的"土壤"，进入写作之际，材料是表现主旨的"支撑"。

材料工作分为四个环节，搜集、鉴别、选择、使用，这四个环节紧密相连，环环相扣，是材料工作的全部内容。

1. 材料的搜集 搜集材料一般有三条途径：①在现实生活的具体实践中观察、体验，直接获取亲自经历的材料。这类材料属于直接的第一手材料，作者的感受一般都比较深刻，关键的问题是要注意平时积累；②根据文章写作的需要，对既定对象进行调查、采访，有目的、有计划地搜集材料。这类材料属于间接的第一手材料，获取这类材料要善于发现和鉴别；③通过书刊、档案以及计算机网络，从文献资料和网上信息资源中查阅材料。

搜集材料要注意两点：一要尽可能地丰富和详尽，最大限度地占有各方面的材料，为鉴别和选择打下基础；二是搜集材料时要有一定的范围和方向，不能盲目地、漫无边际地寻找。搜集材料要及时分类整理，作好材料笔记和材料卡片。

2. 材料的鉴别 对材料的鉴别，就是分析材料的性质，判断材料的真伪，估量材料的意义与作用。鉴别真实性，要考虑两方面的因素：一是材料的客观真实性，事件是否发生，问题是否存在，数据是否准确等等；二是就个别而言，虽然事情是存在的，数字是真实的，但放在整体之中衡量，这些偶然的、个别的真实现象不能反映整体面貌和内在本质，不典型，不能代表本质真实。

3. 材料的选择 选择材料，就是在鉴别的基础上对材料进行选择，把那部分准备写进文章的材料挑选出来。一般遵循以下原则：

（1）要围绕主旨：即主旨统帅材料，根据表现主旨的需要来决定材料的取舍。

（2）要典型：应用文的目的或者是具有普遍的指导意义，或者是通过个别的工作揭示一般的规律，或者是对普遍存在的问题提出主张和见解，只有选择那些具有代表性的典型材料才能揭示事物的本质，从而有力地支持主旨。

（3）要真实准确：所选材料，既要符合客观实际的情形，不弄虚作假，又要反映客观事物的本质和主流，并且可靠无误。

（4）要生动新颖：避免使用过时陈旧的材料，应用文一般都时效性很强，材料一定要新；要选择生动鲜活的材料，文章才能具有感染力和说服力。

4. 材料的使用 使用材料是在吃透材料的基础上灵活运用，切忌拘泥呆板；要想方设法使材料活脱灵动，避免简单的摹抄比照。

首先，要努力发掘材料本身的深刻意义，仔细研究材料与主旨的关系，使材料尽最大限度地发挥揭示事物本质的作用，做到小中见大，平中见奇，所谓以波涌之光显沧海本色，以一蚁之穴患长堤之忧。

其次，仔细地增删取舍，使详略疏密得当。对表现主旨起主要作用的要详写，属于概括性的材料要略写；事件内涵深刻，具有广泛意义的要详写，一般次要的、烘托性的材料可略写。什么材料用在哪里要斟酌，可能几个材料都是为同一个问题准备的，用哪个都可以，或者不同角度的几个问题都需要同一材料，要仔细研究，做好调整安排，把材料用在最合适的地方，不至于拥挤，也不能疏漏。

第三，要安排好顺序，先说什么，后用什么，要按照逻辑顺序合理安排，使杂乱无序的材料成为有序的信息系统。

（三）结构

所谓结构，也就是文章内部的组织、构造。如果说主旨是文章的"灵魂"，材料是文章的"血肉"，那么，结构就是文章的"骨骼"。有了坚实匀称的骨骼，血肉与灵魂才有所依附，主旨、材料和结构三者的有机结合，文章才能构成一个完美的生命。

1. 结构的内容 文章结构的内容包括：层次和段落、过渡与照应、开头及结尾。

2. 结构的原则与要求 首先，要格式规范。一般的应用文体文章都有相对稳定的结构模式，有些特定文体，如行政公文、司法文书、信函等，都有规范的格式。要熟练掌握这些格式要求，要根据不同的文种使用相应的格式，要规范化。尤其是行政公文和法律文书，具有法定的权威性，对格式的要求更为严格，拟稿时要充分注意；其次，要纲目分明。纲，是指构成文章主旨的核心内容，是主要内容；所谓目，是从属于纲的基本内容，是次要内容；在表述上要有层次，要以纲带目，所谓纲举目张。在写作实践中往往分成段落层次，按部分表述，或者采取条陈的方式。每部分可以加小标题，也可以加序号，总之要纲目分明，清晰醒目；第三，要逻辑严密。这是指文章的内部逻辑关系要严密，文章的内部逻辑关系和外部的形式结构是一个浑然的整体，共同为表达主旨服务。既要段落层次清楚得当，也要逻辑线索脉络贯通，顺理成章。

（四）语言

语言由语音、词汇、语法三部分构成，语言表达是应用文写作活动的最终归宿，表达效果决定着写作成果的质量。应用文的语言重在实用，一个字一句话往往至关重要，有人说"笔下有财产万千，笔下有人命关天，笔下有是非曲直，笔下有毁誉忠奸。"这毫不夸张地说出了应用文语言的重要性。应用文的语言具有平实、准确、简洁、严谨四个基本特征。

1. 平实 应用文的文风要朴实自然，所讲事情要符合实际情况，数字要准确无误，办法要切实可行。实事求是是应用文的起码要求。要做到实事求是，就必须深入生活，亲自调查，不闭门造车。同时还要熟悉本行业务，学习有关知识，避免由于"外行"而抓不住重点，说不到要害。不能为了达到某种目的而夸大或缩小一些真实情况。一句话，应用文要做到文实相符、文如其事，来不得半点虚假。

2. 准确 "准确"是应用文语言的基本要求。准确同平实是相统一的，应用文要做到实事求是，就必须在准确上下功夫。通常应注意以下几个方面：

所写内容要准确。写日常应用文时，必须准确，不能走样。一则"启事"是什么就写什么，不可随意地歪曲内容；一则招生广告也要将各种要求、条件如实列出，不可为了吸引生源，而发布虚假的信息。写日常应用文，不能凭主观臆想，凭一时的热情，而要靠客观的、实事求是的态度。如果偏离了内容准确这一原则，无论如何说得头头是道，也会给工作带来某些不必要的损失。

所用语句要准确。日常应用文要做到语言准确，要从词语的选用，句子的组合，修辞格的使用等方面多下功夫。汉语语言词汇相当丰富、表达同样的事情，可以选用不同的词语。选择词语时要注意不错用词义，不出现词类误用，不出现词语感情色彩搭配错误，避免歧义和生造词语现象。在应用文句子的使用方面，要少用长句，多用短句；少用整句，多用散句；少用感叹句、疑问句，多用陈述句，避免病句。应用文要少用修辞，若确实必要用的话，要注意用得恰当、合适，不可滥用。应用文中常用的修辞格有比喻、对比、引用、设问、反问等。"夸张"、"双关"是应用文的大敌，在写作中要尽量避免。

所列的数字、事例、话语要准确。应用文所引用的内容，往往是做出判断、处理事情的依据，因此要反复核对，做到准确无误，引用话语要写原话，不任意改动，必要时还要注明出处。此外，应用文还要准确地使用标点符号。

3. 简洁 简洁是应用文写作的基本要求。应用文是以传递信息为主，因此行文务必简洁。通常应注意以下几个方面：

文字要简练，篇幅要短小精悍。应用文写作要惜墨如金，要选用简洁的词语，要删去可有可无的段落。要实话实说，不穿靴戴帽，冗长的文章往往淹没了主题，同时也浪费了阅读时间，降低了办事效率。

不说套话、空话、废话。文字是用来表情达意、传递信息的，如果为写作而写作就会废话连篇。应用文写作更是要避免说不中用的话。

此外，应用文往往使用某些文言词语，运用恰当，可收到精简的效果。

二、应用文的写作过程

所谓写作过程，是指根据"客观需要"到最后形成"写作成品"的过程。应用文写作最直接的动因是客观生活的需要，包括管理的需要、处理事务的需要、人际交流的需要等。通常情况下，应用文的写作过程分为准备阶段、写作阶段和修改阶段。这三个阶段既相对独立，又有机地融合为一个整体，是一个由"意"到"文"的转换过程。

（一）准备阶段

应用文写作的准备阶段，就是在主旨已基本明确、材料已基本齐备的情况下，定下基调，找准角度，选定体式，谋划全篇布局的阶段。

1. 明确主旨 应用文写作有的是自己明确主旨而写的，有的则是受命而写的。不管是哪种情况，应用文写作都必须以客观实际为依据，以实用为目的，确立明确的主旨。在明确主旨方面，要注意以下几点：首先，实践是明确应用写作主旨的直接原因；其次，党和国家以及上级的文件是应用写作的直接依据；第三，领导意图是应用写作主旨的具体要求。

2. 积累材料 我们要热爱生活、投入生活、观察生活，从各种实践活动中去获取材料。我们还要更快捷地取得写作材料。如能认真记录、收集送上门来的材料，参加会议、听取报告、阅读来自基层的或兄弟单位的简报、工作报告等，那么我们拥有的材料就大大地丰富了。作为文秘人员是有条件做到这一点的。当然，用这种方法获得的材料是间接的，我们还要注意鉴别、筛选、核实。

3. 选择体式 要根据应用文不同体式的不同特点和表现中心的需要选择合适的体

式，以免彼此混用，影响文章质量和文章的实用价值。

（二）写作阶段

应用文的写作阶段，就是用准确简明朴实的语言，正确规范的体式，恰当的表达方式把内容表述出来。应用文的写作应以逻辑思维为主。应用文的写作阶段，也就是一个具体的拟稿过程，在这个过程中，要结合写作的时限性和文章的连贯性，争取一气呵成。

1. 拟写写作提纲　在应用文写作时，拟写一个详细、周密的写作提纲，可以提高写作的质量和效率。拟写写作提纲一般包括：标题、开头、正文、结尾等几个部分。

拟写提纲应该注意：一是合理安排正文的表述次序。合理安排正文的表述次序，可使公文内容结构严谨，具有条理性。二是合理安排层次、段落之间的衔接与转换。使应用文的各个部分相互紧密连接，前后贯通，转折过渡自然，结构完整。

2. 准确使用语言　应用文的书面表达语言是由包含语词、语句和标点符号的自然语言和图表等人工语言组成的语言体系，必须以社会公认的交流语体有效地传达信息，尤其在公务文书中，一般不用个人化的语言，不用某个地区的方言，不用违反常规的用语句式和冷僻词汇，避免造成阅读的障碍。在应用文的写作中，语言具有相对的稳定性，仍然保留了一些在文学作品和口语中已几乎不用的文言语汇，同时较少引用外来词汇。

3. 选择恰当的表达方式　叙述、说明、议论是应用文写作中主要使用的表达方式。

应用文的叙述是依照客观的时间顺序、事情自然发展的脉络，对一件事的始末和人物的各个方面进行介绍和交代的一种表达方式，具有客观的叙述人称（多用第一、第三人称）、真实的叙述对象、单纯的叙述线索（顺序）等特点。

应用文的说明使用行业术语，自然语言和人工语言交替使用。应用文的议论要求就事论事，一般不做立论或驳论，要求冷静、公允，不带主观色彩。

（三）修改阶段

修改阶段是应用文写作的最后阶段，是在初稿完成以后，对文章的进一步加工完善。文不厌改。好的文章是写出来的，更是改出来的。要使应用文最终得到完善，必须反复进行修改。对文章的修改，主要是对内容的增、删、改、调，以及对语言的润色和对文面的处理。修改大致从以下几个方面进行：

1. 调整表达角度　应用文的写作，一般目的都很明确，主旨相对固化。如在行文中发现主旨表达无力，阐述不清，中心不明确等情况，就需要重新调整表达角度。在修改初稿时，要认真研究，反复讨论，仔细分析，找准文章没有表达清楚作者意图的原因，适时调整文章的表达角度。这种变动是比较大的修改，有时甚至需要重新起草。

2. 订正观点　在修改时，重新审视文章所主张的观点。如发现观点有错误、有偏颇、或者存在不够妥当的地方，都要进行纠正和修改。观点的问题，有时是立论有误，成文以后仔细研究，发现不能自圆其说；有时是论据不足，所用材料不能形成完整的论据链，或者论据牵强，不能服人；有时是持论偏颇，没有把握好分寸，对问题所下的结论不能正确地反映事物的本质；有时是论证不够严密，存在疏漏、或者不够妥当的地方等等。无论其中哪种情况，都要对观点进行订正。

3. 增删材料 使用材料的原则是以能否充分说明主旨为准绳，材料与主旨相统一是血肉与灵魂的关系。如果材料不能和主旨和谐统一，而主旨又没有问题，那就要对材料进行增删。通常有三种情况：一是使用材料太多，淹没了主旨；或者材料不够典型，不能充分说明主旨；甚或选材不精，良莠不分地将材料堆砌在一起，冲淡了典型材料的作用。遇到这种情况，就要删去那些多余的、和表现主旨关系不大的、以及那些不典型的材料，使文章的主旨凸现出来，达到材料与主旨的有机统一。二是材料不够丰满，或者具体的典型材料还不够充实，以致文章的表述空洞抽象，或者对主旨的论证枯燥无力，就要增添新的材料，使材料丰满翔实，能够充分说明文章的主旨。三是材料不够准确，有时是材料本身不准确，失真失实；有时是材料使用得不够准确，与主旨不能统一；影响了文章主旨或作者的观点。

4. 调整结构 这是对文章形式的调整，包括文章的层次段落、开头结尾、过渡照应、以及疏密详略等等。一方面，文章的内容与形式是密不可分的，形式要为表达内容服务，内容的变动必将引起形式的调整；另一方面，即使内容不变动，也要考虑文章的层次是否分明、前后是否照应得当、衔接过度是否自然和谐、段落是否规范、或者是否有多余的段落等等，如果有不合适的地方，也要进行调整。如是党政公文、法律文书等，还要检查格式是否规范，谋篇布局是否符合文种要求，如果有问题，也要进行调整。

5. 润色语言 对语言的修改润色主要从以下两个方面着手进行：一是对那些表述啰嗦拉杂、不够准确、或者苍白枯燥、不够丰满、缺少表现力的语言进行修改，经过修改润色，使之精练准确、文从字顺、简洁流畅。二是对字句的锤炼。包括对语法句式的规范和对字词的锤炼，也就是通常所说的要炼词炼句。对文字的修改润色，是修改文稿的重要工作，也是一项十分细致、精益求精的工作，要尽心做好，同时通过对文稿语言的反复修改和钻研，不断提高自己的文字表现能力。

第三节 公文的行文规定

公文，全称公务文书，是指国家机关、社会团体、企事业单位在行政管理活动或处理公务活动中产生的，按照严格的、法定的生效程序和规范的格式制定的具有传递信息和记录事务作用的载体。公文是党和国家机关在领导党的事业和治理国家的工作中，用以表达意志、传递策令的文字工具和手段。在《党政机关公文处理工作条例》第一章第三条明确规定："党政机关公文是党政机关在实施领导、履行职能、处理公务过程中形成的具有特定效力和规范体式的文书，是传达贯彻党和国家的方针政策，公布法规和规章，指导、布置和商洽工作，请示和答复问题，报告、通报和交流情况等的重要工具。"

公文有广义和狭义之分。广义的公文包括《党政机关公文处理工作条例》中所规定的 15 种文种，以及机关常用应用文。狭义的公文则只包括《党政机关公文处理工作条例》中所规定的 15 种文种。

《党政机关公文处理工作条例》中规定党政机关所使用的 15 种正式文种是：决议、决定、命令（令）、公报、公告、通告、意见、通知、通报、报告、请示、批复、议案、函、纪要。

机关常用应用文，也被称为"事务文书"或"准公文"，涵盖的面比较广，种类繁杂。一般来说，主要有综合性工作总结、计划（包括纲要、规划、工作要点、安排、方案、打算、预案、设想等）、报告（调查报告、纪实报告、述职报告）、大事记、典型材料、简报、专用书信、讲话稿、规章制度（章程、细则、制度、守则、公约）等。

一、公文的行文关系

行文关系是指在行文时要正确反映与处理发文单位与受文单位之间的关系。《党政机关公文处理工作条例》第四章第十四条规定："行文关系根据隶属关系和职权范围确定。"

公文的行文关系主要有三种：①上下级机关之间的领导与被领导的关系；②上下级机关之间业务指导与被指导的关系；③平级或不相隶属机关之间的关系。

（一）上行文的行文关系

上行文是下级机关向上级领导机关的行文。根据《党政机关公文处理工作条例》第四章第十五条的规定，上行文的行文关系应注意以下七个方面：

（1）要选准文种：即请示、报告和意见向上级机关报送非法定文种时，如总结、计划、调查报告等，可另加"文件头"。

（2）一般不能越级行文。

（3）不能交叉向上级党政机关行文请示、报告或提出意见。

（4）受双重领导的机关，在向上级请示时应主送一个上级机关，同时抄送另一个上级机关，不可一并主送。

（5）向上级转报请示，应提出倾向性意见。

（6）党政机关部门向上级主管部门请示重大问题，须经本级党委、政府同意或授权。

（7）请示应当一文一事，在报告中不得夹带请示事项。

（二）下行文的行文关系

下行文是上级机关对所属下级机关的行文。根据《党政机关公文处理工作条例》第四章第十六条的规定，下行文的行文关系应注意以下八个方面：

（1）要选准下行文种：即决定、决议、命令（令）、意见、通知、通报、纪要、批复等。机关常用应用文对下级机关不可直接发出，应另加通知为主件，将下发的应用文种作为附件，一并下发。

（2）一般只发直属下级机关，也可以扩大到所属各级。

（3）公布性文件（如公告、公报、布告、通告），凡通过报纸、电台、电视、网络等新闻媒体直接和广大人民群众见面而不另行文的，应视为正式公文。

（4）对受双重领导的下属机关，一个上级机关向其下行批复、专门性的决定和通知时（如领导任免、机构增减、业务上的重要事项等），应根据需要，抄送其另一个上级机关。

（5）上级机关不可与下级机关联合向基层行文。

（6）重要行文应当同时抄送发文机关的直接上级机关。

（7）党委、政府的办公厅（室）根据党委、政府授权可以向下级党委、政府行文，其他部门和机关不得向下级党委、政府行指令性公文。

（8）党委、政府的部门在各自职权范围内可以向下级党委、政府的相关部门行文。

（三）平行文的行文关系

平行文是指平行机关或不相隶属的机关之间的行文。根据《党政机关公文处理工作条例》第四章第十七条的规定，平行文的行文关系应注意以下四个方面：

（1）要选准平行文种：即函、周知性通知和告知性意见。

（2）平行文在行文上要做到态度谦和，多用商量的语气，不能强加于人，更不能用指示性口吻。

（3）同级机关必要时可联合行文。

（4）党委、政府的部门依据职权可以相互行文。

二、公文的行文方向和方式

公文行文一般有三种方向、六种方式。

（一）上行方向

即下级机关向上级机关行文，也就是上行文。具体包括两种行文方式：一是逐级向上行文，即下级机关直接向上一级机关行文，这是上行文的基本行文方式；二是越级向上行文，即下级机关在特殊和必要的情况下，越过自己的直接上级领导向更高的上级机关直至中央行文。

（二）下行方向

即上级机关向下级机关行文，也就是下行文。具体包括三种行文方式：一是逐级向下行文，即上级机关只行文给自己所属的下一级机关，或者一份文件，上级下发后，要求下级向下层层下发，一级行文一级，直至基层；二是多级向下行文，即上级机关向下行时，同时发所属下几级机关，免得逐级转发费时费力，以减少发文层次，提高运转效率；三是直达人民群众和社会的行文，即党和国家领导机关在必要时采取直接传达到人民群众的行文方式，有时还采取登报、广播、电视、网络等形式直接公布于社会。

（三）平行方向

即平级或不相隶属机关之间的往来行文，也就是平行文。所谓隶属，是指机关、组织之间具有领导与被领导、指导与被指导的关系。如不存在这种关系，即不相隶属。凡互相没有隶属关系、业务指导关系的机关之间或平级机关之间的行文方式均属于平行文方式。

三、公文的行文规则

根据《党政机关公文处理工作条例》的规定，公文的行文规则主要有六个方面。

（一）一般不要越级行文

（1）向上级机关行文，一般要按照直接的隶属关系而不应越级。若遇有特殊情况需要越级行文时，也应抄送直接的上级机关，以便于其了解情况或协助办理，因为各级机关都是有一定的公共和管辖权限的。

（2）上级机关或业务主管部门向下级行文，一般也是按照直接隶属关系而不应越级。

（二）严格控制行文的数量

《党政机关公文处理工作条例》第四章第十三条规定："行文应当确有必要，讲求实效，注重针对性和可操作性。"

（三）切实注意行文的位度

行文位度是指在行文过程中对行文对象的定位要准确。对上行文时，要注意谁负有办理职责和权限，就报送给谁，切忌"多头主送"；对下行文时，谁需要知道或办理，就下发给谁，切忌"无的放矢"。

（四）行文要选准文种

在行文时，要根据不同的行文方向、不同的行文目的、发文机关的级别以及与受文机关之间的关系，准确地选择和使用文种。

（五）严格规范部门行文

国务院各部、委在自己的职权范围内，可以同各省、自治区、直辖市人民政府的业务部门互相行文，也可以根据国务院的授权和有关规定答复省、自治区、直辖市人民政府请示国务院的有关业务问题，但无权下命令、作指示；地方各级人民政府的业务部门同下级人民政府之间的行文关系，也应照此原则办理。

各机关内设的机构，除办公厅（室）外，不得对外正式行文。秘书部门是机关的综合办事机构，党中央办公厅、国务院办公厅为了传达党中央和国务院会议决议事项或领导指示事项，可以用办公厅名义向各省、自治区、直辖市党政机关行文。为了联系工作、解答问题和交换意见，可以向各省、自治区、直辖市党政机关办公厅行文。地方各级党政机关办公厅（室）同下级机关及其办公室之间，也可按照此原则处理相互之间的行文。

规范部门行文是从整体上坚持正确行文规则的关键。

（六）平行机关可以联合行文

平级机关或部门之间不仅可以通过公文加强联系，而且可以联合行文。联合行文对于共同贯彻执行有关方针、政策和兴办某些事业是非常有利的，而且往往经通过上级机关并以机关名义行文的速度快得多，几个平行机关或部门联合行文与以上级机关名义行文，在效用上基本是一样的。

属于联合行文的公文名称，多系通知、决定和报告。联合行文的文稿须经各方的领导签署意见并签字。几个平行机关联合向上级机关或下级机关行文时，应将相对应的各机关都列为主送机关，以便于共同处理和贯彻执行。联合行文的各机关或部门必须是同级的，级别低的机关不能与级别高的机关联合行文。

四、公文格式

公文格式是指公文的规格样式及其组成要素，即公文的表现形式。公文格式是公文的门面和形象，党政机关的公文必须保持庄重、大方的形象，统一、规范的格式。这不仅是公文法定的权威性、严肃性的特定的效用在形式上的重要体现，也是公文处理手段逐步科学化、规范化的客观需要。《党政机关公文格式》（GB/T 9704—2012）是公文格式的国家标准。

（一）通用格式

公文的通用格式，分为版头、主体、版记三部分，共包括份号、密级和保密期限、紧急程度、发文机关标志、发文字号、签发人、标题、主送机关、正文、附件说明、发文机关署名、成文日期、印章、附注、附件、抄送机关、印发机关和印发日期、页码等18个要素。

1. 版头 置于公文首页红色分隔线（宽度同版心，即156mm）以上的各要素统称为版头。包括份号、秘密等级和保密期限、紧急程度、发文机关标志、发文字号、签发人等要素。

（1）份号：是同一份公文印制若干份时，每份公文的顺序编号。标注份号有利于加强公文的管理和利用，便于掌握公文的去向，有利于公文的分发、清退、查对、借阅、统计和销毁。并不所有公文都需要编制份号，但涉密公文一定要标注份号。如果发文机关认为有必要，也可以对不涉密的公文标注份号。如需标注份号，一般用6位3号黑体阿拉伯数字，顶格编排在版心左上角第一行。

（2）密级和保密期限：公文的秘密等级和保密的期限。涉密公文依据保密法的规定按涉密程度明确标注"绝密"、"机密"、"秘密"和保密期限。标注了密级未标注保密期限的公文，按照《国家秘密保密期限规定》执行：凡未标注保密期限的国家秘密事项，其保密期限按照绝密级事项 30 年、机密级事项 20 年、秘密级事项 10 年认定。或按"公文密级的变更和解除由原确定密级的机关或者其上级机关决定"的规定执行。如需标注密级和保密期限，一般用 3 号黑体字，顶格编排在版心左上角第二行；保密期限中的数字用阿拉伯数字标注。

（3）紧急程度：是对公文送达和办理的时限要求，以确保紧急公文的及时传递和处理。对于明确为"特急"或"加急"的公文，需在公文上标注"特急"或"加急"字样。紧急电报应分别标注"特提"、"特急"、"加急"、"平急"，具体位置按有关电报格式的规定标注。如需标注紧急程度，一般用 3 号黑体字，顶格编排在版心左上角；如需同时标注份号、密级和保密期限、紧急程度，按照份号、密级和保密期限、紧急程度的顺序自上而下分行排列。

（4）发文机关标志：是公文版头部分的核心，用套红大字居中印在公文首页上半部，字体要庄重、规范、美观、大小适度。主要有两种形式：一是发文机关全称或规范化简称加"文件"二字；二是发文机关全称或规范化简称。联合行文时，可并用联合发文机关名称，一般主办机关排列在前；也可单独用主办机关名称。民族自治地方的公文，其发文机关标志可并用少数民族的文字和汉字印刷，少数民族的文字排在汉字的上方。发文机关标志上边缘至版心上边缘为 35mm，推荐使用小标宋字体，颜色为红色，字号应不大于上级机关的发文机关标志，以醒目、美观、庄重为原则。联合行文时，如需同时标注联署发文机关名称，一般应使用主办机关名称在前，"文件"二字置于发文机关名称右侧，上下居中排布。

（5）发文字号：是党政机关制发公文的编号。公文标注发文字号，一可表明该文件出自什么单位，二可表明形成的时间及顺序，便于公文的管理和统计，并可有效地利用发文字号进行检索查询，同时方便公文引用，有利于提高公文处理工作的效率。发文字号由机关代字、年份和发文顺序号加"号"字组成。如"国发〔2013〕6 号"，"国发"是国务院机关代字，"〔2013〕"代表年份，"6 号"是文件的发文序号。机关代字一般由两个层次组成，第一个层次是发文机关代字，第二个层次是发文机关主办文件的部门的代字。如"人厅〔2013〕12 号"，"人"是人民日报社代字，"厅"指主办这份文件的是办公厅。机关代字要求准确、规范、精练、无歧义、易识别，并固定使用，避免与上级机关、同级机关的机关行文雷同。年份一定要使用全称，不能简化。如"2012"不能标注为"12"。序号按文件的形式统一编定，即是哪个部门主办的，只要是同一发文形式，就要统一按顺序编号。发文顺序号不编虚位（如 1 不能编为 001），不加"第"字（如"1 号"不能编为"第 1 号"）。多个机关联合行文时，只标注主办机关发文字号；在同一地区，当有些机关发文字号的机关代字容易造成重复时（如政府、政协、政法委三个机关的代字都编成"×政发"），要力求避免。发文字号编排在发文机关标志下空二行位置，居中排布。年份、发文顺序号用阿拉伯数字标注，年份应标全称，用六角括号"〔〕"括入（不是数学公式中的中括号"［］"）。上行文的发文字号居左空一字编排，与最后一个签发人姓名处在同一行。

（6）签发人：是指签发公文的机关负责人。上行文应当标注签发人姓名，体现机关负责人应当对所签发的公文负责。标注签发人时，应注意两点：一是只标姓名，不标职务；二是联合行文时，须标明所有联署机关的签发人，即会签人姓名。签发人由"签发人"三字加全角冒号和签发人姓名组成，居右空一字，编排在发文机关标志下空二行位置。"签发人"用3号仿宋体字，签发人姓名用3号楷体字标注。如有多个签发人，签发人姓名按发文机关的排列顺序从左到右、自上而下依次均匀编排，一般每行排两个姓名，回行时与上一行第一个签发人姓名对齐，最后一个签发人姓名应与发文字号处在同一行并距红色分隔线4mm。

（7）版头中的分隔线：是指发文字号下4mm处印一条与版心等宽的红色分隔线，其高度一般不小于0.5mm。

2. 主体 置于公文首页红色分隔线（不含）以下至公文末页首条分隔线（不含）之间的各要素，为公文的主体部分，包括标题、主送机关、正文、附件说明、发文机关署名、成文日期、印章、附注、附件等要素。

（1）标题：是公文的正文题目。公文标题具有"画龙点睛"的作用，有助于人们对公文的制发机关、内容、性质的了解，便于公文的登记、办理、整理归档等处理工作。标题由发文机关名称、事由和文种组成，如《国务院关于全面推进农村税费改革试点工作的意见》，发文机关是"国务院"，事由是"全面推进农村税费改革试点工作"，文种是"意见"。在发文机关与事由之间加介词"关于"，在事由与文种名称之间加助词"的"。从语法结构上看，公文标题通常是由偏正词组构成，以文种名称为中心词，前面加发文机关名称和事由作为限制成分。四个以上（含）机关联合行文时，标题中发文机关名称可简略。公文标题文字要力求简明扼要，准确概括地表明公文的主题。标题中可用的标点符号有书名号、引号、顿号、连接号和括号等。标题一般用2号小标宋体字，编排于红色分隔线下空二行位置，分一行或多行居中排布；回行时，要做到词意完整、排列对称、长短适宜、间距恰当，标题排列应使用梯形或菱形，不应使用上下长度一样的长方形或上下长、中间短的沙漏形。

（2）主送机关：是公文的主要受理机关，负有对公文内容实行了解、答复或贯彻执行的责任。主送机关应当使用机关全称、规范化简称或同类型机关统称。其中，使用简称要规范、准确；使用统称，包括的地区、部门、单位要齐全，称谓要准确。主送机关编排于标题下空一行位置，居左顶格，回行时仍顶格，最后一个机关名称后标全角冒号。如主送机关名称过多导致公文首页不能显示正文内容时，应将主送机关名称移至版记部分。没有抬头的文件，如纪要、政府令等，其主送机关应标注在版记部分，位于抄送机关之上；其标注方法与抄送机关的标注方法相同。

（3）正文：是用来表述公文的主要内容，是公文的主体和核心所在。公文首页必须显示正文。一般公文的首个盖章页应当同时显示正文、发文机关署名和印章。正文一般用3号仿宋体字，编排于主送机关名称下一行，每个自然段左空二字，回行顶格。文中小标题层次序号依次可用"一、"、"（一）"、"1."、"（1）"标注；第一层一般用黑体字，第二层一般用楷体字，第三层和第四层一般用仿宋体字标注。

（4）附件说明：是公文附件的顺序号和名称。公文正文中的一些内容，如图表、名单、规定等，如穿插在公文正文中，往往隔断公文前后的联系而造成阅读上的不便，需将其从公文正文中抽出来作为公文的附件单独表述，即附件。公文附件是正文内容的组成部分，与正文具有同等效力。若公文存在两个或两个以上的附件，需要在公文正文后标注附件的序号和名称。在正文中涉及附件内容处加括号注明"见附件"或"附后"。凡是正文中写明上报、下发、批转、转发、报转、报送、发布××文件字样的，附件说明处不必再注明"附件"字样，以免重复。如有附件，在正文下空一行左空二字位置编排"附件"二字，后标全角冒号和附件名称。使用阿拉伯数字标注附件顺序号（如"附件：1.×××××××"），附件名称后不加标点符号。附件名称较长需要回行时，应与上一行附件名称的首字对齐。

（5）发文机关署名：应当用发文机关全称或规范化简称。公文一般以机关名义署名，特殊情况如议案、命令（令）等文种需要由机关负责人署名的，应当写明职务。要注意发文机关署名应与标题中的发文机关名称相一致。单一机关行文时，发文机关署名在成文日期之上、以成文日期为准居中编排。联合行文时，应将各发文机关署名按发文机关顺序整齐排列在相应位置，并使印章加盖其上。不加盖印章的公文，单一机关行文时，在正文（或附件说明）下空一行右空二字编排发文机关署名，在发文机关署名下一行编排成文日期，首字比发文机关署名首字右移二字，如长于发文机关署名，应使其右空二字编排，并相应增加发文机关署名右空字数。联合行文时，应先编排主办机关署名，其余发文机关署名依次向下编排。

（6）成文日期：是公文的生效时间，是党政机关公文生效的重要标志。成文日期确定的原则是：会议通过的决议、决定等以会议正式通过的日期为准；经机关负责人签发的公文，以签发日期为准；联合行文，以最后签发的机关负责人签发的日期为准。成文日期在公文中的标注位置有两种：一是会议审议通过的全文同，成文日期编排在公文标题之下，写全年、月、日、用"（）"括起来；二是成文日期在公文正文或附件说明的右下方标注，写全年、月、日。成文日期一般右空四字编排，用阿拉伯数字将年、月、日标全，年份应用全称，月、日不编虚位（如1不能编为01）。加盖签发人签名章时，在签发人签名章下空一行右空四字编排成文日期。

（7）印章：是体现公文效力的表现形式，是公文生效的标志，是鉴定公文真伪最重要的依据之一。公文中有发文机关署名的，应当加盖发文机关印章，并与署名机关相符。上行文，一定要加盖印章。有特定发文机关标志的普发性公文可以不加盖印章。纪要也不加盖印章。联合上行文，发文机关署名只有主办机关时，可以只加盖主办机关印章。联合下行文时，所有联署行文机关均须加盖印章。单一机关行文时，印章端正、居中下压发文机关署名和成文日期，使发文机关署名和成文日期居印章中心偏下位置，印章顶端应上距正文（或附件说明）一行之内。联合行文时，应将各发文机关署名按发文机关顺序整齐排列在相应位置，并使印章加盖其上，最后一个印章端正、居中，下压发文机关署名和成文日期，印章之间排列整齐、互不相交或相切，每排印章两端不得超出版心，首排印章顶端应上距正文（或附件说明）一行之内。印章用红色。单一机关制发的公文加盖签发人签名章时，在正文（或附件说明）下空二行右空四字加盖签发人签名章，签名章左空二字标注签发人职务，以签名章为准上下居中排布。联合行文时，应先编排主办机关签发人职务、签名章，其余机关签发人职务、签名章依次向下编排，与主办机关签发人职务、签名章上下对齐；每行只编排一个机关的签发人、签名章；签发人职务应标注全称。签名章一般用红色。当公文排版后所剩空白处不能容下印章或签发人签名章时，应采取调整行距、字距的措施加以解决，务使印章与正文同处一面，不得采取标注"此页无正文"的方法解决。具体调整方法为：当正文之后的空白只有一两行时，可以加宽行距，至少将一行文字移至下一页；如果正文之后的空白仅差两行便可容下印章位置时，可以缩小行距或缩小字距，挤出能容下印章的空间。这样可使印章与正文同处一页，不留任何空白，堵住私加公文也就是变造公文的漏洞。

（8）附注：是对公文需要注意的事项加以说明，主要标注公文的发布层次、印发传达范围等。请示件应当在附注处标明联系人姓名和联系方式。如有附注，居左空二字加圆括号编排在成文日期下一行。

（9）附件：是公文正文的说明、补充或者参考资料。附件说明中附件的序号和名称应与附件的序号和名称相一致，以显示附件与正文不可分割的关系。附件应另面编排，并在版记之前，与公文正文一起装订。"附件"二字及附件序号用3号黑体字顶格编排在版心左上角第一行。附件标题居中编排在版心第三行。附件序号和附件标题应与附件说明的表述一致。附件格式要求同正文。如附件与正文不能一起装订，应在附件左上角第一行顶格编排公文的发文字号并在其后标注"附件"二字及附件顺序号。附件的位置极为重要，装订在一起的附件，必须置于版记部分之前。需要强调的是，公文的附件是正文内容的组成部分，与正文具有同等效力，特别是政策性文件，如增加工资的标准，通常都是以附件的形式出现，这时，公文的实质性内容在附件之中。法规性公文往往作为"令"、"通知"的附件下发，从这类公文的行文目的及实际执行的情况来看，其附件内容往往比主件内容更重要，主件只起说明、介绍或按语的作用，需要贯彻执行的则是附件的内容。因此，要克服和纠正轻视附件的现象。

3. 版记 置于公文末页首条分隔线和末条分隔线之间的各要素为版记部分，由抄送机关、印发机关和印发时间等要素组成。

（1）抄送机关：是指除主送机关以外需要执行或者知晓公文内容的其他机关，可以是上级、平级、下级及不相隶属机关。公文的抄送范围应当严格按照工作需要和保密要求确定，不能滥抄，也不能错抄或漏抄。抄送机关的排列顺序一般按机关性质和隶属关系确定。在具体排列上，对于不同级别的机关，应按先上级机关、再平级机关、后下级机关的次序；同级不同类的机关，要按党、政、军、群的顺序排列；人大、政协、法院、检察院应另起一行排列；如公文需抄送各民主党派、工商联的，则应另起一行编排。抄送机关一般用4号仿宋体字，在印发机关和印发日期之上一行，左右各空一字编排。"抄送"二字后标全角冒号，冒号后标注抄送机关名称，回行时与冒号后的首字对齐，最后一个抄送机关名称后标句号。如需把主送机关移至版记中，即有主送机关又有抄送机关时，除将"抄送"二字改为"主送"外，编排方法同抄送机关。主送机关置于抄送机关的上一行，之间不加分隔线。需要注意的是，向上级机关的请示，不要同时抄送同级或下级机关。向下级机关的重要行文，可以抄送直接上级机关，使上级机关及时了解情况，便于指正。

（2）印发机关和印发日期：是指公文的送印机关和送印日期。印发机关是指公文的印制主管部门，一般是各党政机关办公厅（室）或文秘部门。发文机关没有专门的办公厅（室）或文秘部门的，发文机关就是印发机关。公文的印发日期区别于公文的成文日期。公文的成文日期即公文的生效时间，与送印时间的差别，可以反映发文机关制发公文的效率，也可使收文机关掌握公文的传递时间，有利于公文办理。印发机关和印发日期一般用4号仿宋体字编排在末条分隔线之上，印发机关左空一字，印发日期右空一字，年、月、日用阿拉伯数字标全，年份应标全称，月、日不编虚位，后加"印发"二字。此外，翻印公文时，翻印机关和翻印日期用4号仿宋体字编排在印发机关和印发日期下一行位置。翻印机关左空一字，翻印日期右空一字，年、月、日用阿拉伯数字标全，后加"翻印"二字。

（3）版记中的分隔线：版记中的第一要素之上、各要素之间均加一条分隔线隔开，宽度同版心。第一条和最后一条用粗线（0.35mm），中间的分隔线用细线（0.25mm）。这样设计，主要是为显示各要素之间的区别，同时也显得美观。印制时要注意最后一个要素之下要有一条分隔线，末条分隔线与公文最后一面的版心下边缘重合。

（4）版记的位置：版记应置于公文的最后一面，版记的最后一个要素置于最后一行。也就是说，版记一定要放在公文的最后即公文的最后一面（公文应双面印刷）的最下面位置。之所以这样规定，是为了保证公文的完整性。公文红头与版记之间的所有部分都是公文不可缺少的部分。

需要注意的是，如果公文主体之后的空白容不下版记，此时版记要放在另起一页，即使前一面完全空白，也要将版记置于文末。公文如有附件，而附件最后一面的空白能够容下版记，此时版记应置于该空白处。

4. 页码 《党政机关公文处理工作条例》要求公文标注页码，一是由于页码是公文整体不可或缺的一部分；二是便于对公文进行查阅、统计、检索、印制和装订；三是有助于公文防伪。页码一般用 4 号半角宋体阿拉伯数字编排在公文版心下边缘之下，数字左右各放一条一字线；一字线上距版心下边缘 7mm。单页码居右空一字，双页码居左空一字。公文的版记页前有空白页的，空白页和版记页均不编排页码。公文的附件与正文一起装订时，页码应该连续编排。

（二）特定格式

公文的特定格式是相对于公文的通用格式而言的，是公文通用格式的补充。公文的特定格式包括信函格式、命令（令）格式和纪要格式。

1. 信函格式　公文的信函格式是被广泛采用的一种公文特殊格式。主要用于发布、传达要求下级机关执行和有关机关周知的或执行的事项，报送议案，商洽、询问、答复或说明某件具体事项。信函格式的要素包括发文机关标志、红色分隔线、份号、密级和保密期限、紧急程度、发文字号、标题、主送机关和正文、页码、版记等。

（1）发文机关标志：使用发文机关全称或规范化简称，居中排布，上边缘至上页边为 30mm，推荐用红色小标宋体字，字号大小由发文机关酌定。联合行文时，使用主办机关标志。

（2）红色分隔线：在发文机关标志下 4mm 处为一条红色双线（上粗下细），距下页边 20mm 处为一条红色双线（上细下粗），线长均为 170mm，均以版心为准居中排布。

（3）份号、密级和保密期限、紧急程度：如需标注份号，顶格居版心左边缘编排在第一条红色双线下，与该线的距离为 3 号汉字高度的 7/8。如需同时标注密级和保密期限、紧急程度，密级和保密期限顶格编排在份号下一行，紧急程度顶格编排在密级和保密期限下一行。

（4）发文字号：顶格居版心右边缘编排在第一条红色双线下，与该线的距离为 3 号汉字高度的 7/8。

（5）标题：居中排布，与其上最后一个要素相距二行。

主送机关和正文，按照公文通用格式的原则编排。

（6）页码：信函格式公文首页不显示页码，从第二页开始标注。只有两页的信函格式公文，第二页可以不显示页码。

（7）版记：信函格式公文的版记中不加印发机关和印发日期、分隔线，位于公文最后一面版心内最下方。

2. 命令（令）格式　命令（令）格式的要素包括发文机关标志、令号、正文、签名章、主送机关等。

发文机关标志，由发文机关名称后加"命令（令）"组成，居中排布，其上边缘至版心上边缘为 20mm，发文机关名称应使用全称，不能用机关简称包括规范化简称。如国务院令的发文机关名称就是"中华人民共和国国务院"。发文机关标志推荐用红色小标宋体字，字号大小由发文机关酌定，应不大于上级机关发文机关标志。

（1）令号：在发文机关标志下空二行居中编排，如"第×号"。令号的编制不受年度限制，也可按年度编排。

（2）正文：令号和正文之间无红色分隔线，令号下空二行编排正文。正文的内容一般较为简短。

（3）签名章：于正文下空二行右空四字编排签发人签名章，签名章左空二字编排签发人职务，相对于签名章上下居中；联合发布的命令，应先编排主办机关签发人职务、签名章，其余机关签发人职务、签名章依次向下编排；签发人职务应标注全称。签名章一般用红色。在签发人签名章下空一行右空二字编排成文日期。

（4）主送机关：命令（令）的主送机关置于版记中，抄送机关之上。

3. 纪要格式　纪要格式的要素包括纪要标志、纪要编号、发文机关和成文日期、分隔线、标题和正文、出席、列席和请假人等。

（1）纪要标志：由"×××××纪要"组成，居中排布，其上边缘至版心上边缘为35mm，推荐使用红色小标宋体字，字号大小由发文机关酌定。

（2）纪要编号：在纪要标志下空二行居中编排纪要编号"第×号"，并用圆括号括入，不受年度限制；也可以按年度编排，如"〔2013〕×号"。

（3）发文机关和成文日期：在纪要编号下空一行编排，发文机关居左空一字，成文日期居右空一字。

（4）分隔线：在发文机关和成文日期下印一条与版心同宽的红色分隔线。

（5）标题和正文：在红色分隔线下依次标注纪要的标题和正文。

（6）出席、列席和请假人：标注出席人员名单，一般用3号黑体字在正文（或附件说明）下空一行左空二字编排"出席"二字，后标全角冒号，冒号后用3号仿宋体字标注出席人单位、姓名，回行时与冒号后的首字对齐。标注列席和请假人员名单，除依次另起一行并将"出席"二字改为"列席"或"请假"外，编排方法同前。

纪要不加盖印章。纪要的特殊形式可以根据实际制定。

【仿真练习】

1. 根据公文格式要求，拟写一则学生科开展活动的通知。

2. 写一则学生会某次会议的纪要。

（向勇光）

第二单元　日常交往类应用文写作

要点导航

1. 了解条据类、启事类、书表类、电子文书类应用文的概念和种类。
2. 熟悉欠条、领条、留言条、寻人启事、征稿启事、倡议书、电子邮件的写作。
3. 掌握请假条、借条、收条、招领启事、寻物启事、申请书的写作。

日常交往类文书也叫日常文书或日常应用文，是一个内涵非常丰富的概念，一般来说，它是指人们的日常工作、学习或生活中，办理公务、处理私事时所使用的一种实用性文书。日常应用文是为某一特定事情或需要使用的文书，具有很强的实用性；大多数日常应用文采用书信体，承载传达信息、表达情感、记录凭证的功能，从内容到形式都具有浓厚的书信体色彩；同时日常应用文的交际色彩非常浓厚，具有礼节性，其措辞和内容都要关注对方的需要和感受。

日常应用文的种类繁多，本章主要学习条据类、启事类、书表类及电子文书类。

第一节　条　据　类

一、概述

"条"即便条，"据"即单据，人们在工作和生活中，常常为说明某种情况和理由而留下字据（便条），或办理涉及钱财和物品的各种手续而留下存根（单据），这种作为依据的字条就叫做条据。

（一）条据的特点

1. 凭证性　条据的主要功能就是凭证作用，尤其是涉及到钱物的条据，作为钱物借还的重要凭据，应该严加保管，供日后核对情况。

2. 说明性　条据内容涉及钱物的名称、用途、时间、数目、去向等重要信息，具有说明事实的性质，其语言要遵守说明文语言的规范。

3. 简便性 条据类应用文要求语言简洁明了，不能过多采用修饰性的词语。

（二）条据的分类

根据内容和性质，条据可以分为两大类：

1. 说明性条据 如留言条、请假条等。

2. 凭证性条据 如借条、欠条、收条、领条等。

二、常用说明性条据的写作

说明性条据要求简要明了地交代清楚写给谁，什么事，谁写的，什么时间写的。常见说明性条据有请假条和留言条。

（一）请假条

1. 概念 有病、有事不能按时上班，不能到校上课，或者不能参加某项集体活动，必须向单位负责人或相关老师说明情况时所写的一种说明性条据。

2. 请假条的格式与写作方法

请假条一般由标题、称呼、正文、致敬词、落款五部分组成。

（1）标题：要有"请假条"三字，居中。

（2）称呼：要顶格写，称呼后要有冒号，但不必像书信一样使用表示尊称的词语。如不必写成"尊敬的李书记"、"敬爱的张老师"，直接写"李书记"、"张老师"就可以了。

（3）正文：第二行空两格写正文，要交代清楚请假原因、时间、具体事情等。请假原因要实事求是，请假时间要具体。行文要注意语言简洁、礼貌周全。

（4）致敬词："此致敬礼"、"谢谢"等。

（5）落款：包括署名和时间两个内容。请假人如果是学生，可以在名字之前加"学生"二字，表示对老师的尊重。

标题（请假条）

称谓：

□□正文（何人、何因、何时、祈请语）

□□此致

敬礼

落款签名

日期

【例文1】

请 假 条

李老师：

因我感冒发烧，医生建议在家休息，因此需请假两天（4月11日至4月12日），请予批准。

此致

敬礼

学生：×××

2013 年 4 月 10 日

【例文 2】

请 假 条

王老师：

我母亲因患胆结石，定于 5 月 18 日上午在××市第一人民医院做手术，需要我照顾，因此向您请假三天（5 月 18 日至 5 月 20 日），请您批准。

此致

敬礼

学生：×××

2013 年 4 月 16 日

【病文分析】

请假条

黄老师：

我因身体不适，需在家休息半天。

此致

敬礼

×××

2013 年 4 月 7 日

这个请假条存在以下不妥之处：

1. 标题没有居中。

2. 请假理由不明确。

3. 请假时间不具体。

4. 致敬词书写不规范。

5. 用语不够礼貌得体。

正确写法如下：

请 假 条

黄老师：

我因头痛需去医院就诊，因此请假半天（5 月 8 日上午），请予批准。

此致

敬礼

学生：×××

2013 年 5 月 7 日

【仿真练习】

1. 学生李文因为患感冒要休息一天，请你代他给王老师写一张请假条。

2. 下面的请假条出现了一些错误，请你指出错误并改正。

请假条

尊敬的王老师因为临时有事，所以不能上英语课，望老师批准。

×××

（二）留言条

1. 概念　在日常交往中，因没有见到对方，但有些事情又必须向对方交代明白时写所写的条子。简而言之，留言条是访人不在，又有话、事向对方交代时所写的说明性条据。

2. 留言条的格式与写作方法　留言条书写由称呼、正文、落款三部分组成。

（1）称呼：称呼要顶格写，后加冒号，因为留言条一般是在熟人之间使用，称呼一般可以用简称，如张老师、小王等等。

（2）正文：第二行空两格写正文，一般需要交代清楚具体事情或者有关要求。因留言条具有一定公开性，所以文中不应涉及到个人隐私。

（3）落款：在右下方写上留言者的姓名和留言时间。

【例文1】

小江：

　　来访未遇，我将在明天上午10点再来，有事商量。如你无要事外出，请在家等我。

张明
2013年4月15日下午3时

【例文2】

李红护士长：

　　原定于本周六早9点在六楼会议室举行的会议，因故推迟到本周六下午3点，地点不变，请准时参加。

办公室：张佳
2013年4月10日

【病文分析】

赵强同学：

　　今天下午4:20，我班与XX班进行乒乓球，现在是3:20，我来找你时，你出去了，回来后见此留言条，请立刻赶赴现场，你还要代表班里参加这次比赛。

同学　李欣
9月5日下午3:20

这张留言条存在以下不妥之处：

1. 正文语言不简洁。

2. 词语搭配不当，应是"进行乒乓球比赛"。

3. 未写清比赛地点。

正确写法如下：

赵强同学：

今天下午4：20，我班与××班进行乒乓球比赛。见此留言条，请立刻赶赴乒乓球馆，参加比赛。

同学　李欣

9月5日下午3：20

【仿真练习】

宋芳到刘萍家中找刘萍一起去看望李老师，刘萍不在，请你为宋芳写一张留言条，告知刘萍明天下午4点再来找她。

三、常用凭证性条据的写作

凭证性条据一般涉及借、欠、收、还、领个人或公家现金、财物，它往往起到日后的凭证作用，钱物归还后，条据要回收作废或撕毁。凭证性条据主要有借条、欠条、收条（据）、领条等，一般都由标题、正文、落款三部分组成。

（一）借条

1. 概念　借到个人或单位的钱物时所写的条据，通常在归还了钱物后，由立据者收回或当场销毁。借条一般只写一张，由被借方保存。

2. 借条的格式与写作方法

（1）标题：有两种方式，第一，即在第一行中间写上"借条"或"借据"字样（如例1），第二行空两格书写正文；第二，在第一行中间写上"今借到"作为标题，而正文的其他内容放在下一行顶格写，其实这是一种省去标题的借条的写法（如例2）。

（2）正文：①写明被借单位的名称或个人姓名（不能使用简称）、借款数额或物品名称及数量、归还的具体期限；②物品要写清品种、型号、式样、规格等，从单位借出的钱物要写上用途；③正文之后可以加"此据"二字。

（3）落款：要写上写借条者的单位名称和经手人姓名或借方个人的姓名。必要时需加盖公（私）章（或按上借方手印，一般用右手示指或大拇指），以示负责。单位、个人名称前一般写上"立据人"或"借款人"字样。在署名上还要写上借钱物的具体时间。年月日要写齐，不要只写月日。

【例文1】

借 条

今借到王明人民币1000元（大写：壹仟圆整），2013年6月前归还。

此据

借款人：李宏远

2013年1月10日

【例文2】

今 借 到

××学校图书馆所藏2012年1～12期《护理学杂志》合订本一册，2013年5月1日前归还。

××医院××科 李艳

2013年1月26日

【病文分析】

今借到李强人民币500元整，一月后还清。

此据

秦大民

3月8日

这张借条存在以下不妥之处：

1. 没有写标题（如采用省略标题的写法，则格式不规范）。

2. 钱物数目要用大写汉字。

3. "一月后"时间不够明确。

4. 落款中要写明"借款人"。

5. 落款中的时间一定要写明年份。

正确写法如下：

借 条

今借到李强人民币500元整（大写：伍佰圆整），2013年5月8日前还清。

此据。

借款人：秦大民

2013年4月8日

也可以采用以下写法：

今 借 到

李强人民币500元整（大写：伍佰圆整），2013年5月8日前还清。

此据

借款人：秦大民

2013年4月8日

【仿真练习】

1. 今天李华向周小东借了1800元，约定一个月后归还。请你以李华的名义打一借条给周小东。

2. 下面的借条出现了一些错误，请你指出错误并改正：

借 条

今借到李先生人民币15000元，本月底如数还清。此据。

借款人：邓力

2013年4月5日

📢 **知识链接**

⌒ 书写借条的注意事项 ⌒

借条是具有一定法律效应的凭证性条据，所以书写时一定要注意以下几点：

1. 不能写"模糊型"借条。字迹要工整，不能随意涂改；内容要清楚、明了，不能含糊，如还款时间不能写："有偿还能力即刻还款"等不确定的时间；双方姓名都应写全称，不能有姓无名或有名无姓。

2. 一般不能由别人代写借条。对借款人来说，一定要自己亲自写、写清楚；对出借人来说，一定要求借款人当面写并仔细检查，发现问题及时提出并改正。

3. 标题一定要写"借条"二字，或有"今借到"字样，以免和其它类型的条据混淆。

4. 借款金额或物品数量一定要有大写〔汉字的数字对应的大写：壹、贰、叁、肆、伍、陆、柒、捌、玖、拾、佰、仟、萬（万）〕，大、小写应一致，如果大、小写数额不一致，司法实践中会以大写金额为准；借款金额前后不能留太多空白，以免被持据人添加其他内容。

5. 借款人要写明归还日期。

6. 如果要求给利息，一定要写明，法律规定：不明确约定支付利息的，归还时要求利息的是不予支持的。

7. 如数额较大，为慎重起见，最好将借款人的身份证正、反面复印件贴在纸张的右下方，然后在上端书写借条，另外，签字后最好请借款人按上指印（右手大拇指或食指）。

8. 如所借的是物品，一定要注明数量和规格，贵重物品双方还应当面检查物品是否完整、是否能正常使用，并在借条中标注清楚。

9. 归还财物后，借款人一定要索回借条并销毁。如对方称一时找不到借条，应让其写一张收条交由借款人留存，以免日后留下隐患。

（二）欠条

1. 概念　借了个人或公家的钱物，归还了一部分，还有部分拖欠，针对拖欠部分所写的凭证性条据；购买物品时，不能支付或不能全部支付钱额时所写的条据；借了单位或个人的钱物，当时没有写借据事后补写的条据，叫做欠条。

2. 欠条的格式与写作方法

（1）标题：有两种方式，第一，在第一行中间写上"欠条"字样（如例1）；第二，在第一行中间写上"今欠"或"暂欠"作为标题，而正文的其他内容放在下一行顶格写，这也是一种省去标题的欠条的写法（如例2）。

（2）正文：①写明被欠单位的名称或个人姓名（不能使用简称）、欠款数额或物品名称及数量、归还的具体期限；②物品要写清品种、型号、式样、规格等；③正文之后可以加"此据"二字。

（3）落款：落款要署上欠方单位名称和经手人的亲笔签名，并同时署上欠条的日期。欠方为单位的要加盖公章，欠方是个人的可视具体情况加盖私章或按上指印。

【例文1】

欠　条

程丽丽原借王小明先生桌子伍拾张，已还叁拾张尚欠贰拾张，2013 年 1 月 30 前还清。

此据

经手人：程丽丽
2013 年 1 月 27 日

【例文2】

暂　欠

××公司货款人民币 20000 元（大写：贰万圆）整，2012 年 12 月 31 日前结清。

此据

侯志文
2012 年 10 月 20 日

【病文分析】

原借王丽丹 500 元，已还 300 元，尚欠 200 元。

张红玉
12. 10. 21

这张欠条存在以下不妥之处：

1. 没有标题。

2. 财物金额没有大写。

3. 没有具体还款日期。

4. 日期书写不够规范。

正确写法如下：

欠 条

原借王丽丹人民币 500 元（伍佰圆）整，已还 300 元（叁佰圆），尚欠 200 元（贰佰圆）整，2012 年 12 月 1 日前还清。

此据

张红玉

2012 年 10 月 21 日

【仿真练习】

××班班长李亮向体育老师吴明借了两个篮球、两个排球、四副羽毛球拍，已经归还了一个篮球、一个排球，李亮应该写什么条据？请代替他写这张该写的条据。

（三）收条

1. 概念 收条是收到东西的个人或单位写给发送东西的个人或单位的一种凭证性条据。收条一般由发送东西的一方做为凭证留存。

2. 收条的格式与写作方法 收条由标题、正文、落款三部分组成。

（1）标题：有两种方式，第一，在第一行中间写上"收条"或"收据"字样（如例 1）；第二，把正文的前三个字作为标题而正文从第二行顶格处接着往下写。如用"今收到"、"现收到"、"已收到"等作标题（如例 2）。

（2）正文：正文一般是在第二行空两格处开始写但以"今收到"等为标题的收条是不空格的。正文一般要写明收到的钱物的数量、物品的种类、规格等情况。

（3）落款：落款一般要求写上收钱物的个人姓名或单位的名称，署上收到的具体日期，一般还要加盖公章。是某人经手的一般要在姓名前署上"经手人："的字样。是代别人收的，则要在姓名前加上"代收人："字样。

【例文 1】

收 条

代收到李小红同学还给张兴聪老师的羽毛球拍一副，完好无损。

代收人：李群英

2013 年 4 月 14 日

【例文2】

今 收 到

周丽娟老师捐赠给校图书馆的图书壹佰贰拾本，此据。

××学校图书馆（盖章）

经手人：李广华

2013 年 3 月 27 日

【病文分析】

收到呼吸机 1 台。

2013 年 1 月 20 日

这张收条存在以下不妥之处：

1. 没有标题。

2. 物品数量没有大写，仪器没有标明型号和性能。

3. 没有说明谁归还的物品。

4. 没有落款。

正确写法如下：

收 条

今收到心内科陈小雨归还的呼吸机壹台，型号××，性能完好。

经手人：呼吸科　张亮

2013 年 1 月 20 日

知识链接

什么情况下应该使用收条？

1. 原来借钱物一方将所借的钱物归还回时借出方当事人不在场，而只能由他人代收时应写收条。

2. 归还财物后，只需由借款人将当初所写借条收回或销毁，不必再由出借方另写收条。如出借方找不到借条，应由其写一张收条交由借款人留存，以免日后出现纠纷。

3. 个人向单位或某一团体上缴一些有关费用或财物时对方需开据收条，以示证明。

4. 单位和单位之间的各种钱物往来，均应开据收条。当然，在正式的场合下，一般都有国家统一印制的正式的票据（发票），这属于另一类情况。

【仿真练习】

1. 假设你是高一（4）班班长李华，你将班级借阅的 60 本图书还给图书馆。请你以明山中学图书馆的名义，给李华写一张收条。

2. 2012 年 10 月 10 日张东按照合同向房东缴纳了 2012 年第四季度的房租 1200 元钱，请你代替房东吴伟写一张收条。

（四）领条

1. 概念 领条是领取钱物的单位或个人在领到钱物后，向发放物品的个人或单位所写的一种凭证性条据。领条在领取物款时经常使用，发放人据此报销帐目，而领取者据此表示已如数领取。

2. 领条的格式与写作方法

（1）标题：有两种方式，第一，在第一行中间写上"领条""字样（如例1）；第二，把正文的前三个字（或前两个字）作为标题而正文从第二行顶格处接着往下写。如用"今领到"或"领到"等作标题（如例2）。

（2）正文：正文一般是在第二行空两格处开始写，但以"今领到"等为标题的领条是不空格的。正文的内容主要写明下列内容：从哪里领取，领取的东西都有什么，其数目有多少。有的领条还要写出所领物品具体的用途。如果单位发放给职工的物品种类较多或发放钱物时领取人较多，负责发放的人可通过表格形式分类登记，只让领取人分别填写所领物品数量并签字或盖章即可（例3）。

（3）落款：落款要在正文右下方写上领取人的姓名。名下署上日期。落款处一般可加盖公章或私章。

【例文 1】

领　条

今领到器械科发放病历夹肆拾本，圆珠笔肆拾支。

急诊科：林洁

2013 年 4 月 1 日

【例文 2】

今　领　到

学校总务处发放办公用品圆珠笔伍拾支，稿纸贰拾本，白色粉笔贰拾盒，彩色粉笔拾盒。

校团委：张　刚

2013 年 3 月 1 日

【例文3】

××学校 2012～2013 学年第一学期办公用品领单

时间	教案本	稿纸	中性笔	领取人
9月1日	贰本	贰本	肆支	石瑞平
9月1日	贰本	贰本	肆支	王瑜
9月2日	——	贰本	贰支	徐芳

【病文分析】

今 领 到

办公用品：台灯、订书机、计算器、直尺共计8件。

财务科

这张领条存在以下不妥之处：

1. 没有写出每件物品的数量。

2. 物品数量没有大写。

3. 落款没有领取人署名。

4. 没有写出领取物品时间。

正确写法如下：

今 领 到

办公用品：可调式台灯叁台、订书机壹个、计算器叁个、直尺壹把。

领取人：财务科 何峰
2013 年 1 月 3 日

【仿真练习】

1. 假如你是某医院急诊科护士长，你于 2013 年 6 月 5 日从医院总务科领到了如下用品：护士工作服8套，一次性医用口罩60个，一次性医用手套60双。请写出领条。

2. 高一（1）班李明准备出墙报，需向保管室领 5 张白纸，3 盒颜料，2 盒彩色粉笔。请你以李明的名义给保管室写一张领条。

第二节　启　事　类

一、概述

启：叙说、陈述；事：事情。启事本意是公开陈述事情。现常用于单位或个人将自己的要求提请公众注意或希望协办而采用的一种应用文体。

（一）启事的特点

1. 周知性　启事所涉及的内容必须是需要向社会大众公开陈述的有关事项。因此，周知性便成为其第一个特点。为了使有关事项在社会上得以周知，它往往采用多种多样的发布途径和发布形式。既可以抄写张贴在公共场所，也可以制成印刷品广泛传播；既可以在报刊登载，也可以利用广播，电视播放。

2. 商洽性　启事和通知、通告一类的公文虽然都具有周知性，但它不像通知、通告等公文那样具有行政的强制性和约束力。机关、单位需要向社会公众周知有关事项时，它们与告知对象之间在行政上并没有隶属关系，因而，不能以通知、通告之类的行政公文发布，而只能以商洽的语气向社会大众陈述有关事项。它不能硬性规定人们必须阅读、收看或者收听，更不能强制别人必须办理、执行。它所周知的事项，知悉者可以参与，也可以不参与。

3. 祈请性　启事的目的不仅在于向人们公开告知有关事项，而且更侧重于请求人们协助办理。

（二）启事的分类

1. 征招类　如征稿启事、征文启事、征地启事、征婚启事；招工启事、招生启事、招聘启事等。

2. 寻找类　如寻人启事、寻物启事、招领启事。

3. 周知类　如更名启事、迁址启事、出租启事、开业启事、停业启事、庆典启事等。

（三）启事的写作格式

1. 标题　在第一行中间用比正文大的字写上文种"启事"或说明事项内容和文种，如"招生启事"、"征稿启事"、"招聘中学教师启事"等。还有一种写明启事单位名称加内容、文种，如"××医院招聘护士启事"等。

2. 正文　在第二行空两格写正文。正文因启事所说明的事项不同而异。总的要求是要有条理，清楚明白，简明扼要，用语恳切。正文后可以写上"此启"或"特此启事"的结束语，也可省略。

3. 落款　在正文后偏正右边，写上启事单位名称或个人姓名。单位名称已写入标题，后边就不必再写了。只写联系地址、电话号码、邮政编码、联系人、年月日等必要信息。

二、几种常用启事的写作

（一）招领启事

1. 概念 招领启事是拾到钱物或收留了走失者，为寻找失主或走失者家属而使用的一种应用文体。

2. 招领启事的格式和写作方式

（1）标题：如拾到钱物寻找失主的，在第一行正中用稍大字体写"招领启事"；如为走失者寻找家属的，则直接写启事即可。

（2）正文：第二行空两格开始写正文，即启事内容。如果是拾到钱物，正文部分可写明拾到的时间和地点，但不能写明钱的数量和东西的特征，以防冒领；如果是收留了走失者，则一定要具体介绍其性别、大致年龄及外貌特征等，以方便失主辨别。

（3）署名和日期：在右下方写上招领启事单位名称（需加盖公章）或个人姓名，并在其下方标明发布招领启事的日期。

【例文 1】

招领启事

今天上午 7 时左右，××班同学李××在学校操场拾到钱包一个，内有银行卡一张，钥匙一串，人民币若干。希望失主尽快到学生处××老师处认领。

学生处

2013 年 1 月 21 日

【例文 2】

启　事

2012 年 12 月 10 日，我所收留一名患病老年妇女。年龄大约七十岁左右，身高约1.60 米，上身穿藏蓝色棉袄，下身穿黑色裤子，脚上穿黑色皮棉鞋。望亲属速来××市公安局××派出所认领。联系人：×女士，联系电话×××××。

××市公安局××派出所（章）

2012 年 12 月 11 日

【例文 3】

招领启事

有旅客于 4 月 5 日上午在第二候车室捡到皮包一个，内有手机、手表、身份证、票据及现金若干等，望失主尽快到车站失物招领处认领。

××火车站失物招领处

2013 年 4 月 5 日

【病文分析】

今拾到一黑色钱包，内有农行储蓄卡一张，现金 500 元，请失主尽快前来认领。

这则招领启事存在以下不妥之处：

1. 没有标题。

2. 招领物品描述过于详细，易被冒领。

3. 没有交代认领地址。

4. 没有署名和日期。

正确写法如下：

招领启事

今拾到一黑色钱包，内有储蓄卡及现金若干，请失主尽快到医院门诊部办公室前来认领。

××医院门诊部（章）

2013 年 6 月 8 日

【仿真练习】

你在多媒体教室捡到一本《护理学基础》，请你写一则招领启事。

（二）寻物启事

1. 概念　寻物启事，是指单位或个人丢失东西后，希望他人帮助寻找而使用的应用文体。寻物启事一般可张贴于丢物的地点，或贴在单位门口或街巷较显眼的位置，或发布于报纸、电台、电视、网络等不同媒体上。

2. 寻物启事的格式和写作方式

（1）标题：缘由加文种组成。如"寻物启事"（例1）；由文种加丢失物品名构成，如"寻手机启事"、"寻钥匙启事"、"寻公文包启事"等（例2）。

（2）正文：第二行空两格开始写启事内容。寻物启事内容一般包括以下几项：①写明丢失物品的名称、外观、规格、数量、品牌等，同时要写明丢失的时间和具体地点；②交待清楚拾物者送还的具体方式，或注明发文者的详细地址、联络方式等；③寻物启事是求人协助寻找的，故除文中写些表谢意的话外，还可以写明给拾到者必要的酬金之类的话。

（3）署名和日期：在右下方写上寻物启事单位名称或个人姓名，并在其下方标明发布寻物启事的日期。

【例文1】

寻物启事

3月23日下午3：00左右，因本人不慎在××商场三楼遗失黑色笔记本电脑包一个，内有黑色联想笔记本电脑一台，电脑内存有重要资料，有拾到者请与失主联系，失主愿重金酬谢。

失主：××

（联系电话：××××××）

×××年×月××日

【病文分析】

寻物启事

本人不慎将一个文件夹丢失，若有拾到者，请速与本人联系！

联系电话：××

马先生

这则寻物启事主要在正文部分存在以下问题：

1. 没有写明丢失的具体时间和地点。

2. 没有写清丢失物的特征。

3. 为感谢送还者，失主通常许诺酬谢。从而体现出失主为人处世中的诚恳真挚之情，本文欠缺。

正确的写法如下：

寻物启事

本人于11月15号上午在××医院门诊部三楼××科就诊时，不慎将一个文件夹丢失，里面有本人的中专毕业证等重要证件，若有拾到者，请速与本人联系！

联系电话：××××××

失主：×××

2012年11月15日

【仿真练习】

你在操场遗失《语文》课本及钥匙一串，请写一则寻物启事。

（三）寻人启事

1. 概念　寻人启事是指亲人或同事走失或下落不明，希望公众帮助寻找而使用的应用文体。寻人启事一般附有照片。根据走失的原因，寻人启事可分为故意走失和无意走失两种。

因家庭纠纷或与他人发生矛盾没有解决而出走的称故意走失（例1）；因年幼或患

精神不正常等疾病引起的下落不明称无意走失（例2）。

2. 寻人启事格式和写作方法

（1）标题：标题通常在第一行中央写上"寻人启事"字样。

（2）正文：正文一般包括四部分：①交待走失人的身份、特征。主要包括走失人的姓名、性别、年龄、外貌、衣着装束、说话口音等体貌特征。这是鉴别走失人的主要依据，一般要写得非常详细，要特别指出体貌上的显著特征；②交待走失的时间、地点、原因。要说明走失人在何时、何地走失的，同时还需说明失踪的具体原因；③联系的方法。写清如何与寻人单位或个人联系；④结语。在正文的后面，有些寻人启事还会写上几句感谢之类的礼仪用语。另外，针对那些因某些原因出走的人，还会写上诸如"家人十分想念，本人见到启事速同家人联系"或"本人见到启事后，速回"的话语。

（3）落款：写明寻人启事的单位名称或个人姓名以及日期。

【例文1】

寻人启事

李小军，男，15岁，身高1.7米。东北口音。长方脸，皮肤较黑，右眼靠鼻梁处有一黑痣。身穿白色短袖衬衫，蓝色牛仔裤，白色运动鞋，于2012年6月5日离家至今未归。本人若见此启事，请尽快与家人联系，家人十分想念。有知其下落者请与沈阳市××区××街×××小区××栋××号联系，电话：××××××，重谢。

联系人：李××

2012年6月7日

【例文2】

寻人启事

蒋小平，女，65岁，身高1.6米左右，会讲四川话，上穿黑白格子茄克，下穿深蓝色长裤，脚穿棕色平跟皮鞋，短发，戴近视眼镜，精神稍有失常，于××月××日上午于××火站走失，至今下落不明。如有发现或知情者，请与本人联系，当面酬谢。

联系人：××

电话：××××××

×××年×月×日

【病文分析】

寻人启事

3月31日上午10点，我带女儿去××商场购物，不慎女儿走失，我女儿叫王晓，

3 岁，身高 85 公分。请帮查找。

×××

这则寻人启事主要存在以下问题：

1. 没有写清楚走失者的特征（相貌、穿着、说话口音等）。

2. 没有写联系电话。

3. 没有感谢之类的礼仪用语。

正确的写法如下：

寻人启事

3 月 31 日上午 10 点，我带女儿去××商场购物，不慎女儿走失，我女儿叫王晓，3 岁，身高 85 公分、圆脸、单眼皮、眼睛不大、眉毛很重。头上带有大红色蝴蝶结发卡，身穿粉红色连衣裙，红线裤脚穿红色皮鞋。北京人，说普通话，但吐字不太清。请帮查找。有重谢。如有线索请速与我联系。联系电话　6892××××　手机 1390115×××。

王××
2013 年 3 月 31 日

【仿真练习】

邻居家走失一名 4 岁小女孩，请你代写一则寻人启事。

（四）征稿启事

1. 概念　征稿启事也可以叫做征文启事，是报刊、杂志编辑部门或某一组织向广大作者征求稿件而采用的一种应用文体。

2. 征稿启事的格式和写作方法

（1）标题：在第一行正中用稍大字体写上标题。征稿启事的标题可以有几种构成方式。①由事由和文种名称共同构成：如"征稿启事"；②具体内容、事由、文种名构成。如《"爱我中华绿化城市"征文启事》；③由征稿单位、内容、事由、文种名共同构成，如《××杂志社"我最喜爱的一本书"征稿启事》。

（2）正文：在标题下一行空两格开始写正文。一般要求写明以下几项内容：①写明征稿的原由、目的，如征稿单位是报刊或杂志，还应在征稿原由、目的之前写明报刊、杂志的性质和办刊宗旨；②征稿的具体要求，如征稿的对象，稿件内容范围、体裁、字数，征稿的起止时间等；③搞件投递的具体方法和要求。

（3）落款：在右下方写上征稿单位的名称、发文日期。

【例文 1】

"我心目中的好教师"征文启事

今年 9 月 10 日是我国的第 28 个教师节，为庆贺这个即将到来的节日，校团委决定

举办"我心目中的好教师"征文比赛,现将有关事项通知如下:

1. 参赛对象:本校在校学生。

2. 内容要求:请你敞开心扉,畅所欲言。你喜欢怎样的教师,你认为一个"好教师"应该是什么样的。你心目中的好教师,是胸怀理想、充满激情和诗意的;是富有爱心、善解人意的;还是博学多才、思想深刻的;还是关注社会、关注人类命运,有社会责任感的……。可以写生活中遇到的,曾经教过你,给你许多关爱,使你从无知变得学有所长的一位教师,也可以是你希望碰到的、虚拟的,你想象中的"理想教师"。

形式要求:体裁不限,篇幅在 2000 字以内。

时间要求:10 月 21 日前截稿。

3. 投稿方式:所有来稿请以电子文本方式发送到以下邮箱:27542888@qq.com,主题请务必写明:"我心目中的好教师征文"字样。

4. 奖项设置:一等奖 1 名,二等奖 3 名,三等奖 5 名。获奖作品将在校刊上发表,并由校团委颁发相应证书。

××学校团委

2012 年 9 月 1 日

【例文 2】

《××杂志》征稿启事

《××杂志》创刊于 1982 年,是综合性、国际性、学术性、教育性、权威性的医学类专业期刊(月刊)。标准刊号 ISSN1005－0515、CN21－1302/R,邮发代号 8－577。是由中华人民共和国卫生部主管、中国健康教育协会主办,国家新闻出版总署批准的国家一级刊物;被中国核心期刊(遴选)数据库、中国万方数据库、中国学术期刊数据库、中国知网、中国科技部《中文科技期刊数据库》收录为统计源核心期刊。

《××杂志》设有:论著、综述、基础研究、临床交流、临床护理、药物研究、病例报道等栏目。全面介绍医学及药学的临床、科研、教学、管理等领域内的新成果、新理论、新技术、新方法、新经验,及时反映国内外学科新进展。欢迎全国高等医药学院校、医药卫生系统科研、医疗单位的广大作者踊跃投稿。

来稿要求:

1. 稿件要求字数在 1500～60000 字左右,文章直接发电子邮件。

2. 请按标准格式顺序:标题;作者(单位、邮编);摘要(150 字左右);关键词;正文;(文后)参考文献。

3. 来稿应具有先进性(创新、首次报道);科学性(设计合理、数据可靠、统计方法正确);实用性(对于研究、临床或其他方面有较大指导意义);论点明确、资料可靠、数字准确、文字精炼、图表尽量简化。

投稿范围：

医学及药学各科的临床、科研、教学、管理等领域内的新成果、新理论、新技术、新方法、新经验，能及时反映国内外学科新进展的学术性论文。

投稿须知：

1. 请勿一稿多投，否则责任自负。

2. 本杂志社有权修改来稿。

3. 稿件无论是否通过，编辑都会在一个月内给予回复。请使用常用的邮箱投稿，以便编辑能够及时与您取得联络。

4. 长期征稿，截稿时间不限。

投稿邮箱：××××××@163.com   邮件主题请写"××杂志投稿"

联系电话：010-××××××

咨询QQ：××××××

《××杂志》编辑部

【病文分析】

××大学百年校庆征文启事

今年10月2日 将是中国近代名校即我校的百年诞生日。百年校庆筹备委员会恭请全世界凡在我校学习和工作过的师生员工回母校活动。同时学校拟编《校史资料集》、《优秀论文集》，请各界校友勇跃支持。热烈欢迎海内外校友为母校的发展作出贡献。

邮政编码：××××××

联系电话：××××××

电子信箱：××××××

这则启事主要存在以下不妥之处：

1. 事项不够具体、要求不够严密。文中写"拟编《校史资料集》、《优秀论文集》请各界校友勇跃支持"，支持什么？是资金还是文稿，未具体说明。

2. 没有写出截稿日期。

3. 写了一些无关的内容。如"热烈欢迎海内外校友为母校的发展作出贡献"。同时存在用词不准确现象，如"母校"是对学生而言的，而文中对教师员工也称"母校"则欠妥。

4. 没有写学校地址、落款、日期。

正确写法如下：

××大学百年校庆征稿启事

今年10月2日，欣逢中国近代名校××大学百年校庆。为配合百年校庆活动，学校拟编辑出版《××大学校百年史》和《××大学百年优秀论文集》，诚请海内外各界校友及在××大学工作过的师生员工勇跃支持赐稿及提供有关××大学史料照片，并请于9月15日前挂号惠寄××大学百年校庆办公室。

邮政编码：××××××

地　　址：××××××

联系电话：××××××

电子信箱：××××××

××大学百年校庆筹备委员会

××××年5月10月

【仿真练习】

为庆祝"5.12"国际护士节100周年，医院护理部与宣传科联合开展以"百年护士节，一颗关爱心"为主题的征文活动，请你代写一则征稿启事。

第三节　书　表　类

一、申请书

（一）申请书的概念

申请书是个人向组织、下级单位向上级单位或有关部门表达愿望、提出请求时所使用的一种专用文书。申请书也可以看作是一种专用书信，它同一般书信一样，也是表情达意的工具，但它与一般书信又有区别，申请书要求一事一议，内容要单纯。

（二）申请书的作用

申请书的使用范围非常广泛，个人对党团组织和其他群众团体表述志愿、理想，要使用申请书，如申请加入中国共产主义青年团、中国共产党、工会、参军等；个人在工作、生产、学习、生活等方面对上级或主管部门有所请求时，也要使用申请书，如入学申请书、带职进修申请书、工作调动申请书、申请福利性住房、个人申请开业或困难补助申请等；下级单位向主管部门申请购置大件物品时，也可以使用申请书，如购置汽车、贵重仪器等；国家要求加入某种国际组织时，也应提交相应的申请书。

申请书把个人或单位的愿望、要求向组织或上级领导表述出来，让组织和领导加深对自己或下级的了解，争取组织和领导的帮助与批准，是沟通个人与组织、上级与下级关系的一种重要手段。

（三）申请书的特点

（1）申请书请求的特性："申请"顾名思义是申述自己的理由有所请求的意思。无论是个人在政治生活上入团、入党的申请，或者个人、单位在其他方面的申请，均是一种请求满足要求的一种公用文书。所以请求的特性是申请书的一个根本的特点。

（2）申请书采用书信体格式：申请书可以看作是一种专用书信，它同一般书信一样，也是表情达意的工具，因此它也必须按照书信的格式来行文。但申请书要求一事一议，内容要比一般书信单纯。

（3）申请书是个人向组织、下级向上级的行文方式这是申请书的性质所决定的。所以申请书在语言的使用上，语言的选择上均需符合这种下对上的行文标准。

（四）申请书的格式与写作方法

1. 标题　在首行正中写上申请书的具体名称。如"入党申请书"、"关于参加××培训班的申请书"等，也可只写"申请书"三个字，或简写为"申请"两个字。标题的字体可比正文略大。

2. 称呼　称呼也叫"抬头"，即在标题下空一两行顶格处写出接收申请书的组织、机关、团体、单位的名称或有关负责同志的姓名，如"团支部"、"市工商联"、"××同志"、"尊敬的先生、女士"等。名称后面加冒号，表示下面有话要说。

3. 正文　在称呼下一行空两格书写。正文是申请书的主体，一般应该包含两个方面的内容：①申请的事项，叙述申请的事情；②申请的理由，如果理由比较多，可以归类分段来写。

4. 结尾　申请书可以有结尾，也可以省略。结尾一般写表达愿望和请求的话，如"恳请批准"、"请领导审核批准"、"敬祈核准"、"请求组织批准"、"请求组织考验"等等。也可以写表示感谢、祝颂的话，另起一行空两格写"此致"，下一行顶格写"敬礼"。

5. 落款　在正文右下方签署申请单位的名称或申请人的姓名，并另起一行在相应位置注明申请的时间，如果是单位的申请，还要在署名和日期处加盖公章。

（五）申请书的写作要求

1. 实事求是　写申请书应该要真实客观地表达愿望、反映情况，叙述事实要准确，提出要求要明确具体。不应该为了达到某种目的而故弄玄虚，言过其实，更不能不择手段，弄虚作假，歪曲事实，提出非份无礼的要求。

2. 简明扼要　申请的内容应该简明单一，说明申请事项应该开宗明义，叫人一目了然。阐明申请理由要条理清晰，充分透彻，使人信服。表达愿望和要求应该明确具体，便于上级单位和领导能迅速了解情况，及时研究批准。

3. 朴实诚恳　申请书的读者是特定的上级单位或领导同志，写作者态度应该诚恳坦率，语气应该谦虚，语言应该朴实无华。同时，书写要工整，标点符号要正确，格式要规范，这样才能使人读起来有严肃、认真、恭敬、礼貌的印象，从而收到申请的最佳效果。

【例文1】

申 请

学生处：

　　我是××班学生×××，不慎将学生证遗失，多方寻找仍无下落。特提出申请，请求补办学生证，希望批准。

　　此致

敬礼

申请人：×××

2012 年 12 月 20 日

【例文2】

进修申请

××医院医务科：

　　本人系××医院消化内科护士，于 2001 年参加工作，××职称。为了提高自己的业务水平、学习贵院先进的技能操作和管理方法，经本单位领导同意，希望于××年×月×日～×月×日期间，前往贵院消化内科进行业务进修。在进修期间，本人保证严格遵守贵院的规章制度、工作要求，服从贵院的调度安排，积极锻炼、努力学习，如期完成进修学习任务。

　　恳请贵院批准！

××医院×××

××年×月×日

【病文分析】

申请困难补助

　　我叫××，是 2009 级护理专业的一名学生。我家住在××市××镇××村。因家庭困难，特申请困难补助。

申请人：××

这则申请存在以下几处不妥：

1. 标题格式错误。

2. 没有称呼（抬头）。

3. 申请理由不够具体，不够充分。

4. 措辞不够礼貌。

5. 没有申请日期。

正确写法如下：

困难补助申请书

学生处：

  我叫××，是2009级护理专业的一名学生。我家住在××市××镇××村，家里现有五口人。年迈的奶奶常年卧病在床，姐姐现在就读于××科技大学外语系。为了照顾奶奶，父母亲没有外出打工，只能靠种地来维持生活。奶奶的医药费、我和姐姐的学费使家里负担异常沉重，多年来已欠下不少的外债。为了减轻家里的负担，我一直省吃俭用，参加了校团委组织的勤工俭学活动，并利用课余时间发传单来赚取一点微薄的报酬，寒、暑假也没有回家，一直在餐厅打工，因为我深刻地意识到自己也应该靠劳动来缓解家里的压力。尽管我非常努力，但作为一名在校学生，赚来的钱并不能从根本上解决问题。

  如果我可以申请到这次的困难补助，就能减轻父母的经济负担，也能使我将更多精力投入到学习中。感谢学校能给我这次申请的机会，恳请学校批准我的申请。谢谢！

  此致

敬礼

申请人：护理22班　×××

2013年×月××日

【仿真练习】

  李华是××医院急诊科的护士，因患慢性肾炎，不能上夜班，希望调到不上夜班的门诊科室工作，请你代李华向医院护理部写一份申请。

知识链接

❧ 入党申请书的写作 ❧

  入党申请书的写作有特殊的要求，具体如下：

  1. 要表明申请入党的愿望。

  2. 要阐明申请入党的原因。一般可以结合自己的成长过程或思想进步过程，写清对党的认识，说明入党的动机。

  3. 向党组织汇报自己的思想、工作、学习等情况。第一次写入党申请书，一般还需要介绍自己的简历及家庭状况，以便组织全面了解和考察。

  4. 对照党员的标准，具体分析自己的优点和缺点，说明成绩，找出差距，明确今后的努力方向。

  5. 表明自己的决心和态度，表达出希望得到组织帮助、教育、争取早日加入组织的迫切愿望。

【例文】

入党申请书

敬爱的党组织：

我志愿加入中国共产党，并愿意为党的事业奋斗终身！

中国共产党是工人阶级的先锋队，是中国各族人民利益的忠实代表，是中国社会主义事业的领导核心，中国共产党以实现共产主义为最终目标。以马克思列宁主义，毛泽东思想，邓小平理论为行为指南。中国共产党是全心全意为人民服务的党。他始终代表中国先进生产力的发展要求，代表中国先进文化的前进方向，代表中国最广大人民的根本利益，并通过制定正确的路线方针政策，为实现国家和人民的根本利益而不懈奋斗。

从建党之初仅有的 50 多名党员、几个小组逐步发展到今天拥有数千万党员的执政党，党领导全国各族人民为中国社会主义进步和发展做了三件大事：第一件是完成了反帝反封建的新民主主义革命任务，结束了中国半封建、半殖民地的历史；第二件是消灭了剥削制度和剥削阶级，确立了社会主义制度；第三件是开辟建设有中国特色的社会主义道路，逐步实现社会主义现代化，这件大事现在继续在做。党的辉煌历史，是中国共产党为民族解放和人民幸福，前赴后继，英勇奋斗的历史，是马克思主义普遍原理同中国革命和建设的具体实践相结合的历史；是坚持真理，修正错误，战胜一切困难，不断发展壮大的历史。中国共产党无愧是伟大、光荣、正确的党，是中国革命和建设的坚强领导核心。

我之所以要加入中国共产党，是因为我深信共产主义事业的必然成功，深信只有社会主义才能救中国，只有社会主义才能发展中国。实践也充分证明。建设有中国特色社会主义，是实现中国经济繁荣和社会进步的康庄大道。

目前，我坚持在业余时间学习有关理论知识，思想上有了极大进步，通过学习，我已经认识到马克思主义的辩证唯物主义和历史唯物主义，是人类哲学思想和科学知识发展的结晶，是科学的世界观。同时我还深刻认识到，富于理论创造精神的中国共产党，在把马克思主义同中国实际相结合的过程中，实现了两次历史性的飞跃，产生了两大理论成果。第一次飞跃，找到了中国自己的革命道路，创立了毛泽东思想；第二次飞跃，找到了中国自己的社会主义建设道路，创立了邓小平建设有中国特色社会主义理论。党的十一届三中全会以来，社会主义在中国的新局面和新成就，使我们从历史的比较和国际的观察中深刻地认识到，邓小平理论是指导中国人民在改革开放中胜利实现社会主义现代化的正确理论。

在不断追求思想进步的同时，在学习上，我时刻牢记"学习是学生的天职"，对待学习不敢有一丝的怠慢，各科成绩在班级中均名列前茅；在生活上，我秉持勤俭节约的优良传统，注重寝室生活，以打造和谐寝室为己任；此外，我还担任了班长一职，工作中踏实肯干，带领同学共同建设我们的班集体，在班中培养了良好的学习气氛。同时也在学校组织的各项活动中，团结一致，取得了良好的成绩。

今天，我虽然向党组织提出了入党申请，但我深知，在我身上还有许多缺点和不足：如理论学习不够深入，还不能灵活地运用到实际工作中；工作中有时会情绪化，容易冲动。希望党组织从严要求，以使我更快进步。

如果党组织能够接受我的申请，我将时刻牢记党员的责任，遵守党的纪律，严守党的秘密，认真履行党员的权力和义务，争做一名优秀党员；如果党组织没有接受，我也不会灰心，我会在今后加倍努力，改正自己的缺点，更好的表现自己，争取早日成为一名合格的中国共产党党员。请党组织在实践中考验我！

此致

敬礼

申请人：×××

2012 年×月×日

二、倡议书

倡议就是倡导、建议。倡议书是由个人或某一组织、社团就某事向社会提出建议或提议社会成员共同去做某事的书面文章。它作为日常应用写作中的一种常用文体，在现实社会中有着较广泛的使用。如成立学雷锋小组的倡议，开展献爱心活动的倡议等。倡议书是把重要的、有创造性的建议或有关组织部门的号召变为群众的自觉行动的重要途径。

（一）倡议书的作用

（1）倡议书具有广泛的群众性。它可以在较大范围内调动群众的积极性，使大家心往一处想，劲往一处使，齐心协力共同做好一些有益于社会的事务，具有一定的号召性。

（2）倡议书是开展公益活动、推动社会精神文明的一种有效的方法。倡议书的内容一般是倡导某种先进风气、倡议开展某些有意义的活动，如倡议爱护花草树木，保护生态环境；或动员社会力量，共同完成某项任务，如倡议捐款、捐物，帮助灾区群众重建家园等。倡议书是一种建议、倡导，它不给人一种强制的感觉，所以在这种轻松倡导之中，宣传了真善美，使人们无形之中就受到深刻的教育。

（二）倡议书的特点

1. 群众性　倡议书不是对某个人、某一集体、或某一单位而言的，它往往面向广大群众，或对一个部门的所有人发出，或对一个地区的所有人发出，甚至向全国发出。所以其对象广泛的群众性是倡议书的根本特征。

2. 不确定性　倡议书是要求广大群众响应的，然而其对象范围往往是不定的。它即便是在文中明确了自己的具体对象，但实际上有关人员可以表示响应，也可以不表示响应，而与此无关的别的群众团体也可以有所响应，因此，倡议书本身不具有很强的约束力，对象也具有不确定性。

3. 公开性 倡议书可以看做一种广而告之的特殊书信。它就是要让广大的人民群众知道了解，从而让更多的人响应，以期在最大的范围内引起共鸣。

（三）倡议书的格式和写作方法

1. 标题 倡议书标题一般由文种名单独组成，即在第一行正中用较大的字体写"倡议书"三个字。另外，标题还可以由倡议内容和文种名共同组成。如"人人争当环保志愿者活动的倡议书"。

2. 称呼 一般顶格写在第二行开头。倡议书的称呼可依据倡议的对象而选用适当的称呼。如"广大的青少年朋友们"、"广大的妇女同胞们"、"全校师生"等。有的倡议书也可省略称呼，而在正文中指出。

3. 正文 一般在第三行空两格写正文（如省略称呼，直接在第二行空两格写正文）。

倡议书正文内容需包括：①写倡议书的背景原因和目的。倡议书的发出贵在引起广泛的响应，只有交待清楚倡议活动的原因，以及当时的各种背景事实，并申明发布倡议的目的，人们才会理解和信服，才会自觉的行动。这些因素交待不清就会使人觉得莫名其妙，难以响应；②写明倡议的具体内容和要求。这是正文的重点部分，倡议的内容一定要具体化。开展怎样的活动，都做哪些事情，具体要求是什么，它的价值和意义都有哪些均需一一写明。倡议的具体内容一般是分条开列的，这样写清晰明确，一目了然。

4. 结尾 结尾要表示倡议者的决心和希望或者写出某种建议。倡议书一般不在结尾写表示敬意或祝愿的话。

5. 落款 在右下方写明倡议单位、集体的名称或个人姓名，署上发倡议的日期。

（五）倡议书的写作要求

（1）内容应当符合时代精神，切实可行，与国家的路线方针政策相一致。

（2）提出倡议要有充分的理由。

（3）措辞贴切，情感真挚，富有鼓动性。

【例文1】

创建文明校园倡议书

亲爱的同学们：

作为当代中职生，将道德规范落实到我们每一个人的言行上，"引领文明风气，创建文明校园，争做文明学生"是我们刻不容缓的义务和责任。行远，必先修其近；登高，必先修其低。近不修，无以行远路，低不修，无以登高山。为了使文明成为习惯，让校园成就梦想，校学生会现向全校同学发出如下倡议：

一、学会主动学习，按时上课、不迟到、不早退、不旷课，自觉遵守课堂纪律；自习室及图书馆文明学习，不多余占座，爱惜图书，杜绝大声喧哗。

二、在食堂用餐时，要做到自觉遵守就餐纪律，文明排队；更应该谨记："一粥一饭，当思来之不易"，珍惜他人劳动成果。

三、保持寝室整洁卫生和良好的通风状态，及时清除垃圾，清结消毒，营造干净整洁、舒适优雅的生活、住宿环境。

四、保持校园环境整洁，以校为家，爱护公共设施，不损坏公物；不随地乱扔垃圾，不随意践踏草坪。

五、养成节约一滴水、一度电、一张纸的良好习惯；树立正确的消费观念，不虚荣，不攀比，努力创建节约型校园。

六、积极参加校园文体活动，加强体育锻炼，提高自身整体素质，活跃校园文化氛围。

七、杜绝使用违禁电器、留宿校外人员；勇于监督和举报破坏宿舍公共设施和影响宿舍安全的人和事，彻底排除安全隐患。

亲爱的同学们，让我们携起手来，让文明不再是纯粹的理念，而是每个学子的自觉言行！让文明不再是外在强加的约束，而是内化的集体自律！让我们从小事做起，从现在做起，时刻以文明大学生的标准严格要求自己，自觉爱护我们生活的校园，告别有损于学校形象的言行，争做文明建设的先行者和传播者，让文明成为习惯，让校园成就梦想，用我们的青春，用我们的行动，谱写文明的乐章，在充满活力与激情的校园里唱响文明的音符，让我们用一腔热忱去推动校园文明前进的脚步，积极参与到创建文明校园活动中来，用我们的智慧和力量谱写我校文明建设的新篇章。

××卫校学生会

2012 年 3 月 3 日

【例文2】

爱心捐助倡议书

全校广大师生员工：

你们好！当我们安然有序地学习工作、安康幸福地享受天伦之乐时，一个不幸的家庭却在紧急呼救！

2012 年 4 月，我校教师金××的丈夫李××不幸被 XX 医院诊断为尿毒症，从 2012 年 5 月份至今李××依靠每周三次的透析治疗来维持生命，换肾是解决问题的较好办法，但现在正在寻找肾源，筹措资金。从 2012 年 4 月到现在，各种医疗费用支出已近 18 万元。这让本来经济就不宽裕的家庭受到了沉重打击。目前，李××病情严重，需继续透析治疗。金××老师每月工资，既要支付丈夫高额的医疗费用（透析一次连带辅助治疗需要近 800 元，每周需要 2～3 次透析来维持），又要支付在北京陪护期间每月的房租，还要生活，实属困难。

为了帮助金×老师，校工会向全校广大师生员工发出倡议：发扬"一方有难，八方支援"的人道主义精神，伸出双手，奉献我们的爱心，以捐款方式为金××老师的家庭提供关怀和帮助。愿我们的点滴付出汇成爱心的暖流，让暗淡的生命重新迸发出灿烂的霞光。我们热忱地期盼您量力援助！"爱人者，人恒爱之！"感知您的关爱，致以诚挚的谢意！

捐款接收处：校工会办公室

×× 卫校工会

2013 年 3 月 24 日

【病文分析】

亲爱的老师、同学们：

水是"取之不尽，用之不竭"的，您是否也这样认为？

水是生命之源，是万事万物赖以生存的基础，离开了水生命将不复存在。事实上，全世界的淡水只占所有水资源的 7%，而可以饮用的淡水只有 0.8%，我国是一个严重缺水的国家，人均水资源拥有量只有 2200 立方米，仅为世界人均的四分之一。水是如此的珍贵，然而在我们身边，这样或那样浪费水资源的现象比比皆是，人们爱水、节水的意识还十分淡薄。如刷牙时不关水龙头；洗澡涂肥皂时不关水龙头；用过量水洗车，洗车水未循环使用；洗衣服时不用手搓而用水冲等等。

面对我国水资源缺乏和用水浪费严重的现象，节约用水已不仅仅是一句口号，而是社会公民当之无愧的责任和义务。为此，我们发出如下倡议：充分认识节约用水的重要性和紧迫性，养成良好的节水习惯；加强节约用水宣传，提高节水意识；树立正确的用水观念、科学的用水态度和合理的用水方式。

让我们用自己的实际行动，养成良好的用水习惯，争做生命之源的呵护者！

这封倡议书存在以下几点不妥之处：

1. 没有标题。

2. 倡议内容不够具体、明确、

3. 结尾不够有号召力。

4. 没有署名和日期。

以下是修改后的倡议书：

节约用水倡议书

亲爱的老师同学们：

水是"取之不尽，用之不竭"的，您是否也这样认为？

水是生命之源，是万事万物赖以生存的基础，离开了水生命将不复存在。事实上，全世界的淡水只占所有水资源的 7%，而可以饮用的淡水只有 0.8%，我国是一个严重缺水的国家，人均水资源拥有量只有2200立方米，仅为世界人均的四分之一。随着经济的快速发展、人们生活水平的不断提高，干旱缺水、洪涝灾害和水污染等水资源恶化的趋势也日益严重！因为缺水，黄河连年断流；因为缺水，沙尘暴席卷了华北；因为缺水，几千万人在干旱中挣扎……

水是如此的珍贵，然而在我们身边，这样或那样浪费水资源的现象比比皆是，人们爱水、节水的意识还十分淡薄。如刷牙时不关水龙头；洗澡涂肥皂时不关水龙头；用过量水洗车，洗车水未循环使用；洗衣服时不用手搓而用水冲等等。

面对我国水资源缺乏和用水浪费严重的现象，节约用水已不仅仅是一句口号，而是社会公民当之无愧的责任和义务。为保护和合理利用现有的水资源，提高节水、保水意识，我们发出如下倡议：

一、充分认识节约用水的重要性和紧迫性，从自身的一点一滴做起，无论是在家中、工作单位和公共场所都能注意节约用水，养成良好的节水习惯。在全校形成"节约用水光荣，浪费用水可耻"的良好氛围。

二、加强节约用水宣传，提高节水意识，树立正确的节水观念和合理的用水方式，从我做起、身体力行，积极倡导身边的每一个人养成良好的节水习惯，形成一个爱水、惜水、节水的良好风气。

三、树立正确的用水观念、科学的用水态度和合理的用水方式，从我做起，从现在做起，勤俭节约，杜绝"跑、冒、漏、滴"等现象的发生。

四、用水时避免大开水龙头，减少水的流量，要使用脸盆洗脸、洗手。用完水后要及时拧紧水龙头避免长流水现象。

五、节约淋浴用水，缩短淋浴时间。坚持使用节水设备。

六、依靠科学提高对水资源的充分、反复的利用率，对于用水量较大的绿化及生活用水提倡一水多用，分质使用，将水耗降至最低。

七、遇到有浪费水资源现象，及时制止；发现水管有漏水现象，及时向后勤部门反映。学校后勤处24小时值班电话：××××××

不舍细流，方成汪洋。您节约一滴水，也许可以孕育一棵绿色生命；他节约一滴水，可以救活一只云雀，千百万人联合起来，拯救的将是人类。让我们用自己的实际行动，从我做起，从现在做起，从身边的小事做起，树立良好的用水忧患意识、节水意识，养成良好的用水习惯，争做生命之源的呵护者！

××卫校总务科

2013年3月22

【仿真练习】

以校学生处的名义，就"遵守公约，文明上网，营造健康的网络道德环境"写一份倡议书。"公约"指《全国青少年网络文明公约》，由共青团中央、教育部、文化部、国务院新闻办、全国青联、全国学联、全国少工委、中国青少年网络协会等单位联合发布。

三、求职信

求职信也叫自荐信或自荐书，它是求职者以自我推荐的方式向用人单位表达求职意愿，提出求职请求，并要求用人单位考虑答复的一种应用文体。

（一）求职信的作用

1. 沟通交往 现今多数用人单位都要求求职者先寄送求职材料，由他们通过求职材料对众多求职者有一个大致的了解后，再通知面试或面谈人选。因此，求职信是沟通求职者和用人单位之间的桥梁。通过一定的沟通，在相互认识、交流的基础上，实现相互的交往，是求职信的基本功能。

2. 表现自我，求得录用 要实现自己的求职目的，就必须充分扬长避短，突出自我优势，在众多的求职者中崭露头角，以自己的某些特长、优势、技能等吸引用人单位。表现自我，意在录用，也是求职信的又一基本功能。

（二）求职信的特点

1. 自荐性 求职信其实就是自荐信，求职者要毛遂自荐，以期被用人单位看中并录用。

2. 针对性 求职信要针对用人单位的不同岗位、不同职务的不同要求来写作。还要针对求职者自己的知识技能、业绩、阅历等情况向用人单位展示自己能力与优势。

3. 竞争性 求职面临很激烈的竞争，要在竞争中胜出，就要突出自己的优势。能力与优势就成为求职信写作的重点。这些优势不是编造出来的，而是经过实践检验的，求职信要附上能证明自己能力与优势的各种证明材料。

（三）求职信的格式与写作方法

1. 标题 一般在第一行中间直接写"求职信"或"应聘信"即可，也可以省略标题。

2. 称谓 求职信一般的读信人为用人单位的负责人，求职者不知其姓名，一般可以用"尊敬的××局局长"、"尊敬的领导"等称呼。求职信不同于一般私人书信，读信人未曾见过面，所以称谓要恰当，郑重其事。

3. 正文 称谓下空两格开始写求职信的正文。正文内容较多，一般分段书写。

（1）写求职的原因：首先简要介绍求职者的自然情况如：姓名、年龄、性别等。接着要直截了当地说明从何渠道得到有关信息以及写此信的目的。如："我叫××，现年21岁，女，是一名护理专业的大专毕业生。我从报上看到贵院招聘护士的消息，不胜喜悦，冒昧地毛遂自荐，希望能有幸成为贵院的一名护理人员。"这段是正文的开端，也是求职的开始，介绍有关情况要简明扼要，对所求的职务，态度要明朗。

（2）写对所谋求的职务的看法以及对自己的能力作出客观公允的评价，这是求职的关键。要着重介绍自己应聘的有利条件，特别突出自己的优势和"闪光点"，以使对方信服，这样才能让对方感到你具备胜任这个工作的能力。

（3）以诚恳的态度向读信者提出希望和要求：如："希望您能给我面试的机会"或"盼望您的答复"或"敬候回音"之类的语言。

4. 结尾 写上表示敬意、祝福之类的词语，如"祝愉快安康"等等。"此致敬礼"（此致在正文下一行空两格书写，敬礼另起一行顶格书写），或祝"工作顺利"、祝"愉快安康"等等。

5. 署名和日期 写信人的姓名和成文日期写在信的右下方。

一般求职信还需要附件，在信后附上有关材料，包括个人简历和能够证明自己的身份和能力各种材料，如身份证、学历证书、职业资格证书，各种获奖证书的复印件等。

知识链接

☙ 求职信与个人简历 ☙

个人简历大多采用表格的形式，一般应包括以下几个方面的内容：

1. 个人资料：姓名、性别、出生年月、家庭地址、政治面貌、身体状况、兴趣、爱好、性格等等。

2. 学业有关内容：就读学校、所学专业、学位、外语及计算机掌握程度等等。

3. 本人经历：入学以来的简单经历，主要是担任社会工作或加入党团等方面的情况。

4. 所获荣誉：三好学生、优秀团员、优秀学生干部、专项奖学金等等。

5. 本人特长：如计算机、外语、驾驶、文艺体育等等。

简历与求职信常配套使用，在求职中同时给用人单位审阅，两者内容虽有相同之处，但作用不同。简历主要是客观地写出自己的基本信息、经历和特长等情况，但没有显现主观意愿及获得职位的迫切心情，而是让用人单位了解自己的基本情况。而求职信主要在于"求"，阐述求职者自身的优势、展现自己的能力，语气要真诚和谦虚，有些内容比简历详细具体，而在求职信中没有突出的内容在简历中要具体体现出来。两者是互为弥补的，简历作为求职信的附件来使用。

（五）求职信的写作要求

1. 目的要明确 求职人要根据用人单位的需求选择陈述内容，不要没有重点地泛泛而谈，缺乏针对性的材料，如"本人爱好广泛，能胜任各种工作"之类。要注意突出技术专长，根据用人单位的选拔条件，抓住重点，有的放矢，否则只会弄巧成拙。

2. 内容要真实 求职信必须实事求是，不能夸大其词，更不可虚构材料，编造历史。

3. 语言表述要谦和、诚恳 求职者充满自信地推销自己是必要的，但要注意态度谦和、言辞恳切、不卑不亢、情真意切。实践证明，只有那些既有真才实学，又言辞得体的求职者才受欢迎，易被录用。

4. 文面整洁，杜绝错别字　求职信中若出现错别字、文面涂改等情况，会严重影响到求职效果，因为它反映求职者工作态度不严谨，给招聘方留下不好印象。如果写得一手好字，手写的求职信一般效果会更好些。

【例文】

求 职 信

尊敬的院领导：

　　您好！首先，衷心感谢您能在百忙之中惠阅我的自荐书，为一位满腔热情的学生开启一扇希望之门！

　　我叫×××，女，是来自××市卫校 2012 届的一名应届毕业生，今年 20 岁。得知贵院需招聘护理人员，即将走出校园的我，怀着对未来的美好憧憬和对贵院的无限向往，特向贵院呈上我的自荐书。

　　三年的刻苦学习，使我奠定了扎实的护理工作基础。在校期间，我的各科成绩都达到优良以上，连续三年获得奖学金，并在 2010—2011 学年被评为校级三好学生；在 2011 年全省护理技能大赛上，我获得了全省三等奖；我在××医院实习期间，认真学习，严格要求自己，表现良好，得到了实习医院的肯定，并被评为校级优秀实习生。

　　除了努力学习专业知识，我还积极参加学校的各项活动。我爱好唱歌、舞蹈，每年都参加学校举办的迎新年文艺演出；在计算机应用方面，我能熟练使用 WORD、EXCEL 等常规办公软件，打字速度也比较快。

　　作为一名护士，不仅要有扎实的理论基础和过硬的护理技术，还要有踏实肯干的作风和吃苦耐劳的品质。我出生在一个农村贫困家庭，清贫多难的成长环境，使我过早地经受了生活的磨难，也造就了我坚忍不拔，不畏艰难的个性，这些都能使我更好地适应未来的护理工作。

　　我热爱护理事业，殷切期盼能够为这一光荣事业添砖加瓦，并在工作中不断学习、进步。希望贵院能给我一个机会！我会尽心尽责，尽我所能，让贵医院满意，让患者满意。再次感谢您并期待您的回音。

　　此致

敬礼

自荐人：×××

2012 年 6 月 10 日

【病文分析】

尊敬的医院领导：

　　您好！衷心的感谢您在百忙之中翻阅我的这份材料，并祝愿贵单位事业欣欣向荣，蒸蒸日上！

　　我是××职业技术学院毕业生××，自从进入学院之后，高考后的轻松、获知被录取的喜悦随风而逝，因为一切要从新开始，重新努力拼搏，为下一个挑战的胜利积蓄力量。在学院里让我在思想、知识、心理、生长都迅速的成熟起来。在这厚重的学习氛围中，我成为了一名综合型人才。时光流逝，我怀着我的梦想离开母校，踏上即将走上工作岗位的征程。

我会以"严"字当头，在学习上勤奋严谨，对课堂知识不懂就问，力求深刻理解。在掌握了本专业知识的基础上，不忘拓展自己的知识面，对课外知识也有比较广泛的涉猎。同时，为了全面提升个人素质，我积极参加各种活动，这些经历使我认识到团结合作的重要性，也学到了很多社交方面的知识，增加了阅历，相信这对我今后投身社会将起重要作用。

"长风破浪会有时，直挂云帆济沧海"，希望贵医院能给我一个发展的平台，我会好好珍惜它，并全力以赴，为实现自己的人生价值而奋斗，为贵医院的发展贡献力量。

这封求职信存在以下几个方面的问题：

1. 未说明自己的基本情况，年龄、性别、专业、学历等。

2. 没有说明求职岗位。

3. 阐述自己的优势不具体，如学习成绩如何，具体参加了何种活动，或什么奖项等。

4. 表达没有条理，显得空洞无力，没有针对性。

【仿真练习】

假如你是我校今年的应届毕业生，请根据自己的实际情况写一封应聘××医院护士的求职信。

第四节　电子文书类

电子文书是通过计算机等数字化媒介形成的电子文件，通过电脑进行操作、传输、存储等处理。与传统的纸质文书一样，电子文书行文也要遵循不同的文种写作格式，但它与纸质文书又有很大的区别。电子文书是数据文件，与纸质文书相比，即具有存储体积小、检索速度快、远距离快速传递及同时满足公众和组织资源共享等优点；也存在自身无法克服的局限性，如信息与载体分离、不能直接阅读，必须依赖于软件和硬件才能识别和利用；电子文书容易被人修改、复制，修改之后几乎不留痕迹，在真实性、完整性、凭证性方面比较难认可。

随着电子信息技术的高速发展和普及，电子文书已越来越广泛地被人们所熟知和利用。

本节仅简单介绍最普遍的博客和电子邮件两种。

一、博客

（一）博客的概念

博客最初的名称是 Weblog，Blog 是 Weblog 的简称，"博客"一词就是从英文单词 Blog 音译而来，意思为网络日记，也称网络日志，就是以网络作为载体，简易、迅速、便捷地发布自己的心得，及时、有效、轻松地与他人进行交流的综合性平台。

Blogger 即指撰写 Blog 的人，也就是使用特定的软件，在网络上出版、发表和张贴个人文章的人。Blogger 在很多时候也被翻译成为"博客"一词，而撰写 Blog 这种行为，有时候也被翻译成"博客"。因而，中文"博客"一词，既可作为名词，分别指代两种意思 Blog（网络日志）和 Blogger（撰写网络日志的人，也叫博主）；也可作为动词，意思为撰写网络日志这种行为，其中使用频率最高的是第一种意思——网络日志，本节内容所提到的博客也是指这个意思。

（二）博客的特点

1. 操作简单 它是博客发展的推动力。这是博客受众多网民的青睐的最大特点。操作简单一方面是因为申请注册简单，另一方面，博客的写作运营也较为简单。进入管理平台后，系统具有提供模板、博客设置、日志管理、添加日志、发表日志、预览首页等功能。博主不断地往不同项目里添加内容，博客就可以不断实现更新。

2. 持续更新 它是博客生命的催化剂。博客申请过后，可以不断地更新。只有通过不断更新，博客才可以体现出它的生命力。如果博客注册申请了，将近半个月内没有更新，这样的博客可以称之为"睡眠博客"。

3. 开放互动 它是博客交流的推广链。网络赋予了博客的开放性，博客也就不再是一个单纯的私人空间。博客的开放性，更多地体现在与其他网民的沟通和交流。网民与博主在写评论和签留言的同时，博主进行定期回复，并通过链接地址进行回访实现了博主与网民的交流。

4. 展示个性 是博客精彩的原动力。博客创作没有固定模式。日志内容，博客界面，文章数量，日志分类，人气指数，均可以体现出博主的个性。

（三）博客的分类

（1）按照博客主人的知名度、博客文章受欢迎的程度，可以将博客分为名人博客、一般博客、热门博客等。

（2）按照博客内容的来源、知识版权可以将博客分为原创博客、非商业用途的转载性质的博客。

（3）按照用户的不同，可以将博客分为个人博客和企业博客。

（四）博客的作用

（1）个人自由表达、抒发感情的地方。

（2）展示自己的空间，让更多人了解你。

（3）学习交流的地方。

（4）通过博客展示自己的企业形象或企业商务活动信息。

（5）话语权，一个影响较大的博客就像一个媒体，一面旗帜。

【例文】

蒋方舟，女，1989 年生于湖北。7 岁开始写作，9 岁写成散文集《打开天窗》（长江文艺出版社出版），此书被湖南省教委定为素质教育推荐读本并改编为漫画书，现已出版作品 9 部。在由《人民文学》杂志社主办的第七届人民文学奖评奖中，蒋方舟获得散文奖。2012 年从清华大学毕业，就任《新周刊》杂志副主编。以下是蒋方舟发布在搜狐博客上的一篇题为年夜饭的博客。

我十六岁离开家去外地读书，过年是一年到头最大的期待。每年到了接近过年回家的时候，所有宿舍的人几乎都会莫名其妙地大吵一架，现在想想，大概是所有人的急切期盼、近乡情怯、积攒了一年的荣耀和委屈，都挤在一个逼仄狭小的空间里，相互挤压碰撞，难免会走火。

每年快回家时，给家里打电话，我妈总是羞赧又警觉地说："我们家可小可破了，你别嫌弃哦。"她是怕我在记忆里美化了家的样子，回家会失望。

怎么会？到底是家。

每年回家是个征程，大包小包地挤上公共汽车，再挤上火车。对家的期待，被回家的艰辛一点点抬得很高。

在火车站，远远就从一堆拉黑车的司机中，看到我妈接我。从远走到近，我们都在评价着彼此，我看她老了没有，她看我长高了没有。在走近的一瞬间，我们就迫不及待地迸发出对对方的评价："你老了啊！""你怎么长这么胖了！"

从火车站走回家，不过十几分钟的路程。这座小小的城市也难逃中国大陆轰轰烈烈的旧貌改新颜的城市化进程，广场、马路、地下通道，全是新建的。可是同时，它也在城市的细节上，微妙地维持了自己几十年如一日的杂乱和破败——随地丢的垃圾，延展到马路上的早点摊子，路边摊上颜色和原料都很可疑的油炸点心，这些从未消失或改变。这些脏乱差，因为是自己熟悉和亲切的，也就理所当然觉得是好的。

南方冬天阴冷，室内也没有暖气。回到家首先感到的是一股寒意，换上棉衣棉裤，我妈往我怀里捅上一个热水袋，这样邋里邋遢、灰暗又臃肿地坐着，宛如一团惨淡的空气，方才觉得回了家。

每年开始灌香肠的时候，就揭开了过年这项神圣而庞大的运动的序幕。

用香料腌制的猪肉馅，灌进薄薄的肉皮里，再用绳子绑成一节节。我家很小，没有地方晾晒和风干，就缠绕在卫生间的管道上，耷拉得很低。有时猛一抬头，看到一串串鼓鼓的、血肉毕现的肉肠，难免会大吃一惊。

灌香肠的同时，家里开始腌鱼，我爸总是买来一条巨大的鱼，切成块，放在洗澡盆里腌制。

其实无论是香肠还是腌鱼，我都不大喜欢吃，觉得除了咸还是咸。我总是觉得这种腌制的食品，是战乱时候人们被迫背井离乡、长期逃难的产物。因为腌制得咸臭，所以也不怕腐坏，能吃很长时间。到了和平年景，这种饥饿养成的饮食习惯，仍然保留了下来。每次在家迎头撞见这些悬挂着的食物，都要宣布："到时候过年我可不吃哦。"

我爸一副觉得我不识好歹的表情，说："这么好吃的东西！"

我妈在旁边打圆场："你爸弄得那么辛苦，你到时候就吃一些吧。"

我父亲是个再典型不过的中国传统男人，他把亲情看得高于一切。过年，对他来说，不是一项事业，是一种信仰。

我妈也乐得我爸主持过年大业，每年只负责置办年货。所谓"年货"，其实不过是零食和水果，用来招待串门的亲戚。所有的零食放在一个大的储物箱里，盖子一盖，就充当了椅子，我在家写作，就坐在这一箱子年货上，写一会儿，就忍不住伸手进去抓一把糖果或者巧克力，经常还没等到正式过年，这一箱年货，就不剩下多少了。

这些年，过年串门的习惯，已经消失得差不多。过年的意义，更多的是为了老人而拼凑的团圆。

我的奶奶一共生了七个儿女，四个去了襄阳，三个留在随州。随州是真正意义上的老家，两个地方相距不远，火车不过一个半小时，可是决定每年的年夜饭举办权，就成了争论不休的大事。因为主持年夜饭，意味着巨大的工作量。

在很长的时间里，我都是家族里年龄最小的晚辈，像个小老鼠一样在家里转来转去，看大人忙碌，自己茫然又惶恐。我最喜欢看大人包蛋饺，蛋液一勺，在锅上一摊，夹上肉馅，一挑，就成了金黄可爱的蛋饺，在水里煮着，像一只只金鱼。

过年还有一项必备的菜，就是菜饼。把荠菜切碎，拌上三鲜馅，包在轻薄透明的豆腐皮里，油煎。

小时候，我总是嫌荠菜有股野菜的腥味，长大后，忽然喜欢上了这种清香。

在密集的筹划和准备之后，年夜饭轰轰烈烈地开始了。

说实话，从美味角度来说，我从来不觉得年夜饭有多么好吃。食物都是生冷的大肉菜：猪蹄、牛肉片、香肠、猪耳朵等等。先秦把食物的原则定为"春酸、夏苦、秋辛、冬咸"，我们家的年夜饭，就严格遵循了"冬咸"的标准。

大量的冷盘都有讲究，比如凤爪是抓钱的，猪手也是抓钱的，切成圆柱的卤味是元宝。所有这些据说吃了可以发财的菜，都有一个共同的特征，就是不好吃。

年夜饭不贵在质，贵在量。以多服人，所有的盘子一个架一个，歪歪斜斜，汤汁随时有溢出的危险，桌子堆得什么也放不下了，姑妈又从厨房端了一大碗热腾腾的鸡汤出来。

因为菜多，所以能吃很久。聊天的话题，总是以"忆苦思甜"开头，回忆自己小时候吃不到的东西。我们小孩子这辈，对这种话题向来是不感兴趣的，急急把自己喂饱了就下桌，春节联欢晚会开始了。

对于春节，我记忆最深的，就是一张油腻的大桌子。才擦干净，又摆上一盘盘菜。做饭的人，吃饭的人，都是那么兴冲冲的，几乎是不正常的兴奋与盎然，像是鼓着劲儿地对生活的一种示威和负气：要齐心戮力把日子过得好，过得幸福，过得体面。

大年三十晚上永远是最热闹的，炮仗震天。这年过得这么热闹，不像是过给自己的，像是过给生活看的。

某一年的春节，我爷爷病逝了，饭桌上多了一副空碗筷。年夜饭前，多了一项仪式，就是对我爷爷说说话，交代一下过去一年的生活和进步。

没过两年，我奶奶也去世了，年夜饭桌上有了两副空碗筷。

老人都逝去之后，大家对于过年的热情一下子就消逝了，都变得快快的。不知谁先提出的：以后过年，大家就在自己家过吧，别折腾了。

于是，生活在一个地方的兄弟姐妹，就各自团圆。再后来，我的哥哥姐姐都嫁娶到别的城市，伯伯阿姨，也就随着儿女去了外地过年。

今年，我在北京租了房子，有了暂且落脚的地方，没有那么强的漂泊感，就让父母来北京过年。我自顾自地想，一切都以"不折腾"为原则，仪式感强的东西越少越好，年过得越方便省事越好。我一心想着自己的方便，自以为摒弃了繁文缛节的聪明，直到与我爸聊天，他顾左右而言他了半天，才带着商量的口气问道："明年，我们还是回家过年好不好？"直到这时，我才发现，自己一直刻意忽略了他的失落。

知识链接

❧ 微 博 ❧

博客的出现，已经将互联网上的社会化媒体推进了一大步，公众人物纷纷开始建立自己的网上形象。然而，博文的创作需要考虑完整的逻辑，对于没有足够时间，或者想表达自己的感想而文字功底不深的人来说，写一篇千字左右的博文，并不是一件容易坚持下来的事。因此很多人注册了博客后，只能让博客长期处于没有更新的"睡眠状态"。相对于强调版面布置的博客来说，微博的内容只是由简单的只言片语组成，从这个角度来说，对用户的技术要求门槛很低，而且在语言的编排组织上，也没有博客那么高。

微博是一种通过关注机制分享简短实时信息的广播式的社交网络平台。通俗的说，微博提供了这样一个平台，你既可以作为观众，在微博上浏览你感兴趣的信息；也可以作为发布者，在微博上发布内容供别人浏览。发布的内容较短，一般限制在 140 字以内，微博由此得名。当然了也可以发布图片，分享视频等，微博作者不需要撰写很复杂的文章，而只需要抒写140字内的心情文字即可。

微博具有以下几个特点：

1. 信息获取具有很强的自主性、选择性，用户可以根据自己的兴趣偏好，依据对方发布内容的类别与质量，来选择是否"关注"某用户，并可以对所有"关注"的用户群进行分类；被"关注"的数量。用户发布信息的吸引力、新闻性越强，对该用户感兴趣、关注该用户的人数也越多，影响力越大。

2. 内容短小精悍。微博的内容限定为140字左右，内容简短，不需长篇大论，门槛较低。

3. 信息共享便捷迅速。可以通过各种连接网络的平台，在任何时间、任何地点即时发布信息（做为移动设备的手机，成为了微博发布的最便利的工具）。对于一些大的突发事件或引起全球关注的大事，如果有微博客在场，只要通过手机，就可以在微博上发表出来，其实时性、现场感以及快捷性，甚至超过所有媒体。

正是基于以上特点，微博已成为目前世界上最受欢迎的网络应用之一。

2006年3月，由美国一家公司正式推出微博服务。

2009年8月，中国门户网站新浪推出"新浪微博"内测版，成为门户网站中第一家提供微博服务的网站，微博正式进入中文上网主流人群视野。

据中国互联网络信息中心（CNNIC）报告显示，截至2011年12月底，我国微博用户数达到2.5亿，较上一年底增长了296.0%，网民使用率为48.7%。微博用一年时间发展成为近一半中国网民使用的重要互联网应用。另据统计，截至2012年6月我国微博用户已达到3亿之多。

微博的迅速普及，具有划时代的意义，真正标志着个人互联网时代的到来。

二、电子邮件

（一）电子邮件的概念

电子邮件（electronic mail，简称 E–mail，也被大家昵称为"伊妹儿"），又称电子信箱、电子邮政，它是一种用电子手段提供信息交换的通信方式，通过网络的电子邮件系统，用户可以用非常低廉的价格（不管发送到哪里，都只需负担极少的网费即可），以非常快速的方式（几秒钟之内可以发送到世界上任何你指定的目的地），与世界上任何一个角落的网络用户联系，这些电子邮件可以是文字、图像、声音等各种方式。

电子邮件综合了电话通信和邮政信件的特点，它传送信息的速度和电话一样快，又能像信件一样使收信者在接收端收到文字记录。

（二）电子邮件的特点

1. 发送速度快　电子邮件通常在数秒钟内即可送达至全球任意位置的收件人信箱中。

2. 信息多样化　电子邮件发送的信件内容除普通文字内容外，还可以是软件、数据，甚至是录音、动画、电视或各类多媒体信息。

3. 收发方便　与电话通信或邮政信件发送不同，电子邮件采取的是异步工作方式，它在高速传输的同时允许收信人自由决定在什么时候、什么地点接收和回复，发送电子邮件时不会因"占线"或接收方不在而耽误时间，收件人无需固定守候在线路另一端，可以在用户方便的任意时间、任意地点，甚至是在旅途中利用手机等移动设备接收电子邮件，从而跨越了时间和空间的限制。

4. 成本低廉　电子邮件最大的优点还在于其低廉的通信价格，用户花费极少的费用即可将重要的信息发送到远在地球另一端的用户手中。

5. 更为广泛的交流对象　同一个信件可以通过网络极快地发送给网上指定的一个或多个成员，甚至召开网上会议进行互相讨论，这些成员可以分布在世界各地，但发送速度则与地域无关。

6. 安全　一是电子邮箱可以设置密码，甚至可以把收件加密后在发送或存档；二是传统邮件不易备份，而电子邮件可以轻而易举的备份多份，分别存放。

（三）如何发送电子邮件

1. 拥有自己的电子邮箱（件）地址　电子邮件地址的格式由三部分组成。如278888888@qq.com。

第一部分"278888888"代表用户信箱的账号（或用户名），对于同一个邮件接收服务器来说，这个账号必须是唯一，由字母 a ~ z（不区分大小写）、数字 0 ~ 9、点、减号或下划线组成，只能以数字或字母开头和结尾，用户名长度为 4 ~ 18 个字符。

第二部分"@"是分隔符，可以读成"at"，也就是"在"的意思。

第三部分"qq.com"是用户信箱的邮件接收服务器域名，代表邮箱服务商。278888888@qq.com 这个电子信箱地址是 qq 邮箱。网易邮箱有 163.com 或 126.com 或 188.com 等；新浪邮箱有 sina.com 或 vip.sina.com 等。用户可以登录相关网站注册拥有自己的电子邮箱（件）地址，一般注册时要设置密码，进入相应网站邮箱后，必须正确输入账号（用户名）和密码登录后，才能收、发电子邮件。

2. 发送电子邮件的步骤

第一步：进入所注册的网站邮箱，输入账号（用户名）和密码后登录。

第二步：点击"写信"（如要收信，点击"收件箱"或"收信"查看即可）。

第三步：输入收件人电子邮箱地址（三部分都要写全）。

第四步：填写"主题"。"主题"一般是通过简短的几个字或一句话让收件人了解邮件的大概内容或特点、作用等，就象写在传统信件信封上的简短语句，如给杂志社投搞的信件，主题就可以写：投稿或×××的稿件等。"主题"也可以省略不填。

第五步：添加附件。点击"主题"一栏下面的"添加附件"或"添加超大附件"按钮，就可以随信发送电脑或 U 盘上储存的其他文件，如较长的稿件、图片、视频、音乐等，对方收到邮件后，点击下载附件的按钮，就可以储存并看到这些文件了。

第六步：书写正文。电子邮件的正文书写格式和普通信件一样，称呼顶格书写，问候语空两格，正文内容根据实情所需而定，最后是祝福语、落款及日期。

【例文】

收件人：××××××@163.com

主题：会议邀请信

尊敬的×××主任：

　　您好！

　　第××届全省护理工作年会定于 10 月 28 日（星期三）上午 9：00 在××市××

饭店举行，为期一天。您作为××市××医院护理部主任，是多年从事临床护理和护理管理工作的专家，我们真诚的邀请您在会议上做 60 分钟的发言，建议发言内容为：如何利用制度建设调动临床一线护理人员的工作积极性。衷心希望您能接受这项邀请，并尽快给我们回音。

　　会议联系人：××　　　联系电话：××××××

　　恭祝

万安！

××大学医学院护理系主任：××

××××年 10 月 10 日

（杨　军）

报请类应用文写作 /// 第三单元

要点导航

1. 了解报告、请示、批复的概念和分类。
2. 熟悉报告、请示、批复的异同点。
3. 掌握报告、请示、批复的写作要领及方法、要求，撰写报告、请示、批复。

第一节 报 告

一、概述

报告是下级机关向上级机关汇报工作、反映情况、答复上级机关询问的上行公文。它是上级机关了解掌握下级机关工作及其他情况的主要渠道之一。内容除汇报工作外，也包括提出意见或建议、回答询问等。中国共产党成立后，将"报告"列为正式文种，基本上代替了古代的"呈"。建国初期，把请示和报告都放在"报告"一个文种里，实际操作起来不太方便。因为汇报工作一般不需要上级答复，而请示工作则上级必须答复。因此，1957年以后，就把"请示"和"报告"分开为两个文种。作为机关公文的"报告"，和一些专业部门从事业务工作时所使用的标题中也带有"报告"二字的行业文书，如"评估报告"、"立案报告"、"调查报告"等，是不同的概念。这些文书不属于公文的范畴，注意不要混淆。

（一）报告的作用

报告的主要作用是上下沟通。从领导者来说，及时了解下属各部门的工作情况，有助于上级部门控制全局，克服薄弱环节，更好地发挥领导作用；对下级来说，定期向领导汇报工作情况，是避免工作出现差错和问题的重要保证。

（二）报告的特点

1. 单向性 报告是下级机关向上级机关汇报工作、反映情况、提出建议时使用的单向性上行公文，不需要上级机关给予批复。在这方面，报告和请示有较大的不同，请示具有双向性特点，必须有批复与之相对应，报告则是单向性行文，不需要任何相对应的文件。为此要特别注意：类似"以上报告妥否，请批示"的说法是不妥当的。

2. 陈述性　报告的主要任务是如实向上级陈述工作情况。事实和意见的陈述应当是报告的主要内容。在汇报工作、反映情况时，所表达的内容和使用的语言都是陈述性的。反映情况时，要把时间、地点、人物、事件、原因、结果叙述清楚，向上级机关提供准确的信息。即使是提出建议的报告，也要在汇报情况的基础上，才能进一步提出建议来。

3. 事后性　在机关工作中，有"事前请示，事后报告"的说法。多数报告，都是在开展了一段工作之后，或是在某种情况发生之后向上级做出的汇报。可见，请示写的情况是未解决的，属于将来时，报告写的情况是已做过的，属于过去时。但建议报告没有时限的事后性特点，应该尽量超前一些，如果木已成舟，再提建议也是没有意义的了。

4. 主见性　汇报工作不能只摆事实而没有汇报者自己的观点。在报告中，汇报者应当对所报告的事实提出自己的看法。比如汇报做了某项工作，哪些地方做得好，哪些地方做得不好，有什么经验教训等，应当有个自我评估。汇报者的看法在报告中不占主要地位，但却是不可缺少的。

（三）报告的类型

根据报告的内容及性质可以将报告分为：工作报告、专题报告、情况报告、回复报告和建议报告。

1. 工作报告　凡是用来向上级汇报工作的报告，都是工作报告。工作报告又可分为综合工作报告和专题工作报告两种。

（1）综合报告：综合报告是将全面工作或一个阶段许多方面的工作综合起来写成的报告。它涉及面宽，在内容上具有综合性、广泛性，写作难度较大，要求较高，要把主要工作范围之内的方方面面都涉及到，可以有主次的区分，但不能有大的遗漏。大到国务院提供给人民代表大会的政府工作报告，小到某单位向上级提供的年度、季度、月份工作报告，都属于这种类型。

（2）专题报告：专题报告是针对某项工作、某一问题、某一事件或某一活动写成的报告，涉及面窄，在内容上具有专一性，只针对某一方面的工作或者某一项具体工作进行汇报，如关于在临床使用护理新技术的报告等。

2. 情况报告　如果本单位出现了异常情况，比如说发生了医疗事故、严重的护患纠纷等意想不到的问题，对工作产生了一定程度的影响，应该及时向上级将有关情况原原本本的进行汇报。作为下级部门，有责任做到"下情上达"，保证上级机关耳聪目明，对下面的情况始终了如指掌，这就是情况报告的意义。隐情不报，是一种失职的表现。

3. 回复报告 答复上级机关询问的报告，称为回复报告。这是根据上级机关或领导人的查询、提问做出的报告。这种报告内容针对性很强，上级询问什么，就答复什么，不能答非所问。对待上级机关的询问，一定要慎重，如果不了解真情，要经过深入细致的调查研究后再作答复。

4. 建议报告 对自己职责范围内的某方面工作有了深思熟虑、切实可行的设想之后，将其归纳整理成意见、办法、方案，上报上级，希望上级机关采纳，这就是建议报告。对于建议报告，如果上级采纳，可能会批转给有关部门实施，这是建议报告的最终目的。但上级部门也可能不予采纳，这也是很正常的。作为下级机关，有建议的权力，却没有逼迫上级机关一定采纳的权力，对此，也要有清醒的认识。

二、报告的写作

（一）报告的写作方法

报告的写作格式一般包括标题、正文和落款三部分组成。

1. 标题 报告的标题，有两种写法：一是发文机关＋事由＋文种的写法，如《××医院护理部 2012 年护士节活动情况报告》；二是事由＋文种的写法，如《关于进一步提高我院护理质量的报告》。

2. 正文 报告的正文一般由导语、主体、结语、主送机关四部分组成。

（1）导语：报告的导语起着引导全文的作用。不同类型的报告，其导语的写法也有较大不同。概括起来，报告的导语有以下几种类型：

①背景式导语：就是交代报告产生的现实背景，如：

今年三月，省卫生厅医政处召开了部分医院护理部领导座谈会，总结交流了各医院贯彻卫生部《病历书写规范》的情况和经验，并就执行中遇到的一些政策性问题，进行了讨论，根据各医院的做法和座谈会中提出的问题，我院经研究提出以下建议：……

②根据式导语：就是交代报告产生的根据，如：

近来，患者对护士的穿刺技术投诉较多，根据院领导的指示，护理部于 8 月 6 日派人到全院各科对护士静脉穿刺一针见血率的情况作了一些调查。发现由于近年来新护士补充较多，穿刺成功率确实有所下降，引起部分患者不满而投诉。护理部决定立即采取措施，着手解决这一问题。现将调查的情况及采取的措施报告如下：……

③叙事式导语：在开头简略叙述一个事件的概况，一般用于反映情况的报告。如：

2012 年 10 月 20 日下午 4 时 36 分，我院门诊部发生一起医患纠纷，致使门诊正常诊疗工作受到严重影响……

④目的式导语：将发文目的明确阐述出来作为导语。如：

为认真贯彻落实国务院《护士条例》（2008 年 1 月 23 日国务院第 206 次常务会议通过并颁布）的精神，切实做好我院护理管理工作，有效地提高护理质量，更好地为人民群众服务，结合我院实际情况，就进一步加强我院护理管理工作提出以下几点意见：……

报告导语的写法不止以上四种，运用时可以举一反三，灵活处理。

（2）主体：报告的主体也有多种写法，下面择要介绍几种常见的写法：①总结式写法。这种写法主要用于工作报告。主体部分的内容，以成绩、做法、经验、体会、打算、安排为主，在叙述基本情况的同时，有所分析、归纳，找出规律性认识，类似于工作总结。总结式写法最需要注意的是结构的设计安排。按照总结出来的几条规律性认识来组织材料、安排层次，是最常用的结构方式。②"情况—原因—教训—措施"四步写法。这种结构多用于情况报告。先将情况叙述清楚，然后分析产生这种情况的原因，接着总结经验教训，最后提出下一步的行动措施。③指导式写法。这种结构多用于建议报告。希望上级部门采纳建议，批转给有关部门执行、实施，是建议报告的基本写作目的。为此，建议要针对某项工作提出系统完整的方法、措施和要求，对工作实行全面的指导。形式上采用分条列项的方法逐层表达。

（3）结语：报告的结语比较简单，可以重申意义、展望未来，也可以采用模式化的套语收结全文。模式化的写法大致是："特此报告"、"以上报告，请审阅"、"请审核"、"以上报告如无不妥，请批转执行"等等。

（4）主送机关：报告应报送自己的直接上级机关，一般情况下不要越级行文。如需其他相关的上级机关阅知，可以抄送。

3. 落款 分为两部分，一是在正文右下方署名，二是在署名的下方写上报告的日期。如单位名称已经在标题中写明，落款只写日期即可。

（二）报告的撰写要求

1. 突出重点 报告正文应注意抓住重点，突出主要矛盾和矛盾的主要方面；内容要既详实又概括；要以数据和材料说话；在此基础上列出若干观点，分层次阐述。说明观点的材料要详略得当，用观点统领材料。

2. 专题专报 专题报告，要一事一报，体现其专一性，切忌在同一专题报告中反映几件各不相干的事项和问题。

3. 实事求是 报告是上级机关了解实际、掌握情况的一个渠道，因此，报告中的材料、事实、典型、数字必须真实可靠，不能凭空想象、任意拔高、以偏概全，也不能只报喜不报忧。

4. 只报不请 切忌将报告提出的建议或意见当作请示，要求上级指示或批复。

【例文1——情况报告】

关于一起违反诊疗护理规范导致医疗事故的报告

医院党委：

7月20日我院内二科在为患者静脉输液时发生一起因忘记解下止血带而致病员局

部疼痛的医疗事故，现报告如下：

患者，女，76 岁，咳嗽、憋气及发热 2 个月入院。初步诊断为慢性支气管炎并发感染肺心病及肺气肿。入院后由护士甲为其静脉输液。甲在患者右臂肘上 3 厘米处扎上止血带，当完成静脉穿刺固定针头后，由于患者的衣袖滑下来将止血带盖住，所以忘记解下止血带。随后甲要去给自己的孩子喂奶，把患者交给护理员乙继续完成医嘱。乙先静脉推注药液，然后接上输液管进行补液。在输液过程中，患者多次提出"手臂疼及滴速太慢"等，乙认为疼痛是由于药液刺激静脉所致，并且解释说："因为病情的原因，静脉点滴的速度不宜过快"。经过 6 个小时，输完了 500 毫升液体，由护士丙取下输液针头，发现局部轻度肿胀，以为是少量液体外渗所致，未予处理。静脉穿刺 9个半小时后，因病员局部疼痛而做热敷时，家属才发现止血带还扎着，于是立即解下来并报告护理员乙，乙查看后嘱继续热敷，但并未报告医生。

这是一起以违反诊疗护理规范、常规为主要原因的医疗责任事故。护士甲严重违反静脉输液技术操作规程，在完成静脉穿刺之后，未能及时松解止血带，是造成患者肢体坏死及全身中毒感染致死的主要原因。同时，护士甲对本该由自己完成的输液任务交给并无输液知识和经验的护理员乙去完成，也是对工作不负责任的一种表现。护士甲应承担主要责任，护理员乙由于技术水平和医学知识有限，对于患者在输液过程中出现的"手臂疼、滴速慢"等现象不能正确理解，未能想到其不正常的疼痛和滴速慢是因血液回流障碍所致，因而也就没有想到去查看一下右上肢有无受压迫之处，致使止血带在穿刺后 9 个半小时才被发现。另外，护理员乙发现止血带忘解时间已长达 9个半小时，且已出现水泡时，仍未对此事引起注意，未向医生报告此事，使患者又延误 10 个小时。

为了使全院护理人员从这起责任事故中吸取教训，我们于 7 月 22 日召开了全院护士长紧急会议，通报了这次事故，提出了提高护理操作规范的紧急措施。要求护士在完成操作后要细心倾听患者不适主诉，查找原因，直至解决，争取帮助患者调整到最佳的身心状态。出现问题时，应秉着对患者负责任的态度马上汇报，决不瞒报。

以上报告，请审阅。

护理部

二〇一二年七月二十三日

【例文 2——建议报告】

关于加强临床护理工作实施意见的报告

为贯彻落实 2010 年全国护理工作会议精神，推进《卫生部关于加强医院临床护理工作的通知》、《卫生部关于印发〈住院患者基础护理服务项目（试行）〉等三个文件的通知》、《卫生部办公厅关于印发〈2010 年"优质护理服务示范工程"活动方案〉的通知》三个部颁文件精神的贯彻实施，加强医院临床护理工作，为人民群众提供优质的护理服务，深化医药卫生体制改革，构建和谐医患关系，全面加强医院临床护理工作，特别是落实基础护理，深化护理内涵，改善护理服务，促进护理工作"贴近临床、贴近患者、贴近社会"，现就进一步加强我院临床护理工作提出如下建议：

一、切实提高思想认识

促进护理工作的关键，是解决认识问题。医院服务质量的高低与护理工作密切相关，护理工作与患者的接触最直接、最紧密、最广泛，护理工作为构建和谐医患关系发挥积极作用，最能让人民群众直接体会到医药卫生体制改革的成果，因此，提高对护理工作的认识十分重要。

当前，"三贴近"原则是护理事业改革与发展的指导思想，是医院临床护理工作遵循的准则，并将长期作为我国护理事业发展的行动方针。因此，我们务必要坚持以人为本和"以患者为中心"的服务理念，大力推进"三贴近"，努力为患者提供安全、有效、方便、满意的护理服务。

二、理顺护理管理体制

医院实行相对垂直的护理管理体制是十分必要的。医院要逐步探索护理改革，护理部要有责有权，参与护理人员的绩效分配（至少40%由护理部分配）。要理顺科护士长的职责和定位，科护士长要切实履行职责，做好大科片区的护理质控工作，并直接对护理部负责，不得兼任非护理管理工作。对于人浮于事的大科层级要精简，实行扁平化的垂直管理。护士长队伍要相对稳定，临床护士长要确保业务熟练，病区护理质量控制落实到位，减少非业务性的行政事而我院护理工作没有实现垂直管理，护士无工作绩效考核，只对个人护理单元实行护理质量管理，进行百分制考核，护士的奖金由科室统一分配，这难以提升护理管理。

三、科学配置人力资源

医院要逐年增加护士数量，特别要充实临床一线的护士，确保全院的护士总数大于医生总数，病区实际床护比达到1∶0.4，制定医院护理岗位目录及岗位职责，清理非护理岗位占编人员，积极创造条件鼓励高年资护士留在临床一线，实现临床一线护士占护士总数的比例不低于95%，使有限的护理人力资源配置到临床护理岗位。探索实施护士的分层次使用，在核定实际工作量的基础上，实行具有专科特点的弹性排班，避免护理工作忙闲不均，最大限度挖掘人力资源的潜力。

我院目前个别科室夜班护理人员少，只有一名护士上夜班，少的管30人，多则50人，基础护理工作落实不到位，也存在着很大的护理隐患。解决这一问题最好的办法，多聘用合同护士，充实到一线队伍中。

四、深化整体护理内涵

护理专业的根本特点是它的实践性，护理专业的发展必须转化为全行业的护理实践活动。依据"三贴近"原则制定医院护理工作评价标准，健全疾病护理常规、护理流程和临床护理服务规范。涉及患者利益的制度、规范、项目要纳入院务公开并向社会公示，引入社会监督机制。

临床护士要切实增强责任感，履行基础护理职责，全面扭转依赖家属、依赖护工的局面，全面落实患者临床护理工作，实现家属"陪而不护"。在护士人力暂时不能满足临床护理工作的情况下，上报卫生行政部门同意，聘用少量经过培训的护理员协助护士从事患者生活护理。但护理员不得从事重症监护和新生儿的生活护理，不得从事护理技术工作。

实行整体护理责任包干，实行责任护士制度，落实护理责任制。重点强化基础护理，密切护患沟通。责任护士全面掌握所负责患者的情况，与患者交朋友，为患者提供连续、全程、无缝隙的护理服务。

护理管理工作者要保证主要精力放在患者护理内涵的监督指导上，避免管理形式化，要制定相应的计划、措施和检查，并与目标责任考核相挂钩。

五、加强护理队伍建设

建设一支既精通护理业务又具备科学管理知识和能力的护理管理队伍，对于全面推进各项护理工作的落实十分重要。医院要将护士长岗位培训作为护理队伍建设的重要抓手，使其掌握与岗位相适应的管理工作思路、基本方法和管理手段，实施"现场管理式"的质控模式，有效指导护士以患者需求为导向，运用专业知识和技能，不断提高护理服务质量水平。

医院领导要高度重视护士培训工作，制定详细计划，明确培训要求，确保培训实效。一是以"三基"为抓手，强化新护士培训，确保临床护理安全底线；二是规范化培训，采取大科轮训制，重点是护士执行护理流程、标准、服务的规范化；三是发展专科护理，专科护士培训要务实，定位临床一线，熟练掌握专科知识和技能，指导督促患者护理内涵落实。

六、保障护理人员待遇

护理工作既是不可替代的医疗技术岗位，又是承担患者生活和心理照料的劳动岗位，工作量大，夜班多，操作任务重，医院要给予充分的关注。一是要结合事业单位绩效工资改革，制定合理的绩效分配方案，特别是要对于工作量较大的临床一线岗位予以政策倾斜，从根本上调动护理人员的积极性；二是要关心护士的生活和身心健康，加大经费投入，对护士参加各种培训学习要在时间和财力上给予支持；三是要切实保障合同护士的权益，实现同岗同酬同待遇，稳定护士队伍，营造良好和谐的执业氛围。

我院到目前为止合同护士56人，占43%。院里与其均鉴定用工合同，院里为其缴纳养老保险，医疗保险，及住房公积金。

七、简化护理书写负担

继续深入推行表格式护理文件，取消不必要的护理文件书写，简化护士长护理管理文书，把时间还给护士，把护士还给患者。希望市质控中心能有统一的护理表格，只要求护士随着病情变化随时记录，临床护士每天书写护理文件时间原则上不超过半小时。

以上报告，请审阅。

护理部

二〇一二年八月二十八日

【病文分析】

申请维修病房设施、粉刷病区墙壁的报告

医院办公室：

×月×日，我市遭受了一场历史上罕见的暴雨袭击，我院各科室同时受袭，灾情严重。我科位于全院低洼处，病区积水达一米多深，患者因转移及时未发生意外，但财产损失严重。经初步统计，木质床头柜、桌椅多数受水浸后变形，墙壁剥脱严重，工作人员和患者个人物品损失也很大。雨停后，我们立即组织全科人员进行了卫生清扫，清除淤泥，并对受水浸物品进行了清理。同时，为了使我科尽快恢复正常工作秩序，我们采取了下列措施：

一、病区消毒及物品整理工作，以本科室工作人员为主，所有休假人员暂停休假，全部返回工作岗位。

二、做好患者的安抚工作，确保治疗护理不间断，先帮助他们解决生活问题，待病区环境清理消毒完毕后及时让患者回迁。

三、由于这次灾情过于严重，集体和个人的损失都很大，尤其是病房设施和环境仅依靠科室的力量恢复正常是不可能的。为此，请医院批准重新购买床头柜50张、方凳50把、办公桌15张、靠背椅25把，同时将全科墙壁粉刷一遍。其他需要补充的物品待清查后再报。

以上报告当否，请批示。

××医院内二科

二〇一二年七月十二日

这篇报告存在以下几个问题：

1. 文种选择有误 从标题看，这篇公文是向医院提出维修病房设施、粉刷病区墙壁的报告，目的是获得医院领导的批准。从正文的主体部分看，三条措施确属报告性质，但随后出现的购买物品等请求，就不是报告应有的内容了。从结语看，"以上报告当否，请批示"，有着很强的期复性。综合起来看，这篇公文应该写成请示。

2. 内容偏离中心 这是由于原文混淆了报告和请示的界限而造成。写请示，只需写明请示缘由、请示事项，最后提出请示要求即可，与此无关的内容不应写入。而原文提出的三条措施："所有休假人员暂停休假，全部返回工作岗位"；"确保治疗护理不间断"等既不是请示缘由，也不是请示事项，不应该写入文中。

3. 语言瑕疵较多 文中有多处语言不确切、不严谨的地方。如"我院各科室同时

受袭，灾情严重"，医院所有科室在暴雨中均遭水浸似不可能。"灾情较重"与后面"这次灾情过于严重"的说法相矛盾，不知哪个意义确切？

4. 内容与标题相悖 本文的标题是提出"维修病房设施、粉刷病区墙壁"的申请，但在文章内容中却提出购买病房设施的请求，与标题不符。

5. 请求不尽合理 报告叙述"病区积水达一米多深"，说明积水并未浸至楼上，但却提出"将全科墙壁粉刷一遍"，其要求似不尽合理。

【仿真练习】写一篇护患纠纷的情况报告。

第二节 请 示

一、概述

请示是下级机关向上级机关请求指示和批准的公文文种，是机关单位经常使用的一种陈请性上行文。

请示作为报请性的上行文，应用范围十分广泛。下级机关在实际工作中，遇到缺乏明确政策规定的情况要处理，需要上级机关给以指示的时候，要用请示；下级机关在处理较为重要的事件和问题时，因涉及有关方针政策必须慎重对待，需要报请上级机关批准时，要用请示；下级机关在工作中遇到问题，由于职权、条件的限制，没有权力或没有能力解决这些问题，需要上级帮助解决的时候，要用请示；下级机关对有关方针、政策和上级机关发布的规定、指示有疑问，需要上级机关给予解答时，要用请示；超出下级机关本部门职权，涉及多个部门和地区的事情，请示上级予以指示；下级机关之间在较重要的问题上出现意见分歧，需要上级机关裁决时，要用请示。

（一）请示的特点

1. 期复性 请示的行文目的是请求上级批准，解决某个具体问题，要求做出明确答复。在公文体系中，请示是为数不多的双向对应文种之一，与之相对应的文体是批复。下级有一份请示报上去，上级就会有一份批复发下来。不管上级是不是同意下级的请示事项，都必须给请示单位一个回复。因此，请示应向直属的上级机关报送，而不能向同级机关或不相隶属的机关报送。而报告的目的则在于使上级掌握某方面或阶段的情况，不要求批复。

2. 超前性 请示行文时间具有超前性，必须在事前行文，等上级机关做出答复之后才能付诸实施。凡需经上级批准后才可实行的事项，不能采取事后请示、边干边请示。而报告则可在事后行文，也可在工作进行过程中行文，一般不在事前行文。

3. 陈请性 请示是向上级机关请求指示和批准的公文，行文内容具有请求性，其目的在向上级说明情况，请求帮助。而报告是向上级机关汇报工作、反映情况、答复上级机关的询问或者要求的公文，具有陈述性。

4. 单一性　请示事项具有单一性，要求"一事一文"，不能在一份公文中同时请示两件及两件以上的事。这主要是为了便于上级处理，避免产生混淆和延误。如果确有若干事项都需要同时向同一上级机关请示，可以同时写出若干份请示，它们各自都是一份独立的文件，有不同的发文字号和标题。而上级机关则会分别对不同的请示做出不同的批复。而报告可以一文一事，也可以一文多事。

（二）请示的类型

根据行文的目的和内容，请示可分为三大类：

1. 请求批准类　这种请示是下级机关请求上级机关审核批准某事项的请示。做什么事该由哪一级机关批准，一般都有规定。凡要做超越权限的事，都必须请示上级批准。这种请示多用于机构变革、人事任免、重要决定、大型项目安排等事项。

2. 请求帮助类　下级机关在权限范围内可以办的事情，因条件限制无法办好，请求上级帮助。这类帮助可以是人力、物力、财力方面的，也可以是政策方面的。

3. 请求指示类　下级部门在工作中碰到某一方针、政策等不明确、不理解的问题，或者碰到新问题和情况，要弄清楚和解决这些问题，可用请示行文，并提出解决的意见，请求上级机关给予明确的解释答复和指示，如"关于非护理岗位护理人员是否注册的请示"。

二、请示的写作

（一）请示的写作方法

请示的写法及结构，在行政公文中应该说是比较规范的。请示包括标题、正文和落款，结构完整规范。

1. 标题　一般要写明"发文机关＋事由＋文种"，发文机关有时可以省略，但事由和文种不能省略，如《关于成立中医护理中心的请示》。写标题要注意，不能将"请示"写成"报告"或"请示报告"，事由中也不要重复出现"申请"、"请求"之类词语。

2. 正文　正文包括送达机关、缘由、事项、结语四部分。

（1）送达机关：顶格写明送达机关。

（2）缘由：请示的缘由是请示事项和要求的理由及依据。理由是文章的开头部分，经常是导语式的，要简明扼要地讲明请示的背景和根据，概括地写出请示事项。要先把缘由讲清楚，然后再写请示的事项和要求，这才能顺理成章。缘由很重要，关系到事项是否成立，是否可行，当然关系到上级机关审批请示的态度。因此，缘由常常十分完备，依据、情况、意义、作用等都要写上。

（3）事项：请示的事项是正文的核心，包括办法、措施、主张、看法等。在请示缘由的基础上，事项要写得明确具体，便于上级机关批复。请示的事项，要符合法规，符合实际，具有可行性和可操作性。如果请示的事项内容比较复杂，要分清主次，一条一条地写出来，条理要清楚，重点要突出。如事项简单，往往和结语合为一句话。

（4）结语：请示结语是请示的结尾部分，一般是另起一行空两格书写，结语语气要谦恭。请示结语的通常写法是："特此请示，请审批"、"以上意见当否，请指示"、"特此请示，请批复"、"妥否，请批复"等。请求批转类请示的结语与批准类请示结尾略有不同，通常写法是："以上报告，如无不妥，请批转各地贯彻执行"、"以上意见，如属可行，请批转有关单位执行"，或其他一些类似的说法。结语是请示事项的落脚点，必须与请示理由、事项相呼应，构成一个有机的整体。

3. 落款　写明发文机关和日期，要写发文机关的全称或规范化简称。如在标题中已写明发文机关，在落款中只写发文日期即可。

（二）请示的撰写要求

1. 事项明确　请示事项应该避免把缘由、事项混在一起，否则，不知要求解决什么问题。一份请示只能写一件事，这是国务院 2000 年 8 月 24 日发布的《国家行政机关公文处理办法》中所规定的，也是实际工作的需要。如果一文多事，可能导致受文机关无法批复。

2. 理由充分　无论是请求上级帮助还是批准，都要先写理由，主要应说明做某件事的必要性和可行性。如果是请求帮助的，还要说清楚自己的困难所在。理由说得越充分，请示的目的越容易达到。

3. 单头请示　请示只能主送一个上级领导机关或者主管部门。如果需要，可以抄送有关机关。这就可以避免出现推诿、扯皮的现象。受双重领导的部门向上级请示时，应写明主送机关和抄送机关，由主送机关负责答复。

4. 逐级请示　不越级请示，这与其他行政公文是一样的。如果因特殊情况或紧急事项必须越级请示时，常采用两种方式：一种是转呈式，既可以避免越级，又明确主送机关；另一种是在越级请求的同时，把请示抄报被越过的主管部门。除个别领导直接交办的事项外，请示一般不直接送领导个人，或既写送达机关，又同时主送、抄送给主送机关领导人。

5. 同级抄送　请示是上行公文，所以请示不能抄送下级，以免造成工作混乱，更不能要求下级机关执行上级机关未批准和批复的事项。

【例文 1——请求批准类】

护理部关于组织优秀护士外出考察的请示

院领导：

2012 年，我院各项护理工作取得了显著成绩，在"医院管理年"检查中获得了检查组专家的一致好评，患者对护理工作的满意率显著提高；在省市组织的各次护理竞赛中均取得了较好名次，科研论文发表数量达 36 篇，比去年增长了 25%。这表明我院护理工作走上新台阶，这是医院领导长期关怀护理工作的结果，是全院护理人员辛勤工作、开拓创新的结果。为了鼓励先进，调动全体护理人员的积极性，我们拟在全院评选出 20 名优秀护士，并在 5 月 12～13 日（周六、日）组织评选出的优秀护士去××医院考察，所需经费从护理部经费预算中支出。

妥否，请批示。

护理部（章）
二〇一三年四月二十六日

【例文 2——请求帮助类】

关于承办××省护理技能竞赛经费的请示

校领导：

鉴于我校已成功举办三届全省护理技能竞赛，经××省卫生厅研究决定，将于今年 5 月中旬在我校举办 2013 年度全省护理技能竞赛，并借此介绍推广我校在护理技能教学中争先创优的成功经验，这是提高我校知名度、扩大我校影响力的机会。鉴于我校目前护理资料室、护理示教室场地狭小，部分器材陈旧，为保证全省护理技能竞赛的顺利进行，需要改善设备和补充器材，经核算，共需经费 15 万元。目前省卫生厅已下拨 5 万元，尚缺少 10 万元，希望学校能拨给这笔专项经费，请审批。

附：××省护理技能竞赛经费预算表

护理学科
二〇一三年四月十日

【病文分析】

关于举办护理骨干培训班的请示报告

县卫生局：

目前我县各医院护理骨干队伍的现状与形势和任务的要求极不适应。据查，全县护士长中 40 岁以上的 50 名，其中 45 岁以上的 28 名，大大超过了有关规定。从文化水平来看，大专文化的仅占 6%。而且近年来，护士长队伍更新较快，每年平均 30% 左右。在新老交替过程中青黄不接的现象也较为突出。

为了改变这种状况，我们曾办过几期护士长培训班，很受欢迎。现在根据我们的师资能力，拟于今年 10 月至明年 4 月再办一至二期护理骨干培训班。具体意见如下：

（一）培养目标：培养具有一定马列主义、毛泽东思想基础理论水平和党的政策思想水平，较全面地掌握护理工作理论和业务知识，热爱护理工作，具有一定管理能力的护理骨干。

（二）培训时间：2 个月。

（三）内容和安排：①马列主义、毛泽东思想基础理论，约占总课时的 5%；②护理管理理论与方法，约占总课时的 35%；③护理新业务、新知识约占总课时的 45%；

④护理新技术约占总课时的15%。考试及格者，发给毕业证书，承认学历。

（四）学员条件：热爱护理工作，有敬业和创新精神；具有五年以上护理工作经验，有中专以上学历文化；年龄不超过35岁；身体健康。

（五）招收人数和报名办法：本次共招收40名，由各医院、保健站、卫生院推荐，报县卫生局批准，填写一式两份的报名表。报名7月20日截止。为了适应飞速发展的新形势之需要，加强护理队伍的综合素质，完成培养跨世纪护理队伍的使命，关键是建设一支高素质的护理骨干队伍。办这个培训班就是为了这个目的。

以上意见，如无不妥，请转发有关单位。

×× 县卫生局医政科

二〇一三年四月十日

这篇请示存在以下几个方面的问题：

1. 文种不规范　请示和报告是两种不同的文体，各自有不同的功能和写作要求。凡有请求事项，需要指示、批准的，均为请示，不得写成"报告"，也不得写为"请示报告"。这篇公文应该是"请示"，必须将标题中的"报告"二字删去。

2. 违反有关法规　不经国家正规的学历教育，不能获得毕业证书。学校之外的任何单位，都无权发毕业证书。否则，即使有所谓的证书，也不会被承认学历。而仅经县级卫生主管部门2个月的短期培训，就"发给毕业证书，承认学历"的说法，明显违法。

3. 内容含混，分寸失当　文中"拟举办一至二期护理骨干培训班"的话，含混、不确定，显得想法很不成熟。应该在有了明确的计划和安排之后，再向上级请示，否则上级不好批复。另外，从本文的前几段的内容和口气看，办培训班的事还有待卫生局同意，可是后面竟然说"报名7月20日截止"，要求"转发有关单位"，似乎不容置疑，显然分寸失当。只有办理上级批准了的或者上级交办的事项，才能写入上述内容。

4. 结构紊乱　本文主体的最后一段是行文的目的，应该在开头出现。出现在主体的最后很不合理，造成了结构的紊乱。

5. 语言不够准确　正文第二自然段有"我们曾办过几期护理骨干培训班，很受欢迎"的话，其中"很受欢迎"应该改为"效果很好，培养了多名称职的护士长"。最后"请转发有关单位"，"转发"应为"批转"。

6. 层次标序有误　国务院办公厅《公文处理办法》规定：结构层次序数，第一层为"一"第二层为"（一）"，第三层为"1"第四层为"（1）"。本文只有第一层，应标为"一"。

【仿真练习】

1. 修改上述病文。

2. 班委员会决定在元旦期间准备举办一场文艺晚会，请你代表班委员向班主任写一份活动经费请示。

3. 请你代表护理部主任向医院领导写一份《关于开办护理新技术培训班的请示》。

第三节 批 复

一、概述

批复是上级机关答复下级机关请示事项的下行公文。下级机关遇有本单位无权、无力、无法解决的事项需要向上级机关请示时，上级机关就使用"批复"这一文种答复请示事项。批复的内容主要是对请示事项明确表态，或同意，或不同意，或部分同意，有时还对请示事项做出修正、补充。

（一）批复与相近文种的区别

1. 批复与批示的区别 批示针对的文种较多，有报告、计划、总结、意见等；而批复则只针对于请示。

2. 批复与指示的区别 批复与指示同为下行文，均对有关事项提出原则、要求，但两者的区别还是明显的，不应混用。

（1）内容不同：指示是对下级机关布置工作，阐明工作活动的原则。而批复事项较窄，只能针对请示事项做出具体答复，多属个别性问题，不涉及面上的工作。

（2）受文对象不同：指示的受文对象一般不是某个机关，而是有关的机关单位，受文对象甚至不确定。而批复有特定的受文单位，只给原请示机关发批复。

（3）制发动因不同：指示根据需要而作，属于主动行文，批复是针对下级机关请示而发的，属被动行文。

3. 批复与复函的区别 复函与批复，从使用情况、内容构成及文体功能看是相同的，都是回复来文的一种文体。它们的区别在于：

（1）从文体性质看：复函属函的一种，函属于平行文；批复属于指示性下行文。

（2）从回复的内容看：复函多用于对一般事项、具体内容的答复；批复用于对较重大的原则、政策性问题做出决定、批答。

（3）从使用者看：批复为上级机关使用，中下级机关很少用，基层单位不用；复函没有这个限制，上下级机关之间、平级机关之间、不相隶属机关之间都可以使用。

（二）批复的特点

1. 针对性 批复与批示不同，批示针对的文种较多，有报告、计划、总结、意见等；而批复则只针对于请示。批复的针对性反映在两个方面：一是批复必须针对请示机关行文，而对非请示机关不产生直接影响；二是批复的内容必须针对请示事项来答复，不涉及请示事项以外的内容，因此批复的内容必须明确、简洁，以利下级机关贯彻执行。批复要针对请示事项表明是否同意或是否可行的态度。请示要求一文一事，批复也应一文一事有针对性地批复，请示要求解决什么问题，批复就答复什么问题，上下行文互相对应。

2. 回复性 批复的内容属于回复性的内容。因为批复的制作和应用是以下级机关的请示为条件，对上级机关来说是被动的发文，下级机关请示什么事项，上级机关就批复什么事项。并且，上级机关对请求事项无论同意与否，都必须有针对性地明确予以回答。"批复"这一文种是上级机关为对应下级机关上报"请示"而设的，没有"请示"就无所谓"批复"。"批复"与"请示"是与生俱来的对应关系。因之，批复的制发主体应是上级机关。原则上同级机关公文往来不使用批复。

3. 权威性 批复是答复下级机关请求事项的回复性公文，它提出的处理意见和办法，代表上级机关对问题的决策意见，对下级机关具有行政约束力。特别是对一些重大事项的答复，体现了党和国家的有关方针政策，具有权威性。所以批复一经下发，下级机关必须遵照执行。

（三）批复的类型

根据内容、性质的不同，批复可分为两类：

1. 审批性批复 主要是针对下级机关请示的公务事项，经审核后所作的指示性答复。比如关于机构设置、人事安排、项目设立、资金划拨等事项的审批。

2. 指示性批复 主要是针对方针、政策性问题进行答复。这一类批复，不只是对请示机关提出请示事项的答复，而且批复的指示性内容，在其管辖范围内，具有普遍的指导和规范作用。另外，授权政府职能部门发布或修改行政法规和规章的批复，也属于指示性批复。

二、批复的写作

（一）批复的写作方法

批复由首部、正文和尾部三部分组成。

1. 首部 包括标题和主送机关两个项目内容。

（1）标题：批复的标题有多种构成形式：①发文机关名称＋批复事项＋行文对象＋文种（完全式）；②发文机关名称＋事由＋文种，如××省卫生厅关于医疗事故赔偿问题的批复；③事由＋文种，如关于××医院成立120急救中心的批复；④发文机关名称＋原件标题＋文种，如国务院《关于武汉市城市总体规划》的批复（国函〔2010〕24号）

（2）主送机关：批复的主送机关是指与批复相对应的请示发文机关。授权性的批复，主送机关应当是被授权发布施行行政法规和规章的下级机关。

2. 正文 正文是批复的主体，其内容比较具体单一，层次构成相对固定。其中除授权性批复与一般批复的写法有所不同外，其他批复的结构一般由引语、主体和结语三部分组成。

（1）引语：批复的开头通常要引述来文作为批复的依据，引述的方法有四种：

①结合请示的日期引述，如"××医院：你院××年×月×日来文收悉"；②结合来文的日期和文号引述，如"××年×月×日×字×号文收悉"；③引述来文日期和来文名称，如"××年×月××日《关于……的请示》收悉"；④引述来文日期和请示事项，如"××年×月×日关于……问题的请示收悉"；⑤来文日期、文号和标题，如"××年×月×日×字第××号《关于申请成立120急救中心的请示》收悉，现批复如下"。

（2）主体：主要说明批复事项。应当根据国家的方针、政策、法令、法规和实际情况，针对"请示"的内容给予明确肯定（或否定）的答复或具体的指示，一般不进行议论。也有的批复，在批复事项后面概括提出希望和要求，进一步强调批复的主旨。

（3）结语：写法有三种：第一种是写"此复"或"特此批复"等习惯用语；第二种是写希望和要求，给执行请求事项的答复指明方向；第三种是秃尾，就是请示事项答复完毕就告结束，此种结尾方法使用的频率越来越高。

3. 尾部 一般包括署名和成文时间两个项目内容。署名写上批复机关单位名称，并加盖公章；成文时间写明年、月、日。

（二）批复的撰写要求

1. 行文的针对性 下级机关请示什么事项，上级机关就批复什么事项。在公文处理的实践中，对下级机关上报的请示项目，对不同意的事项电话上非正式说一下，多数无下文，不了了之。这不符合行文规则，也不便于文书档案的归档整理，应纠正。

2. 观点的明确性 无论审批性批复还是指示性批复，上级机关的态度要明朗，不能太原则，更不能模棱两可，以免使下级机关无所适从。

3. 批复的及时性 批复是因下级机关的请示而行文，凡下级机关能够向上级机关行文请示的，说明事关重要，时间紧迫，急需得到上级机关的指示和帮助，所以上级机关应当及时批复，否则就会贻误工作，甚至会造成重大损失。

4. 语言的简捷性 批复的用语要做到言简意赅、准确果断、言尽意止、庄重严谨，切忌拖泥带水，以充分体现批复的权威性。一般说来，同意请示的批复通常不需要说明理由；部分同意或完全不同意请示的批复，在引述来文、表明态度之后，还需要说理分析，然后才是结束语，但要注意的是，说理要力求简捷，以体现下行文的语体特点，分析不要求详尽展开，点到为止。

【例文1——审批性批复】

国务院关于组建中国铁路总公司有关问题的批复

国函〔2013〕47号

交通运输部、财政部、国家铁路局：

原铁道部关于报请审批中国铁路总公司组建方案和公司章程的请示收悉。现就组建中国铁路总公司有关问题批复如下：

一、原则同意《中国铁路总公司组建方案》和《中国铁路总公司章程》。

二、中国铁路总公司是经国务院批准，依据《中华人民共和国全民所有制工业企业法》设立，由中央管理的国有独资企业，由财政部代表国务院履行出资人职责，交通运输部、国家铁路局依法对公司进行行业监管。

三、中国铁路总公司以铁路客货运输服务为主业，实行多元化经营。负责铁路运输统一调度指挥，负责国家铁路客货运输经营管理，承担国家规定的公益性运输，保证关系国计民生的重点运输和特运、专运、抢险救灾运输等任务。负责拟订铁路投资建设计划，提出国家铁路网建设和筹资方案建议。负责建设项目前期工作，管理建设项目。负责国家铁路运输安全，承担铁路安全生产主体责任。

四、中国铁路总公司注册资金为10360亿元人民币，不进行资产评估和审计验资；实有国有资本数额以财政部核定的国有资产产权登记数额为准。

五、中国铁路总公司的领导班子由中央管理；公司实行总经理负责制，总经理为公司法定代表人。

六、中国铁路总公司为国家授权投资机构和国家控股公司，财务关系在财政部单列，并依照国家有关法律和行政法规，开展各类投资经营业务，承担国有资产保值增值责任，建立健全公司的财务会计制度。

七、同意将原铁道部相关资产、负债和人员划入中国铁路总公司，将原铁道部对所属18个铁路局（含广州铁路集团公司、青藏铁路公司）、3个专业运输公司及其他企业的权益作为中国铁路总公司的国有资本。中国铁路总公司的国有资产收益，应按照国家有关法律法规和有关规定执行，历史债务问题没有解决前，国家对公司暂不征收国有资产收益。在保证有关企业合法权益和自身发展需要的前提下，公司可集中部分国有资产收益，由公司用于再投入和结构调整。

八、建立铁路公益性运输补贴机制。对于铁路承担的学生、伤残军人、涉农物资等公益性运输任务，以及青藏线、南疆线等有关公益性铁路的经营亏损，研究建立铁路公益性运输补贴机制，研究采取财政补贴等方式，对铁路公益性运输亏损给予适当补偿。

九、中国铁路总公司组建后，继续享有国家对原铁道部的税收优惠政策，国务院及有关部门、地方政府对铁路实行的原有优惠政策继续执行，继续明确铁路建设债券为政府支持债券。对企业设立和重组改制过程中涉及的各项税费政策，按国家规定执行，不增加铁路改革成本。

十、中国铁路总公司承继原以铁道部名义签订的债权债务等经济合同、民事合同、协议等权利和义务；承继原铁道部及国家铁路系统拥有的无形资产、知识产权、品牌、商标等权益，统一管理使用。妥善解决原铁道部及下属企业负债，国家原有的相关支持政策不变，在中央政府统筹协调下，综合采取各项措施加以妥善处理，由财政部会同国家有关部门研究提出具体处理方式。

十一、中国铁路总公司组建后，要加强铁路运输调度集中统一指挥，维护良好运输秩序，保证重点运输、公益性运输，确保铁路运输安全和职工队伍稳定。要有序推进铁路建设，按期完成"十二五"规划建设任务。要根据国家产业政策，完善路网结构，优化运输组织，强化安全管理，提升服务质量，提高运输效率和效益，不断增强市场竞争力。要继续深化铁路企业改革，按照建立现代企业制度的要求，推进体制机制创新，逐步建立完善的公司法人治理结构，不断提高管理水平和市场竞争力。《中国铁路总公司组建方案》和《中国铁路总公司章程》由财政部根据本批复精神完善后印发。

组建中国铁路总公司是深化铁路管理体制改革、实现政企分开、推动铁路建设和运营健康可持续发展的重要举措，各地区、各有关部门要积极支持，做好组建中国铁路总公司的各项工作，确保铁路体制改革顺利、平稳实施。

国务院

2013 年 3 月 14 日

【例文 2——指示性批复】

卫生部关于医学生毕业后暂未取得医师资格

从事诊疗活动有关问题的批复

卫政法发〔2005〕357 号

河南省卫生厅：

你厅《关于医学生毕业后暂未取得医师资格从事诊疗活动有关问题的函》（豫卫函监督〔2005〕5 号）收悉。经研究，现答复如下：

医学专业毕业生在毕业第一年后未取得医师资格的，可以在执业医师指导下进行临床实习，但不得独立从事临床活动，包括不得出具任何形式的医学证明文件和医学文书。

医疗机构违反规定安排未取得医师资格的医学专业毕业生独立从事临床工作的，按照《医疗机构管理条例》第四十八条的规定处理；造成患者人身损害的，按照《医疗事故处理条例》处理。

未取得医师资格的医学专业毕业生违反规定擅自在医疗机构中独立从事临床工作的，按照《执业医师法》第三十九条的规定处理；造成患者人身损害的，按照《医疗事故处理条例》第六十一条的规定处理。

此复

二OO五年九月五日

【病文分析】

批　复

护理部：

二O一三年×月×日你部的请示中所提出的增补护理部党支部委员的事项我们已

经收到。经院党委七名常委在×月×日的常委会上反复讨论决定，并举手表决，最终一致通过。现将决定告之你们，我们原则上同意你们上报的两名同志为你部党支部委员。

此决定

中共××医院委员会

二〇一三年×月×日

这篇批复存在的问题：

1. 标题不规范　批复的标题一般采用"关于＋主要内容＋文书种类"的形式，因此该公文标题过于简单，表意不清。

2. 表述不严密　在批复时，对有关事项的名称一般要单独、完整地表述。如"撤销×××的值班任务，改由×××野战医院担任；×××野战医院的值班任务不变"等语句，都是对批复内容准确而郑重的表述形式。因此，在对批复事项的表述中既要避免有些文种经常使用的指代形式，如"你部的请示中所提出的事项……"，更不可使用文学作品中常用的承前省、启后省等表述方法。在该文中，"你部党支部委员""两同志"等都必须写明具体名称。

3. 批复的意见要明确　批复意见在"批复"中是核心内容，所以要特别注重其表达方式是否全面、准确地反映了首长、机关的意图。从批复的内容上表达批复意见主要有以下几种类型：

（1）同意请求批准的事项。

（2）不同意请求批准的事项。

（3）部分同意请求批准的事项等。

在表达批复意见时应简要、明确地表明上级领导的意见，如"同意……"或"不同意……"，态度要十分鲜明，对于同意的事项通常应补充一些简短而必要的要求性语句。在不同意下级请示事项的批复中，则需用肯切的语词，简要讲明道理。对下级的请求意见，部分同意或部分不同意的批复，则更需要明确具体地讲清同意事项和不同意事项，并分别讲清原因理由，提出相应要求，同时还应把需要修改、补充、调整、说明的内容讲清。对尚不十分明确的问题，要尽量给予态度鲜明的答复，不能含糊其辞、模棱两可。本文中"原则上同意"，则表现了上级机关的含糊态度。

4. 语言啰唆不简洁　公文写作要求简明，这里有两层含义：一是指公文的文字量要力求少，篇幅要尽可能短；二是语言文字要精练，不累赘，不重复，对那些可有可无的字、词、句，应当删去。要用最少的文字，准确严密地表达最丰富的内容。做到篇无累段，段无累句，句无累字。即每一段、每一句、每个字都有它存在的价值。本文"经院党委七名常委在×月×日的常委会上反复讨论决定，并举手表决，最终一致通过"一句中多有累赘之词。

5. 结束语使用错误　批复的结束语只用"此复"或"特此批复"。有些批复以

"此复"作结语，更多的批复不专门设结语，仅以"要求"、"希望"代之。该文中使用"此决定"不符合批复的格式要求。

【仿真练习】

1. 修改上述病文。

2. 请你以医院党委的名义就护理部《关于 2013 年护士节庆祝活动的请示》进行批复。

（张小平）

知照类应用文写作 /// 第四单元

1. 了解通知、通报、通告、公示的概念和种类。
2. 熟悉通知、通报、通告的异同点；通告、公示的写作。
3. 掌握通知、通报的写作。

知照类应用文都具有告知性，即其内容一般不属于保密范畴，而需要让公众了解，其受文对象具有广泛性和社会性。本章仅学习知照类应用文中较常见的几种类型：通知、通报、通告、公示。

第一节 通　知

一、概述

通知是用于批转下级机关的公文，转发上级机关和不相隶属机关的公文，传达要求下级机关办理和需要有关单位周知或者执行的事项，或任免人员时使用的公文。

（一）通知的适用范围

在众多的公文文种中，通知是一种使用范围广泛、使用频率极高的公文，它可以用于批转或转发文件，颁发或发布规章制度，向下级布置工作，传达指示，安排部门工作或告知事项，宣布人员任免等。

（二）通知的特点

1. 使用的广泛性　通知的使用不受内容轻重、繁简的制约，也不受单位性质与级别限制，是公文中使用频率最高，使用范围最广的文种。

2. 职能的多样性　通知不仅能批转。转发上级或下级公文，布置工作，告知事项，还可以用于任免人员，够不上发"决定"、"通告"、"命令"等的事项也可由通知承担。因此通知的职能具有多样性。

3. 对象的专指性　通知大多是专门针对相应机关和有关人员制发的，因此专指性较强，不像通告，公告具有泛指性。

4. 行文的简便性 通知的内容一般一文一事、简洁明了，所以在撰写过程中应简洁清晰地表述通知事项，以便知晓执行。

（三）通知的分类

根据执行要求时间的不同，通知可以分为一般性通知和紧急通知两种。

1. 批转、转发、颁发性通知

（1）批转性通知：用于上级机关批转下级机关的公文。如《湖北省人民政府批转省汽车行业管理办公室关于加快我省汽车行业结构调整意见的通知》。

（2）转发性通知：用于转发上级机关和不相隶机关的公文。如《深圳市物价局、深圳市卫生局转发省物价局、省卫生厅关于下达我省公民临床用血收费标准的通知》。

（3）发布性通知：用于发布各级行政机关依法制定的行政规定、条例、办法、细则等规章制度时使用的通知。如《国务院办公厅关于发布〈国家行政机关公文处理办法〉的通知》。

2. 指示性通知 对某一事项作出具体规定或对处理某一问题作出具体指示的通知。它一般都是上级机关需要对下级机关或所属单位下达指示，而内容又不适用"命令"或"指示"等文种时使用的。如《关于在全省范围内开展适龄儿童麻疹类疫苗免疫活动的通知》。

3. 事务性通知 用于安排一般具体事务的通知。如调整机构、启用印章、变更作息时间、安排节假日值班等所发的通知都属于这一类。这种通知应用广泛，内容单一，或者要求下级机关办理，或者需要有关单位周知，或者需要有关部门协助共同执行等等。一般单位在类似于布告栏等公开场所书写、张贴的通知也属于比较简单的事务性通知。

4. 会议通知 各机关单位用以发出召开会议的通知。这类通知有两种形式：简单的会议通知，只需明确开会的目的、时间、地点、出席人员等；另一种是较为复杂的会议通知，它的内容事关重大，参加人员较多，行文时不仅要明确会议名称、会议内容、开会地点、开会事件，而且应把会议的目的、要求等具体事项交代清楚。

5. 任免通知 上级机关任免下级机关的领导人员，或上级机关的有关任免事项需要下级或平级机关知道时发出的通知。

二、通知的写作

（一）通知的格式和写作方法

1. 标题 通常有三种形式：①由发文机关名称、事由和文种构成，如《××市卫生局关于××的通知》；②由事由和文种构成，如《关于××的通知》；③只写文种，即《通知》，这种形式常见于基层单位所发的事务性通知、会议通知。

第一种形式比较规范，在制发文件中常用。有些情况特殊的通知，在标题中应写明性质，在"通知"前加上说明，如"紧急通知"、"重要通知"、"补充通知"、"联合通知"等。

2. 主送机关 即受文对象，有的通知属于普发性的，则可以不写主送机关。

3. 正文 通知的正文的结构一般由开头、主体和结尾三部分组成。开头主要交代通知缘由、根据；主体说明通知事项；结尾提出执行要求，有时在最后还写上"特此通知"字样。有的通知内容单一，只用一个段落表述这几层意思；而有的通知内容比较多，可以用两个或两个以上段落表述。不同类型的通知，其正文构成和写法有所不同，下面分别加以说明。

（1）批转、转发、发布性通知：这类通知的正文比较简单，一般用一句话交待批转、转发、发布的意见和通知要求，分别与被批转、被转发、被发布的原件构成一份完整的公文，其内容比较重要，命令性和规定性较强，要求下级机关认真贯彻执行。

（2）指示性通知：包括缘由、通知事项和执行要求三项内容。如果通知事项比较多，可以标序列述。

（3）事务性通知：正文一般包括通知根据、通知事项、执行要求三项内容。由于其内容单一，所以"通知事项"要写得具体明白，不能含糊不清。

（4）会议通知：正文包括通知缘由、通知事项和结语三项内容。缘由部分要概括交代召开会议的原因、目的、议题，通知事项部分要具体说明会议的内容、时间、地点、参加人员、议程以及其他有关事项，有的会议通知要注明携带材料和个人需支付的费用、限带车辆及随员数量、主办单位、联系人的姓名及电话号码等。

（5）任免通知：其正文分两部分，一是说明任免根据，二是说明任免决定。行文时要注意，任免决定包括了任职、免职和既免又任等几种情况。要区别情况，写清被任、免职务人员的姓名和职务。如属既免去原来职务，又委任新职务的，务必交代清楚，免去了什么职务，又任了什么职务。因为担任新职务的，并不一定意味着免去原职务，交代不清，就可能论，以体现通知决定的权威性。

4. 落款 包括发文机关署名、成文时间。如在标题中已标明发文机关并且标题下有发文时间，落款时也可以省略。

（二）通知写作的注意事项

1. 准确使用文种 批转性通知和批复都是针对下级来文所作的指示性下行文，但是它们却有不同之处。批转性通知需附上被批转的原文作为一个复合式文件一并发布，而批复通知却不附被批复的文件。

2. 通知事项必须明确具体 通知事项是通知的主体，一定要根据通知的性质、类别来写。如，批转性通知要写清"批转"，转发性通知，要写清"转发"；发布性通知，要写清"颁布"、"印发"，相互不能混同。批转、转发、发布事项必须准确无误。会议通知、事项通知，事项必须周全、具体、准确，否则将影响"通知"的执行效力。

3. 实事求是，切实可行 要求办理和执行的通知，其通知的事项应当是下级经过努力可以完成的。

4. 注意时效性　通知的时间要和执行的时间衔接好，通知应当及时发送。某单位发了一份《关于第一季度周三政治学习安排的通知》，当各科室职工看到这份通知时，已经是三月中旬了。这样的公文会损害发文机关的形象，也有失制发公文的严肃性。

【例文 1——事务性通知】

通　知

原定于今天下午 2：30 举行的排球赛因天气原因改在明天下午 2：30 举行，望各参赛班级及相关人员周知。如有变动，另行通知。

校学生会文体部

2012 年 11 月 3 日

【例文 2——会议通知】

关于召开 2012 年护理教学安全培训会议的通知

为了进一步加强护理实习生管理，提高安全防范意识，护理部决定于 7 月 15 日上午召开"2012 年护理教学安全培训会议"，具体事宜通知如下：

一、参加人员：各科护理教学组长、全体护理实习生。

二、会议时间：2012 年 7 月 15 日上午 9 时。

三、会议地点：门诊大楼 10 楼大会议室。

各参会人员务必准时参加会议。

护理部

2012 年 7 月 10 日

【病文分析】

学校定于 1 月 7 日下午召开学期工作总结大会，希周知。

1 月 5 日

这则通知可以看成是一个简单的会议通知，其中存在以下几个问题：

1. 没有标题。

2. 没有写明开会的具体时间、地点。

3. 没有写明参会人员。

4. 没有写明发布通知的具体部门。

正确写法如下：

通　知

学校定于 1 月 7 日下午 3 时在教学楼五楼小礼堂召开学期工作总结大会，请全体教职工务必准时参加。

校办公室

2013 年 1 月 5 日

【仿真练习】

为迎接三八妇女节，学校工会定于 3 月 4 日下午组织全校女职工郊游，参观无公害蔬菜基地，请根据以上提示写一则通知。

第二节 通 报

一、概述

通报是国家机关、社会团体、企事业单位用于表彰先进、批评错误、传达重要精神或情况的公文。

（一）通报的适用范围

通报的应用比较广泛，可以用于表扬好人好事、新风尚；也可以用于批评错误、总结教训，告诫人们警惕类似问题的发生；还可以用来互通情况、传达重要精神、沟通交流信息，指导推进工作。

（二）通报的特点

通报具有以下几个特点：

1. 典型性 通报的事实，不论是表彰性的、批评性的，还是通报情况的，都要求有典型意义。典型就是具有普遍性、代表性，事实越典型，其警示和借鉴意义越大。

2. 教育性 通报的内容，其价值往往并不单纯在于发布动态信息、宣布事件处理结果，而是要激励先进、督促后进，树立学习榜样，或者提供反面典型，使读者能够总结经验、吸取教训，得到有益的启示和警示。

3. 时效性 通报的内容总是跟特定时期背景有着紧密的联系，通报得过于迟缓，就失去其沟通情况、宣传教育的目的。因此，通报的制发应该迅速及时，以免事过境迁，失去其积极的作用。

（三）通报的分类

根据内容的不同，通报可以分为表彰性通报、批评性通报和情况通报三种。

1. 表彰性通报 是指用来表彰先进单位或个人，介绍先进经验或事迹，树立榜样，号召大家学习的通报。

2. 批评性通报 是指用来批评、处分错误，要求被通报者和大家引以为戒，防止类似错误再次发生的通报。这类通报具有一定的惩戒性。

3. 情况通报 是指用来传达重要精神、沟通重要情况的通报。为了让下级单位对一些重要事件或全局状况有所了解，上级机关应该适时发布这样的通报。常见的工作情况通报内容主要有工作进展情况、落实情况、评比检查结果等。这类通报具有沟通和告知的双重作用。

二、通报的写作

（一）通报的格式和写作方法

1. 标题 通常有四种形式：①由发文机关名称、事由和文种构成，如《国务院关于××情况的通报》；②由事由和文种构成，如《关于××检查结果的通报》；③由发文机关和文种构成，如《××省卫生厅通报》；④只写文种，即《通报》。

2. 主送机关 即受文单位，普发性通报也可以不写主送机关。

3. 正文 不同类别的通报，其内容和写法有所不同，现分述如下：

（1）表彰及批评通报：①介绍事实与现象：介绍先进人物或集体的行动及其影响，要写清时间、地点、人物、基本事件过程。如果对个人的错误进行处理，要写明违纪人员的基本情况，然后对错误事实的叙述，要写得简明、清晰。如果是针对某一普遍存在的问题进行通报，要选择出一些有代表性的事实进行综合叙述。表达时应概括叙述，只要将事实讲清即可，篇幅不宜过长；②揭示事实的性质、意义：对先进人物、先进事迹，应表明其代表的积极的倾向，指出其意义，以便激励先进、督促后进；对于单一错误事实，要对错误的性质、危害进行分析；对于综合性的不良现象或问题，分析要系统。主要采用议论的写法。措辞要有分寸感，不能出现过誉或过度贬低的现象；③做出表彰或处理决定：这部分写什么会议或什么机构决定，给予表彰对象以什么样的表彰和奖励，或者给予批评对象什么样的处分和惩罚。这部分在表达上要注意的主要是清晰、简洁，用词恰当；④提出希望和要求：结尾部分用来发出号召、提出希望和要求。这部分表述的是发文的目的，是整篇的思想落脚点，应该写得有针对性，具有教育意义，以使受文单位对通报高度重视、认清性质、采取措施。

（2）情况通报：①缘由和目的：开头首先叙述基本事实，包括阐明发布通报的根据、原因、目的等。开头文字不宜过长，语言应该精炼；②情况和信息：主体部分主要叙述情况、传达信息，通常内容较多，篇幅稍长，要注意梳理归类，对结构进行合理安排；③希望和要求：在明确情况的基础上，对受文单位提出一些希望和要求。

4. 落款 包括发文机关名称和成文时间。如在标题中已标明发文机关并且标题下有发文时间，落款时也可以省略。

（二）通报写作的注意事项

1. 通报内容必须真实 通报的事实，所引材料都必须真实无误。这就要求发布通报前务必做好调查研究工作，对有关情况和事例要认真核对，不能马虎大意、弄虚作假。

2. 通报决定要恰如其分 无论哪一种通报，都要做到分析中肯、评价实事求是，结论准确公正。否则，通报不但缺乏说服力，而且有可能产生副作用。

3. 通报观点要鲜明 提倡什么，反对什么，要是非分明，不能含糊其词。

【例文1——表彰性通报】

关于表彰优秀护士的通报

各区县卫生局，市直管医疗卫生单位：

2012年，我市广大护理工作者认真贯彻执行党和国家各项方针、政策，坚持全心全意为人民服务的宗旨，为保障人民群众的身体健康做出了积极贡献，涌现出了一大批热爱护理事业、钻研护理技术、脚踏实地工作、热情优质服务的护理工作者。为大力弘扬她们的无私奉献精神，调动广大护士的积极性，市卫生局决定对陈X等60名2012年度"优秀护士"予以通报表彰。

希望受表彰人员继续发扬南丁格尔的无私奉献精神，再接再厉、再创佳绩。同时号召全市护理工作者要以受表彰的"优秀护士"为榜样，进一步提高护理质量和服务水平，为保障我市人民群众身体健康、促进卫生事业加快发展做出更大贡献。

特此通报。

附：2012年××市优秀护士名单

××市卫生局办公室（章）

二○一二年五月十日

【例文2——批评性通报】

关于谢××等22位同学考试作弊的通报

在本学期期末考试中，谢××等22位同学在考试中作弊，为教育其本人，严肃考纪，端正考风，促进良好学风的形成，根据《××省中等教育课程考试管理处罚暂行规定》第三条，经学校研究决定给予他们22人记过处分，该科成绩记为"0"分，不准参加正常补考。希望广大同学吸取他们的教训，引以为戒。

特此通报

附：作弊学生姓名、作弊科目

××卫校教务科

××年×月×日

【例文3——情况通报】

关于对学校健康教育工作检查的情况通报

为切实做好创建国家卫生城市、省级文明城市及"整脏治乱"专项行动工作，积极开展学校健康教育，如期实现我市"双创"工作目标，提高师生健康意识，市双创办组织市教育局、市卫生局、市疾控中心等单位对城区各级各类学校的健康教育工作开展情况进行了检查，现将检查情况通报如下：

一、学校健康教育检查开展工作取得成绩

1. 大部分学校健康教育机构建立健全，有领导分管，有部门专抓，有学校行政人员具体负责，有专项资金投入。

2. 大部分学校课时安排合理（每周3节）有老师执教（部分学校按要求把健康教育工作纳入老师评优、选先的依据）、开课率达标，大部分学校有正规教材、老师、教案规范，内容丰富，档案资料完善。

3. 大部分学校有年度教学计划，阶段性总结，班级考核评比制度及措施。

4. 大部分学校有固定的宣传教育橱窗，班级健康教育学习园地。并按照要求定期更新宣传教育内容。

5. 大部分学校环境基本卫生整洁。

6. 各学校均制定有预防意外伤害、传染病及突发公共卫生事件的健康教育应急预案与制度。

7. 部分学校师生健康教育知晓率和健康行为形成率≥80%。

二、学校健康教育开展工作存在的问题

1. 个别学校健康教育开展工作经费投入不足，无法提供经费投入依据。

2. 极个别学校教师教案不规范，内容不详，没有使用正规教材进行教学，部分学校未把健康教育工作纳入教师评优选先的依据。

3. 个别学校健康教育工作资料档案不规范，一是学校自评方案机制不健全（大部分学校无自我自评价表、评价报告）；二是学校无班级健康教育及卫生评比制度和考核奖惩措施；三是档案资料零乱。

4. 个别学校宣传教育力度不大（宣传橱窗不达标,），每月未定期及时更换内容；相关主题班会未及时开展；未开展相关知识竞赛、电化教育、班级健康教育宣传栏（每班每学期不少于5期）等多种形式的宣传教育活动；大部分学生不能掌握基本的健康和卫生防病知识，个人养成文明行为习惯达不到要求；部分学生存在留长发、长指甲、不勤洗手、衣服脏等现象。

5. 部分学校学生健康知识知晓率和健康行为形成率不达标。

6. 各学校14岁以下儿童蛔虫感染率≤3%均未开展，学校工作档案达不到国家对学校健康教育评估的建档要求。

7. 极个别学校脏乱现象存在，食堂管理未按照食品卫生要求操作，学生乱扔、乱吐、乱倒现象严重，校园内白色垃圾多，卫生整治不彻底，死角死面多，厕所脏、臭味浓。

8. 大部分学校未开展无烟学校创建活动，校园醒目区域无禁烟标志。

三、要求

望各学校见此通报后，根据各学校存在的问题及时整改到位。下一步，我办将进一步加大督查力度，严格按照学校健康教育评价表与学校健康教育24项建档内容之要求，将学校健康教育工作纳入对学校的"双创一整治"工作年度考核重要内容。因工作不力、影响我市创建国家卫生城市工作进度的学校，我办将联合市教育局追究其主要领导人的责任。

××市"创建国家卫生城市、创建省级文明城市"办公室（章）

××年×月×日

【病文分析】

表彰优秀医务工作者的通知

2012 年度"优秀医务工作者"评选活动已经结束，评选出 20 名县级"优秀医务工作者"。现对县级"优秀医务工作者"予以表彰，希望当选的"优秀医务工作者"再接再厉，为我市卫生事业的发展做出更大贡献。

××市政府

这篇应用文存在的问题有以下几点：

1. 文种选择错误，应该选择"通报"。

2. 没有说明评选的是哪一级的"优秀医务工作者"（应该在"优秀医务工作者"前加"市级"或"省级"等字样，因此标题应改为"关于×级'优秀医务工作者'的表彰通报"），而且没有说明是由谁评选，怎么评选的，缺乏说服力。

3. 表彰性通报除了鼓励先进，更重要的目的是要号召人们向先进学习，体现通报的教育性，本篇应用文并没有体现出号召人们向"优秀医务工作者"学习的意图。

4. 没有写明发文日期。

【仿真练习】

根据以下材料，请以××医院办公室的名义写一篇通报。

××医院骨科护士李××，从事临床护理工作 10 余年，平时爱岗敬业，工作认真负责，在 2008 年"5.12"大地震发生后，主动要求赴四川灾区参加伤员救护工作。她不顾自身安危，先后三次主动放弃领导让她撤离的要求，坚持在灾区连续工作三个多月。2009 年 3 月，"李××"获××省妇联授予的省级"三八红旗手"称号。通报发布的日期为 2009 年 5 月 20 日。

第三节 通　　告

一、概述

通告是用于在一定范围内公布应当遵守或者周知的事项的公文。

（一）通告的适用范围

通告是在行政公务和业务管理中应用范围广泛、具有告知性和一定约束力的公文。

通告属于普发性公文，一般没有主送机关，所要传达的对象往往具有一定的分散性，因此，多采用传播媒体或张贴的形式公布。通告不仅可以公布国家法令、政策，也用来公布生活中的具体事务，如停水、停电、临时封锁交通等。通告的使用权限宽泛，国家机关、社会团体、企事业单位在所辖范围内均可使用。

（二）通告的特点

1. 发布方式的公开性　通告所涉及的内容是在一定的地域范围内需要公众知晓的，所以常用报纸、电视、广播等传播媒体公开发布，有时也用张贴的形式发布。

2. 使用的广泛性　通告不仅可以在一定范围内公布重大事项，还可以用来公布社会生活中的一些具体事务。通告的使用单位也很广泛，各级政府乃至基层单位，都可以在自己的职权范围内使用。

3. 内容的强制性　通告中所提出的规定、要求，带有法规性质。各单位和个人都必须认真遵照执行，如有违反，将受到严肃查出。

（三）通告的分类

1. 周知性通告　用来告知一定范围内的单位和个人需要了解和办理的相关事宜，一般不作出具有约束力的要求，仅供人们知晓。

2. 法规性通告　用来告知一定范围内的单位和个人应当遵守执行的政策、措施或其他行为规范，往往具有较强的强制性，其内容常常是有关的行政法规和行业规章。

二、通告的写作

（一）通告的格式与写作方法

1. 标题　通常有四种形式：①由发文机关名称、事由和文种构成，如《北京市人们政府关于对非典型肺炎疫情重点区域采取隔离控制措施的通告》；②由事由和文种构成，如《停电通告》；③由发文机关和文种构成，如《××省卫生厅通告》；④只写文种，即《通告》。

2. 正文　①通告缘由：主要阐述发布通告的背景、根据、目的、意义等。通告常用的特定承启句式"为……，特（现）通告如下"或者"根据……规定，特（现）通告如下"引出下文；②通告事项：通告事项是通告全文的核心部分，包括周知事项和执行要求。撰写这部分内容，首先要做到条理分明，层次清晰。如果内容较多，可采用分条列项的方法；其次要做到明确具体，需清楚说明受文对象应执行的事项，以便于理解和执行；③结语：结语一般单独设段，用"特此通告"或"本通告自发布之日起实施"等习惯用语作结尾，有时也可省略。

3. 落款　包括发文机关名称和成文时间。

（二）通告写作的注意事项

（1）通告的法令性和政策性很强，在撰写时对所涉及的政策、法规要掌握准确、运用恰当。

（2）因为通告可以用来处理带有一定专业性的公务，所以写有关专业性的内容时，难免会使用一些术语，但要注意尽量选择大多数人熟悉的行业用语，力求通俗易懂。

（3）通告的内容一定要具体周密、通告的内容要清楚明了，不能再通告中撰写与中心内容无关的事项。

【例文1——周知性通告】

2013 年××省医师资格考试/考区相关通告

根据《卫生部医师资格考试委员会公告》的精神，现将××省 2013 年医师资格考试有关事项通告如下：

一、报名时间

网上报名时间：2013 年 2 月 27 日 9 时 ~ 3 月 15 日 24 时。现场报名资格审核时间：2013 年 3 月 18 日 ~ 3 月 29 日。

现场报名资格审核地点为：××省医师资格考试（考区）办公室（××市××区××路××号）

现场报名资格审核时间为：2013 年 3 月 18 日 ~ 3 月 29 日（上午 8：30 ~ 11：30；下午 13：00 ~ 16：30）

现场报名资格审核主要是对已经网上报名的考生进行资料审核，一般不接受补报名。请广大考生注意安排好报名时间，尽早网上报名。

二、实践技能考试时间

2013 年 7 月 1 ~ 15 日。各类别具体考试时间和地点以各考生的实践技能考试准考证为准。

三、医学综合笔试全国统一考试时间

执业医师资格考试：2013 年 9 月 14 日、15 日两天，上午 9：00 ~ 11：30，下午 14：00 ~ 16：30；执业助理医师资格考试（含乡镇助理医师）：2013 年 9 月 14 日一天，上午 9：00 ~ 11：30，下午 14：00 ~ 16：30。

四、其他事项

（一）临床、口腔、公共卫生类别、中医（壮医）实践技能考试和医学综合笔试，以及中医、中西医结合医学综合笔试启用《医师资格考试大纲（临床、口腔、公共卫生类别及中医部分类别）2013 年版》。取消中医（含民族医）师承和确有专长人员考试大纲中的西医内科学内容，未涉及的中医部分类别医师资格考试仍执行现行大纲。

（二）报名具体事项详见附件《2013 年国家医师资格考试××考区考生报名通知》。

××省卫生厅

二〇一三年一月八日

【例文2——法规性通告】

北京市人民政府关于对非典型肺炎疫情重点区域采取隔离控制措施的通告

为有效控制非典型肺炎的扩散，切断传播途径，保障人民群众的身体健康，根据《中华人民共和国传染病防治法》第二十四条、第二十五条、第三十五条和有关法律、法规的规定，特通告如下：

一、对于受到非典型肺炎扩散污染的人员和场所，应当依法采取隔离措施，政府有关部门、社会组织和个人应当给予配合。

二、隔离对象包括：

（一）确诊为非典型肺炎的患者；

（二）疑似非典型肺炎患者；

（三）与非典型肺炎患者及疑似非典型肺炎患者密切接触的人员；

（四）受非典型肺炎污染的医院、工厂、建筑工地、宾馆、饭店、写字楼、居民住宅、村落、学校及其他特定场所；

（五）受非典型肺炎污染的动物和其他物品。

三、需采取隔离措施的人员和场所，由市或区县卫生行政部门根据切断非典型肺炎传播的需要确定，并予以公告和组织实施。

四、隔离期间，当地政府和有关部门应当加强对被隔离人员的宣传和思想教育，采取切实措施做好疾病防治和生活必需品的保障工作。保证生活必需的有关费用由政府负责。

五、被隔离人员应当自觉遵守规定，服从管理，不得擅自离开隔离地点；其他人员不得擅自进入被隔离场所；对被隔离的动物和物品有关部门应当采取有效的处理措施。

六、违反隔离规定的，由卫生行政部门进行劝阻制止；必要时，由公安机关依法协助采取强制措施；违反《中华人民共和国治安管理处罚条例》的，由公安机关依法处理；构成犯罪的，依法追究刑事责任。

七、隔离措施的解除依法由原宣布机关决定并予以公告。

八、本通告自2003年4月23日起施行。

北京市人民政府

二〇〇三年×月×日

【病文分析】

中国××银行××市支行停业公示

敬告广大客户：

我行因进行计算机系统升级改造，定于 2012 年 12 月 10 日 12：00——2012 年 12 月 13 日 12：00 停止对外营业，2012 年 12 月 13 日 12：00 以后正常营业。

现将具体事项公示如下：

……

以上为我行停业具体安排事项，对此，在此期间给您带来的不便深表歉意，同时，感谢您对我们的理解和工作的支持。

此致

敬礼

中国××银行××市支行

这篇应用文存在以下不妥之处：

1. 文种选择错误，应选择"通告"（在这里用"通知"也可以）。

2. 标题用词不精确，易引起误解，应改为《中国××银行××市支行关于暂停对外营业三天的通告（知）》。

3. 结尾不应使用"此致……敬礼"，这样不符合通告（知）的行文规范，改用"特此通告（知）"即可。

【仿真练习】

根据以下材料，请以××省教育厅、公安厅的名义写一份通告。

没有经过学校的允许，无关人员不可以随便进入学校。对那些寻衅滋事，殴打、侮辱师生员工，抢劫师生员工财物，严重破坏学校秩序的犯罪分子，要坚决打击，依法惩处。任何单位和个人不准随便侵占学校的土地、校舍、操场以及学校的附属设置，不准到学校里面放牧取土、采石、种植或占用学校操场搞其他的种植或占用学校操场搞其他的活动；不准破坏学校校舍、教学设备和环境卫生；不准堵塞学校的道路、污染学校的水源，卡断学校的电路，强行从学校通过；禁止各种商贩到学校里或者在学校门口摆摊叫卖；严禁翻印、出售、传抄、传阅反动淫秽书刊和播放反动、黄色歌曲。这份通告要求在公布之日起正式施行。对违反本通告的人，经教育又不听者，根据其情节轻重依法给予处理。

通告发布的日期为二〇一三年三月一日。

第四节 公 示

一、概述

"公"即公开，"示"即展示。公示指各级党政机关、企事业单位和社会团体向社会观众或有关单位及人员公开某种信息、情况，用以征询意见、接受监督、改善工作的应用文体。

公示是时代的产物，是自20世纪90年代以来，随着我国政治体制改革的逐步深化，社会主义政治文明建设的进一步发展，以及党政机关和企事业单位党务、政务和公务的民主化和公开化而产生的一种新兴应用文体。

（一）公示的适用范围

公示制度是人民群众享有的对国家政治和社会生活的知情权、参与权和监督选的有效实现形式，而公示这种应用文体就是推行公示制度不可缺少的工具。公示不仅可以用于党政干部任前公示，招聘人员公示，也可以用于选拔后备干部公示，发展党员公示，还可以用于其他事务，如招标结果公示、捐款捐物公示、各种服务收费公示，各种评先评优活动的候选者名单或结果公示等，即需要群众知晓、参与并且监督的事务，都可以使用公示。

（二）公示的特点

1. 公开性 公开性原则是公示制度的基本原则。公示内容必须向公众、有关单位和人员及时公开，以接受他们的监督，促进各项事务公平、公正、合理地得到解决与处理。

2. 适用的广泛性 不管是党政机关、企事业单位，还是其他各种团体组织，都可以用公示公开某种信息和情况；而且，公示不仅可用于干部任免、人员招聘、评选先进等公务事务，还可用于如行业收费、招标结果等公布信息、征求意见的常见事务。

3. 发布形式的多样性 公示既可以通过张贴的形式发布，也可以通过互联网、报纸、电视、广播等媒体发布。

二、公示的写作

（一）公示的格式和写作方法

1. 标题 通常有四种形式：①由发文机关名称、事由和文种构成，如《××学校关于推荐"××省师德标兵"人选公示》；②由事由和文种构成，如《关于护理质量评估结果的公示》；③由发文机关和文种构成，如《××省教育厅公示》；④只写文种，即《公示》。

2. 正文 ①公示缘由：主要交代发布公示的原因、目的、依据、背景等。这部分写作应简明扼要，写明相关信息即可，不必大加表述。一般用"现将……公示如下"等句式引出下文；②公示事项：这是公示的核心部分，应以准确、简洁的文字将需要有关人员了解和知晓的内容清楚、完整地写明。要特别反应出公示内容的合法性，例如干部任前公示，就必须交代清楚所依据的政策和文件规定，历经的民主推荐和民主测评以及人事考察等必备程序，以便令人确信无疑，从而增强公示的说服力；③公示的结束语：发布公示的目的，就是为了在公示之后收集群众的意见和建议，给予解答和处理。

3. 落款 落款写明公示单位的名称（应写全称）和发布公示的日期。

（二）公示写作的注意事项

1. 注意一文一事 公示的主旨应单一集中，以便公众能有针对性地反馈意见。

2. 内容要完整真实 公示所涉事项必须如实予以说明，不能掺杂任何虚假好浮夸的成分，否则，就会失去公示的意义，也会严重损伤发布公示单位的公信力。

3. 语言要精练平实 公示的语言要言简意赅，切忌拖沓累赘；要以诚恳的态度征询群众意见，切忌盛气凌人，居高临下；公示语言应该平实、客观，不发议论，不做评价，不带感情倾向性，以保障公众能畅所欲言。

【例文】

公 示

经党组织培养考察，×××等五名同学党员预备期已满。根据《中共××学院委员会发展党员工作实施细则（试行）》有关规定，现公示如下：

姓名　性别　出生年月　系别班级　职务　吸收为预备党员时间　预备期满时间　入党介绍人（具体内容略）

本次公告时间：××××年×月××日——×月××日下午16：00，在公示期间，党员和群众如对以上同学按期转为中共正式党员有意见或建议，欢迎来电、来访、来信向系党总支或学院党委组织部反映。地点：××系综合楼五楼系办公室，学院行政综合楼三校党委组织部办公室。联系电话：××××××（系党总支），××××××（党委组织部）

××系学生党支部（章）

××××年×月××日

【病文分析】

干部公示

因工作需要，经院长办公会议研究，决定由赵××同志任院护理部主任，现将赵××同志基本情况公示如下：

赵××，女，汉族，××省××市人，19××年×月出生，19××年8月参加

工作，

19××年6月入党，大学学历。

如对以上任职决定有意见，请尽快反映。

××医院人事科（章）

2013年×月×日

这篇公示存在以下几方面的问题：

1. 标题标注不清，应直接写"公示"或"干部任职公示"。

2. 正文开头应写明公示依据。这是一篇有关干部任用的公示，可以在"现将赵××同志基本情况公示如下"前加"为了扩大干部选拔任用工作的民主程度，增强透明度，根据《党政领导干部选拔任用工作条例》规定。

3. 没有说明意见反馈的渠道和方式。

4. 没有说明公示的具体期限。

【仿真练习】根据以下材料写一篇公示。

××医院工会在2008年"5.12"大地震后，发起了向灾区人民捐款、捐物的活动，至5月30日，共收到捐款人民币20100元，衣物310件，棉被30条，具体如下：护理部：捐款1200元，衣物20件，棉被5条；医务科：捐款1200元，衣物16件。妇科：捐款：3000元，衣物21件……，请你代替医院工会写一篇关于捐款、捐物情况的公示，工会电话

×××××，公示3天，公示结束后，全部捐款、物品均转交××市红十字会。

（杨　军）

契据类应用文写作 /// 第五单元

要点导航

1. 了解合同的概念、特征、作用及分类。
2. 熟悉合同的订立原则和订立方式。
3. 掌握合同的条款及内容，学会根据合同的订立原则和方式、条款及内容，拟写合同。

第一节　合同概述

合同是平等主体的自然人、法人、其他组织之间设立、变更、终止民事权利义务关系的协议。合同、协议与契约这三个词属同义词，在不同的环境中人们的使用习惯不同，法律上多使用合同一词，民间多使用协议一词，而契约一词的使用显得更书面化。

绝大多数合同也可以称作协议，如买卖合同也可称作买卖协议，技术转让合同也可以称作技术转让协议。民间也存在着一些大家习惯或者约定俗成的称法，如《离婚协议》不会被称作《离婚合同》。

一、合同的特征

合同的特征主要表现为法律特征：

（1）合同是一种民事法律行为。

（2）合同是平等主体的自然人、法人和其他组织之间的协议。

（3）合同以设立、变更或终止民事权利义务关系为目的。

（4）合同是当事人意思表示一致的协议。包含三个方面的要素：一是合同的成立必须有两个以上的当事人；二是各方当事须相互做出意思表示；三是各个意思表示是一致的。

二、合同的作用

合同的作用表现为宏观和微观两个方面。

（一）宏观作用

合同是实现国家经济稳定的重要保证，是社会大协作的手段和经济发展的纽带。

（二）微观作用

合同有利于企业管理和监督，有利于维护当事人的合法权益。

三、合同的分类

（一）单务合同和双务合同

1. 单务合同 是指合同当事人仅有一方承担义务。这种合同相对比较少，如赠与合同、债务承担时所签订的合同。

2. 双务合同 是指合同的双方当事人互负对待给付义务的合同关系。绝大多数合同都是此种类型。

（二）有偿合同和无偿合同

1. 有偿合同 是指一方通过履行合同规定的义务而给付对方某种利益，对方要得到该利益必须为此支付相应代价的合同。如买卖合同、劳务合同。

2. 无偿合同 是指一方给付某种利益，对方取得该利益时并不支付任何报酬的合同。如赠与合同。

（三）有名合同和无名合同

1. 有名合同 又称典型合同，是指法律上已经确定了一定的名称及规则的合同。如合同法中明确的买卖合同、供用电（水、气、热力）合同、赠与合同、借款合同、租赁合同、融资租赁合同、承揽合同、建设工程合同、运输合同、技术合同、保管合同、仓储合同、委托合同、行纪合同、居间合同以及其他法律法规中明确的劳动合同、收养合同。

2. 无名合同 又称非典型合同，是指法律上并未确定一定的名称及规则的合同。只要不违反法律和道德风俗，合同双方可以任意约定合同或协议的名称，内容，形式，都是有效的。具体的合同名称，可由当事人约定。

（四）要式合同和非要式合同

1. 要式合同 是指法律规定或当事人约定必须采取特殊形式订立的合同。

2. 非要式合同 是指依法无需采取特定形式订立的合同。

（五）主合同和从合同

1. 主合同 是指不依赖其他合同而能独立存在的合同。绝大多数合同都可以是主合同。

2. 从合同 是指以其他合同的存在为存在前提的合同，又称为附属合同。如抵押合同、质押合同。

（六）实践合同和诺成合同

1. 实践合同　是指除当事人双方意思表示一致以外尚须交付标的物才能成立的合同。在这种合同中，除双方当事人的意思表示一致之外，还必须有一方实际交付标的物的行为，才能产生法律效果。实践合同则必须有法律特别规定，比如定金合同，保管合同等。

2. 诺成合同　是指当事人一方的意思表示一旦经对方同意即能产生法律效果的合同，即"一诺即成"的合同。特点在于当事人双方意思表示一致，合同即告成立。

四、合同订立的原则

当事人在订立合同时，应当遵循这样一些原则：

（1）合同当事人的法律地位平等，一方不得将自己的意志强加给另一方。

（2）当事人依法享有自愿订立合同的权利，任何单位和个人不得非法干预。

（3）当事人应当遵循公平原则确定各方的权利和义务。

（4）当事人行使权利、履行义务应当遵循诚实信用原则。

（5）当事人订立、履行合同，应当遵守法律、行政法规，尊重社会公德，不得扰乱社会经济秩序，损害社会公共利益。

（6）依法成立的合同，对当事人具有法律约束力。当事人应当按照约定履行自己的义务，不得擅自变更或者解除合同。

合同在订立过程中和内容中不得有以下情况和内容：一方以欺诈、胁迫的手段订立合同，损害国家利益；恶意串通，损害国家、集体或者第三人利益；以合法形式掩盖非法目的；损害社会公共利益；违反法律、行政法规的强制性规定。

依法成立的合同，受法律保护。对合同进行规范的法律，除《中华人民共和国民法通则》《中华人民共和国合同法》之外，还有其他的一些如《中华人民共和国婚姻法》《中华人民共和国收养法》《中华人民共和国产品质量法》等法律法规对合同进行规范，合同在签订时没有约定的内容，法律法规有规定时，按照法律法规的规范来处理。

五、合同有效成立的条件

（1）双方当事人应具有实施法律行为的资格和能力。

（2）当事人应是在自愿的基础上达成的意思表示一致。

（3）合同的标准和内容必须合法。

（4）合同双方当事人必须互为有偿。

（5）合同必须符合法律规定的形式。

六、合同订立的方式

合同双方订立合同，采取要约、承诺方式。

要约是希望和他人订立合同的意思表示，该意思表示应当内容具体确定；要约表明经受要约人承诺，要约人即受该意思表示约束。

承诺的内容应当与要约的内容一致。受要约人对要约的内容作出实质性变更的，为新要约。有关合同标的、数量、质量、价款或者报酬、履行期限、履行地点和方式、违约责任和解决争议方法等的变更，是对要约内容的实质性变更。承诺对要约的内容作出非实质性变更的，除要约人及时表示反对或者要约表明承诺不得对要约的内容作出任何变更的以外，该承诺有效，合同的内容以承诺的内容为准。需要注意的是寄送的价目表、拍卖公告、招标公告、招股说明书、商业广告等为要约邀请。要约邀请是希望他人向自己发出要约的意思表示。商业广告的内容符合要约规定的，视为要约。

一方当事人发出要约后另一方当事人对要约作出了承诺，双方即达成了合意，合同即成立；当事人采用合同书形式订立合同的，自双方当事人签字或者盖章时合同成立。

第二节　合同的写作

一、合同的基本要素

在合同的具体写作中，每一份合同的条款多少不等，但大体都分为主要条款及其他条款。

（一）合同的主要条款

合同的主要条款是《中华人民共和国合同法》第十二条所规定的内容，这些内容构成了合同的主体。

1. 当事人的名称或者姓名和住所　自然人应写明姓名（为区别同名同姓的人应写上身份证号）、住所可写户籍所在地也可写常住地，法人应该写清楚法人的名称、法定代表人名称、法人的住址（以营业执照上的注册登记地为准），通常情况下，当事人的情况写得越详细越清楚越好，如加上联系方式（电话、信件收件地址、电子邮件地址等）、户籍地和常住地不一致的分别予以标明、法人的组织机构代码、税务登记证号码、开户银行及银行帐号等等；当然，有些内容也可以在合同正文或者附注中加以明确。

如果有代理人的，还应把代理人的情况写清楚，具体内容与当事人相同。

很多合同出于书写简便的原因习惯上都把合同的双方或者三方分别用甲方、乙方、丙方这样的称谓来作替代，这种替代不是法定的要求。但是在很多行业中已经约定俗成地把甲方特指如买方、发包方、接受服务方等其中的一方，乙方特指卖方、承包方、提供服务的另一方等；这种行业习惯不属于法律法规的要求。其写法一般如下：

甲方：王老五（以下简称甲方）　身份证号：510001197803155176　住址：东山县西山镇南山街16号　联系方式：13990909800

代理人：李老栓　身份证号：510001197912120037　住址：东山县西山镇下山街22号　联系方式：13990909410

乙方：东山县宏源贸易有限责任公司　法定代表人：张二宝　地址：东山县城关镇上山街79号　联系电话：48498404

2. 标的　标的是合同当事人双方权利和义务所共同指向的对象。它是合同成立的必要条件，是一切合同的必备条款。标的可以是"物"，一般的买卖合同中购买实物；也可以是"行为"。简言之，就是合同的主要内容，如药品销售合同，合同中所销售的药品即该合同的标的；医疗服务合同，合同中约定提供的医疗服务就是合同的标的。

3. 数量　因不同的标的会有不同的计数方式，所以数量条款应当根据标的来使用相应的计数方式和相应的量词，或标明计量方式。数量条款中的数和量都应当是符合国家或者行业规范的词汇，以避免产生歧义或引起误解。

4. 质量　当事人应当根据标的的性质约定质量条款，如医用器材的材质、强度、等级等。根据合同法的规定，质量要求不明确的，按照国家标准、行业标准履行；没有国家标准、行业标准的，按照通常标准或者符合合同目的的特定标准履行。

一般说来，有关于质量的约定的，还应当约定检验或者验收标准或方法。

5. 价款或者报酬　这是取得标的的一方向对方所支付的对价。价款一般而言就是支付金钱一方所应当支付的钱的数额。但是并不是所有的合同都是支付金钱为代价的，有的合同是易物或者是提供相应的服务来支付对价。按照合同法的规定，价款或者报酬不明确的，按照订立合同时履行地的市场价格履行；依法应当执行政府定价或者政府指导价的，按照规定履行。

在书写价款时一定要注意把货币的种类、单位及金额写清楚，且在数字前端不要留下空白部分以防止他人恶意修改。一般习惯上除了用阿拉伯数字进行书写外，还要用中文的大写数字予以确定。如：甲方向乙方支付人民币15200圆，计壹万伍仟贰佰圆。

6. 履行期限、地点和方式　合同中应当明确写明履行期限，如某年某月某日前，也可以是几时几分；履行的地点也非常重要，这决定着如果就合同发生争议时可以起诉的地点。履行的方式一般根据标的物的特性来约定，如卖方送货、技术提供方负责安装调试并确保正常运转后交付等。

根据合同法的规定，履行地点不明确，给付货币的，在接受货币一方所在地履行；交付不动产的，在不动产所在地履行；其他标的，在履行义务一方所在地履行。履行期限不明确的，债务人可以随时履行，债权人也可以随时要求履行，但应当给对方必要的准备时间。履行方式不明确的，按照有利于实现合同目的的方式履行。

7. 违约责任　这是合同中非常重要的一项内容，由于在履行合同的过程中会出现各种各样的问题，有当事人的问题、当事人以外的原因、国家政策的原因、自然条件的变化、以及其他偶发的因素，所以经常会导致合同不能完全或部分的履行。所以，对于受到损害的一方而言，约定了违约责任就可以尽量减少损失。

违约责任通常有继续履行、采取补救措施或者赔偿损失等责任形式。对违约责任没有约定或者约定不明确，受损害方根据标的的性质以及损失的大小，可以合理选择要求对方承担修理、更换、重作、退货、减少价款或者报酬等违约责任。在履行义务或者采取补救措施后，对方还有其他损失的，应当赔偿损失。经营者对消费者提供商品或者服务有欺诈行为的，依照《中华人民共和国消费者权益保护法》的规定承担损害赔偿责任。

合同中可以约定一方违约时应当根据违约情况向对方支付一定数额的违约金，也可以约定因违约产生的损失赔偿额的计算方法。合同法还规定约定的违约金低于造成的损失的，当事人可以请求人民法院或者仲裁机构予以增加；约定的违约金过分高于造成的损失的，当事人可以请求人民法院或者仲裁机构予以适当减少。当事人既约定违约金，又约定定金的，一方违约时，对方可以选择适用违约金或者定金条款（也就是说只能二选一）。

合同法还规定因不可抗力不能履行合同的，根据不可抗力的影响，部分或者全部免除责任，但法律另有规定的除外。合同法中所称不可抗力，是指不能预见、不能避免并不能克服的客观情况。

合同中还可以就免责的情形进行约定，以避免使当事人的责任扩大甚至无限扩大。但是根据合同法的规定，造成对方人身伤害的和因故意或者重大过失造成对方财产损失的免责条款无效。

8. 解决争议的方法　当事人对合同条款的理解有争议的，应当按照合同所使用的词句、合同的有关条款、合同的目的、交易习惯以及诚实信用原则，确定该条款的真实意思。合同文本采用两种以上文字订立并约定具有同等效力的，对各文本使用的词句推定具有相同含义。各文本使用的词句不一致的，应当根据合同的目的予以解释。

可以通过和解或者调解解决合同争议。当事人不愿和解、调解或者和解、调解不成的，可以根据仲裁协议向仲裁机构申请仲裁。选择仲裁应该有明确的选择仲裁的条款，该条款应当明确具体，如选择××市仲裁委员会进行仲裁，而不是简单地写"可以向仲裁委员会申请仲裁"或者"可以选择仲裁或诉讼"之类的。当事人没有订立仲裁协议或者仲裁协议无效的，可以向人民法院起诉。

需要注意的是，合同中如果有明确且有效的选择仲裁的条款，就不能再向法院提起诉讼。合同争议的诉讼和申请仲裁的时效一般是两年，因国际货物买卖合同和技术进出口合同争议提起诉讼或者申请仲裁的期限为四年。诉讼时效自当事人知道或者应当知道其权利受到侵害之日起计算。

（二）合同的其他条款

合同的其他条款是对合同主要内容的补充，也是构成合同的重要部分，对合同一些重要事项起着辅助确定甚至具有决定性的作用。

1. 合同的目的　合同目的是指合同双方通过合同的订立和履行最终所期望得到的东西或者达到的状态。我国的合同中大多数都没有明确写明合同目的，但写明合同目的有如下的作用：一是对合同的其他具体条款进行补充完善，如合同法六十二条第一款规定：质量要求不明确的，按照国家标准、行业标准履行，没有国家标准、行业标准的，按照通常标准或者符合合同目的的特定标准履行；二是确定合同当事人的法定权利义务，如合同法第六十二条第五款规定：履行方式不明确的，按照有利于实现合同目的的方式履行；三是可作为确定合同效力的依据，如第九十二条第一款规定：因不可抗力致使不能实现合同目的。所以，在合同可能缺少一些具体事项的约定时写明合同目的对确定行为是否符合合同要求就有很重要的意义。

比如在一份医疗康复协议中，合同目的明确为：为王××进行腿部康复治疗及训练，以期实现其在辅助工具的帮助下独立行走。如果协议期满后王××的家属以王××不能够完全自主行走为由拒付相关费用或者要求赔偿，此时合同目的就能够让裁判者有很清楚的认识了。

2. 合同的份数　合同的份数一般根据当事人的数量来确定，可以一方一份，也可以一方几份（以备存档或其他用途）。如果合同根据法律法规的规定应当取得相应的国家管理机关的批准或者备案的话，还应当根据规定制作相应数量的份数提交给相应的机关。如果合同需要公证的话，还需要将合同全部提交公证机关制作公证文书，并根据公证机关的要求在公证机关留存一份或者多份。如果有鉴证人的话，鉴证人也可持有合同文本。

合同文本的份数及持有人根据习惯一般都在合同中加以说明，以证明合同持有者持有的合法性。如：本合同一式三份，甲、乙双方各持一份，鉴证人李××持一份，每份内容一致，效力相同。

3. 合同生效的时间或者条件以及合同成立的地点　合同生效的时间或者条件以及合同成立的地点对于确定合同当事人的利益有着很重大的意义，比如合同生效的时间的确定对某一行为是否是合同行为，以及合同成立的地点可成为当事人选择的诉讼管辖地有密切关系。

合同中既可以约定合同生效的时间，也可以约定合同成立的地点，一般原则是：依法成立的合同，自成立时生效。法律、行政法规规定应当办理批准、登记等手续生效的，依照其规定。当事人对合同的效力可以约定附条件或期限，附生效条件或期限的合同，自条件成就或期限届至时生效。当事人采用合同书形式订立合同的，自双方当事人签字或者盖章时合同成立。当事人采用信件、数据电文等形式订立合同的，可以在合同成立之前要求签订确认书，签订确认书时合同成立。根据合同法的规定，承诺生效的地点为合同成立的地点。采用数据电文形式订立合同的，收件人的主营业地为合同成立的地点；没有主营业地的，其经常居住地为合同成立的地点。当事人另有约定的，按照其约定。当事人采用合同书形式订立合同的，双方当事人签字或者盖章的地点为合同成立的地点。需要特别注意的是，合同法第三十六条规定：法律、行政法规规定或者当事人约定采用书面形式订立合同，当事人未采用书面形式但一方已经履行主要义务，对方接受的，该合同成立；以及第三十七规定：条采用合同书形式订立合同，在签字或者盖章之前，当事人一方已经履行主要义务，对方接受的，该合同成立。也就是说，法律承认以行为使合同成立。

4. 其他约定事项　合同的其他约定事项不是必须的合同内容，这些事项一般来说都有法律法规的规定或者大家都有一些约定俗成的认识。但是，在一些情况下，有明确的约定会更好地保护合同当事人的合法权益。

（1）诉讼管辖的选择：《中华人民共和国民事诉讼法》规定：因合同纠纷提起的诉讼，由被告住所地或者合同履行地人民法院管辖。合同的双方当事人可以在书面合同中协议选择被告住所地、合同履行地、合同签订地、原告住所地、标的物所在地人民法院管辖，但不得违反本法对级别管辖和专属管辖的规定。诉讼管辖地的选择可能方便合同当事人维护自己的合法权益，如果诉讼地选择不当，就有可能使当事人在远离自己住所的地方进行诉讼，使诉讼成本大大增加，甚至因距离遥远导致应诉不及时或不能及时与法庭进行程序或者证据上的沟通导致败诉。所以，合同中有诉讼管辖的约定，会使当事人在可能的维权行为中占得先机。

（2）解除合同的条件：合同的解除是指合同成立后，尚未履行或履行完毕前当事人一方行使法定的解除权而使合同效力归于消灭的行为。一般情况下，合同生效后，当事人一方不得擅自解除合同。但在履行中由于对方当事人严重违约从而使债权人订立合同的目的不能达到。即使在以后能够遵守，使债权人目的仍不能达到。因应债权人宣告解除后，及时消除或减少因对方违约所造成的损失。除此之外，还可能遇到国家政策变动、自然状况和市场发生变化，继续履行合同会给合同一方或者双方带来很大的损失。所以，约定解除合同的条件除了在上述条件下能维护合同当事人的权益外，也会给合同的当事人选择的权利。一般来说，除了合同双方的约定外，合同法还规定：因不可抗力致使合同目的不能实现的；在履行期届满之前，当事人一方明确表示或者以自己的行为表明不履行主要债务以及当事人一方迟延履行主要债务，经催告后在合理期限内仍未履行。

（3）对合同或术语的解释：因为文字的多义性或者合同文本中用词的准确性问题，经常会出现一段文字有两种甚至两种以上的解释的情况，此时，对一些术语、专业名词的解释就显得非常重要，以避免不必要的麻烦。如果约定了解释权的，则享有解释权的一方当事人会处于有利地位。在一些特殊情况下，合同法还有专门的规定，如合同法规定：对格式条款的理解发生争议的，应当按照通常理解予以解释。对格式条款有两种以上解释的，应当作出不利于提供格式条款一方的解释。格式条款和非格式条款不一致的，应当采用非格式条款。

对于专业术语的解释也很重要，如 CT 这两个英文字母可以表示这样一些内容：电子计算机 X 射线断层扫描技术、宝石的重量单位克拉、凝血时间、电力系统中的电流互感器、建筑水电安装中的电缆桥架、十字绣布分辨率等，如果在合同中仅简单的出现 CT 这两个英文字母而没有相应的解释性文字，则极有可能对合同内容出现争执。

（4）其他当事人认为应当约定的事项：一般说来，只要不出现以下几种情况，当事人认为应当约定的事项都可以作为合同的内容：一方以欺诈、胁迫的手段订立合同，损害国家利益；恶意串通，损害国家、集体或者第三人利益；以合法形式掩盖非法目的；损害社会公共利益；违反法律、行政法规的强制性规定。

（三）合同的其他内容

合同的其他内容包括签章、合同签订日期、附件、补充协议等，也属于合同的有机组成部分。

1. 签章 签章是指签名或盖章。自然人可以亲自手写签名，也可以在签名上加盖指印，甚至对于不识字且不会书写自己姓名的人来或者因身体原因无法书写自己姓名的人来说，可以由他人在合同落款中代为书写姓名，仅在姓名上按上自己的手印即可。需要注意的是，指印应当足够清析，便于对指纹进行识别和鉴定。法人在签订合同时，要盖上法人的印章，印章必须是法人在工商机关留存备案的印章。至于法定代表人的签字或者其他代表人的签字则不是必须的。如果有代理人，则代理人也应该签名或者加按指印。

若考虑防止合同内页被更换，可在合同页面正面或者反面加盖骑缝章或者进行骑缝签名。但是骑缝章或者骑缝签名不能替代合同落款的签名或者盖章。

2. 合同签订日期 合同落款签名之后，一般都要书写合同签订的日期，一般应具体到××年××月××日，也可具体到××时××分，日期的格式没有明确的要求，只要符合汉字书写习惯的表示方法均可。对于没有在合同条款中明确约定合同成立时间或者生效时间或条件的，落款签订的日期均视为合同成立的时间和生效的时间。

3. 附件 合同当事人认为合同以外的其他文书、实物、照片、视频等可以作为合同的一部分或者对合同有帮助说明作用的，均可以作为合同的附件。附件的内容应该在合同后列明清单，然后将附件附后。

如：附件：1. ××药品外包装样品；

2. ××口服液口味样品；

3. ××药品宣传单及电视广告样本。

4. 补充协议 很多合同在签订的时候都可能会出现一些疏漏的内容，还有一些合同在履行过程中双方当事人会发现有一些在签订合同的时候没能够预见的新情况出现，再有就是由于外部环境或者国家政策的变动，合同需要增加一些内容，或作另外的约定。但由于合同已经签署，不能再直接往原合同中增加内容，于是通常就用补充协议的方式来对原合同的内容进行增加或者修订。补充协议的内容没有主合同的主要条款上的要求，只要有双方当事人、双方约定的内容、经双方签章及标注签署的时间，补充协议就算是完备了。

从书写的内容来看，需要注意的是既然是补充协议，那就需要对是什么合同所作的补充协议作出明确的说明。

二、合同的结构

合同一定要按照特定的格式来写作。合同的格式，主要有条款式和表格式两种。条款式是把双方达成的协议列成几条，写入合同。表格式合同是按印制好的表格，把协商同意的内容逐项填入表中，一般用于一方同意另一方的条件而达成的协定。无论是条款式，还是表格式，一般均包括首部、主部、尾部三部分。

（一）首部

由标题及合同当事人名称或者姓名组成。

1. 标题　标题写在合同文本首页上方居中的位置。形式有：①合同性质＋文种如：《借款合同》、《仓储合同》；②合同标的＋合同性质＋文种　如：《创维电视机买卖合同》、《汽车租赁合同》；③合同当事人名称或者姓名　订立合同的双方写明单位名称、代表人姓名和住所。

2. 当事人名称　为了行文方便，规定某方为"甲方"或者"需方"，另一方为"乙方"或者"供方"。如有第三方，可简称为"丙方"。在贸易合同中，有的称一方是"卖方"、另一方是"买方"。"发包方"、"承包方"或"出租方"、"承租方"等

（二）主部

它用条款或者表格写出双方的合同内容。条款式合同必须写明双方所议定的事项，写明甲乙双方的合同内容，如甲乙双方所承担的义务、权利、程度、时间等等。表格式合同要按照表中所列项目协商填写。

首先写出签订合同的依据或者目的，表明签订合同的态度。在一般情况下，合同都可以采用这种开头方式。如："根据我国《合同法》的有关规定，转让方与受让方根据技术转让合同的要求，本着互利原则，经双方协商一致，签订本合同。""经双方协商签订本合同，共同遵守下列条款"。采用与此类似的写法，"为了……目的，根据……的规定，经双方充分协商，特订立本合同，以便共同遵守。"

然后另起一行分条写合同的法定条款（标的，数量，质量，价款或酬金，履行期限、地点和方式，违约责任和解决争议的方法）和约定条款。

一般最后的一两条写订立合同的有关事项说明。

（三）尾部

1. 合同的有效期限 有效期限是指合同执行生效、终止的时间，是合同当事人要求必须具备的条款。

2. 文本保存 是注明合同文本的保管方式，即合同一式几份，当事人保管的份数。

3. 落款 这部分是合同特定的内容和格式。即在合同的有效期限和保管条款下方，依次写上当事人的名称、签章、法定通讯地址、法人代表、银行账号、签约日期及地点等。有些合同有特殊要求，或有附件，也要在尾部注出。

通常是在合同正文"其他条款"之后注明："合同附件、附表均为本合同的组成部分，且有同等的法律效力"。如工程承包合同要在"附件"中列出：工程项目表、工程进度表、工程图纸等。这些附件、附表均标写在合同落款的最下方，即"年、月、日"以后的部位。

三、合同写作的注意事项

在起草合同的时候，要特别注意以下方面：

（一）采用封闭型的写法和结果性语言

所谓"封闭型的写法"，就是对于合同中时间期限的界定一定要明确，例如"合同签订之日起三天之内，要进行标的物的转移"，如果写成"自合同签订的三天之后，把标的物转交给甲方"这种开放式的界定，就无疑会留下时间期限上的漏洞。

合同当中要采用结果性的语言，例如"完成方案设计"与"进行方案设计"就是完全不同的含义，后者这种进行式的语言是难以对具体合同内容进行描述的，会对后期合同的执行造成很大的负面影响。

（二）确定合同双方的简称且前后指代一致

自一开始签订合同的时候就需要确定一个非常明确的合同双方的简称。简称的确定除了要求精确之外，还应该注意其文雅性、有代表性以及公认性。例如"北京赛特中心"可以简称为"赛特"，但如果简称为"中心"就过于宽泛了。

在合同中注意保持前后指代的一致性可以确保合同的清晰明了，否则，一旦出现纠纷和问题，这个方面肯定会称谓对手挑战自己的机会，同时也会引起法官的置疑。

（三）注意语言的准确使用

1. 并列使用"包括"与"但不限于" 例如"未经允许，与该讲师相关的资料包括音像材料、磁带以及录音材料，但不限于这几种都是不可以使用的"，这种方式可以有效地保护合同中某一方的知识产权。

2. 采用主动语态 在中文的合同中，一定要尽量避免适用被动语态，而采用更加符合中国人语言习惯的主动语态。

3. 避免相近词语的重复使用 在合同中，应该尽量避免"出租人"、"承租人"、"留置人"、"留置权人"、"抵押权人"、"抵押人"、"保证人"、"被保证人"、"许可人"、"被许可人"等专业称谓的重复使用，可以从一开始就界定清楚哪些属于甲方，哪些属于乙方，以避免麻烦。

4. 不要创造词语　合同中的词语应具有公认性，因此自创的词语是不应该出现的，否则极其容易出现理解上的偏差和歧义。

5. 对术语进行准确地定义　例如，如果合同只是在中国大陆来予以执行，那么在界定执行范围时，就应该清楚说明"此合同中的中国，是指中国大陆地区，不包括台湾、香港、澳门地区"，以避免事后产生争执。

6. 善用限制词　合同中常见的限制词包括"应当"、"有义务"、"将"、"可以"等，其严格意义是不一样的：相比较而言，前面两个要更加严格一些。在撰写合同时，撰写者应对己方义务采用相对模糊和约束较松的词语来予以界定，这样实际上是为自己将来在合同的执行中留有一定的余地。

7. 禁用一些词语　"及时"、"力争"、"相关"以及"争取"这四个词是不可以在合同中出现的，因为它们过于口语化，难以进行准确的衡量与界定。

8. 采用描述性的方式　合同采用描述方式方法可以保证词语的精确性，例如"提供往来的交通费用"和"提供飞机经济仓标准的往来交通费用"就是完全不一样的说法，显然后者界定得更加明确和清楚。

9. 用汉语代替符号　在合同中应该尽量使用汉语，避免用符号来表示；否则将来会使得合同含混不清，容易出现问题。

10. 准确使用标点符号　在合同中，往往一个标点符号的差异就意味着天壤之别的结果；因此，确保使用标点符号的准确性是非常重要的。

11. 文字与阿拉伯数字并用　在合同中，通常会涉及到与数字有关的内容。在表述数字的时候，一定要注意将文字与阿拉伯一并使用，这样才不会留给别有用心的人篡改合同以可乘之机。

12. 每个段落只写一个主题　一般来讲，合同当中每一段只能写一个主题；否则，多个主题只会增加对合同理解产生歧义的风险。

13. 尽量写短句子

14. 克服日常理解与合同用语的距离　人们平时的理解与在合同中的理解往往是存在差异的，这一点在撰写合同的过程中一定要予以高度注意。

【例文】

医疗器械采购合同

甲方（采购单位）：××××医院　　　　乙方（供货单位）：××××公司

法定代表人：×××　　　　　　　　　　法定代表人：×××

地址：××××××××××　　　　　　地址：××××××××××

电话：××××××××　　　　　　　　电话：××××××××→

甲乙双方根据2012年×月×日××县政府采购中心第××号采购项目招标结果及相关招投标文件，经协商一致，订立本合同，供双方共同遵守：

第一条 甲方采购的物品内容和成交价格：（金额单位：人民币元）××××。

物品名称：×××规格型号：×××质量标准：×××数量××成交价格（元）×××

合计（大写）¥××××。

免费配送物品：××××甲方不再另付任何费用。

第二条 物品的质量技术标准、乙方售后服务及损害赔偿

1. 物品的质量技术标准按国家法律法规规定的标准、招标文件和乙方投标文件所要求的技术标准执行。

2. 保证是原产地生产的原装产品，否则按退货处理。

3. 物品在免费保修期内，如果出现三次以上因质量问题引起的故障，公司负责更换同类新的物品。

4. 乙方应按生产厂家的保修规定和投标文件说明的服务承诺做好免费保修等服务，免费保修期限×××；但属于正常合理的损耗应由甲方承担。

5. 在正常使用的情况下，物品保证有××年使用期限。

6. 乙方售后服务响应时间：××。否则，甲方可自行组织维修，费用由乙方承担，甲方可在货款和其他应付乙方的款项中扣除。

7. 如因乙方物品质量原因，导致甲方损失，乙方应予以赔偿。

第三条 交付和验收

1. 交付时间：××××年××月××日；交付地点：×××××××。

2. 乙方负责物品的运送、安装、调试，负责操作培训等工作，直至该物品可以正常使用并且操作人员能熟练操作为止；负责提供物品的中文说明书、中文使用手册、中文维修手册及电路原理图，并承担由此产生的全部费用。

3. 验收时间：甲方必须于乙方提出验收申请后××个工作日内组织验收。甲方验收合格后应当出具验收报告。

4. 验收标准：

（1）单证齐全：应有产品合格证（或质量证明）、使用说明、保修证明、发票和其他应具有的单证；

（2）质量符合国家法律法规规定的标准、招标文件和投标文件的要求。

第四条 货款的结算

1. 结算依据：采购合同、乙方销售发票、甲方出具的验收报告。

2. 结算方式：×××××

第五条 乙方的违约责任

1. 乙方不能交货的，甲方不向乙方付款。乙方应向甲方偿付相当于不能交货部分

货款的 10% 的违约金；

2. 乙方所交物品品种、数量、规格、质量不符合国家法律法规和合同规定的，由乙方负责包修、包换或退货，并承担由此而支付的实际费用；

3. 乙方逾期交货的，按逾期交货部分货款计算，向甲方偿付每日千分之五的违约金，并承担甲方因此所受的损失费用。

第六条　甲方的违约责任

1. 甲方逾期付款的，应按照每日千分之五的比例向乙方偿付逾期付款的违约金；

2. 甲方违反合同规定拒绝接货的，应当承担由此对乙方造成的损失。

第七条　不可抗力

甲乙双方任何一方由于不可抗力原因不能履行合同时，应及时向对方通报不能履行或不能完全履行的理由，以减轻可能给对方造成的损失，在取得有关机构证明后，允许延期履行、部分履行或不履行合同，并根据情况可部分或全部免予承担违约责任。

第八条　争议的解决

1. 因货物的质量问题发生争议，由法律及有关规章规定的技术单位进行质量鉴定，双方无条件服从该鉴定的结论；

2. 执行本合同发生纠纷，当事人双方应当及时协商解决，协商不成时，任何一方均可向合同签订地人民法院提起诉讼。

第九条　监督和管理

1. 合同订立后，双方经协商一致需变更合同实质性条款或订立补充合同的，应先征得政府采购监督管理部门同意，并送其备案。

2. 甲乙双方均应自觉配合有关监督管理部门对合同履行情况的监督检查，如实反映情况，提供有关资料；否则，将对有关单位、当事人按照有关规定予以处罚。

第十条　无效合同

甲乙双方如因违反政府采购法及相关法律法规的规定，被宣告合同无效的，一切责任概由过错方自行承担。

第十一条　附则

1. ××县政府采购中心第××号采购项目的招标文件、中标通知、乙方投标文件及澄清说明文件都是本合同的组成部分，甲、乙双方必须全面遵守，如有违反，应承担违约责任。

2. 本合同一式三份，甲方、乙方、××县政府采购中心各执一份。

3. 本合同自签订之日起生效。

4. 附件：×××××××。

采购单位（甲方）：××××医院	供货单位（乙方）：××××公司
法定代表人：×××	法定代表人：×××
委托代理人：×××	委托代理人：×××

开户银行：××××××   开户银行：××××××

帐号：××××××××××   帐号：××××××××××

电话：××××××××   电话：××××××××

签约地址：××××××   签约时间：××××年×月×日

【病文分析】

一次性注射器买卖合同

签订日期：20××年×月×日

签订地点：××市××区

供方：××××××医疗器械公司（甲方）

法人代表：杨××

地址：××市××路××号

需方：××××××医院（乙方）

法人代表：李××

地址：××市××路××号

为了提高医院医疗水平，保障正常医疗供应。根据《中华人民共和国合同法》的规定，双方代表经平等协商，订立本合同，以资共同信守。

一、需方购买供方一次性注射器×××支，××元/支；总金额×××元。

二、供方自5月开始三个月分三批交货，由供方负责包装并将货物运抵×××站，包装费及运费由需方负责。

三、需方验收后，一次性通过银行托收承付方式将全部货款及包装费、运费结清。

四、乙方拒绝收货，应处于货款总额20%违约罚金；甲方交货量不足，应处以货款总额20%违约罚金。

如因不可抗力不能按时履行合同时，供方应提前1个月通知需方。

五、供、需双方任何一方如要求变更或解除合同时，应及时通知对方，并采用书面形式由双方达成协议。未达成协议前，原合同仍然有效。当事人一方接到另一方要求变更或解除合同的建议后，应在收到通知之日起十五天内做出答复，逾期不做答复的，即视为默认。

六、执行本合同发生争议，由当事人双方协商解决。协商不成，双方同意由××市仲裁委员会仲裁，按达成的书面仲裁协议执行，不再向人民法院起诉。

七、违约金或赔偿金，应在供、需双方商定的日期内或由有关部门确定责任后十天内偿付，否则按逾期付款处理。

本合同一式三份，供需双方各执一份，鉴证机关一份。本合同自签订之日起生效，至双方义务履行完毕之日失效。

鉴证机关：××××××

　　供方：×××公司　　　　　　　　　需方：××××医院

　　法人代表：杨××　　　　　　　　　法人代表：李××

　　开户银行：×××××××××　　　　开户银行：×××××××××

　　银行帐号：×××××××××××　　　银行帐号：×××××××××××

　　电话：×××××××××　　　　　　电话：×××××××××

　　地址：×××××××××　　　　　　地址：×××××××××

这是一则有明显问题的买卖合同，存在以下问题：

1. 标的物质量要求不够明确。"一次性注射器"表述不清，此标的物可采用样品标准，因此，应加上质量要求条款："一次性注射器按供方提供、符合国家医疗器械标准并经需方认可的样品为标准验收，样品由双方各自封存。"

2. 合同履行方式，时间、货款支付时间不清楚。可规定为："供方于 5 月开始，在5、6、7 月每月中旬将一次性注射器分三批用火车运到××××站，供方代需方办理货运手续。需方在收到最后一批货的一星期内通过银行托收承付方式付清货款、运费与包装费。"

3. 验收方法不具体。可约定为"货到后，需方以样品为标准进行抽样验收，以质检部门出具的证明为准。"

4. 如合同标的金额较大，应有保证条款。可规定需方先付 20% 货款为订金。

5. 违约责任太笼统。应规定具体的违约情形及承担什么样的违约责任。可作如下约定："供方无故不履行合同，则双倍返还定金；供方交货量不足，应处以货款总额20% 的违约罚金；供方逾期交货则每天处以货款总额 5% 的滞罚金；质量不符合样品标准则重新议价。需方拒绝接货，则处以货款总额 20% 的罚金；中途退货则偿付供方退货部分货款总额 25% 的违约金，并赔偿供方实际损失；逾期付款，则每天处以货款总额 5% 的滞罚金。"

【仿真练习】

根据合同的订立原则和方式、条款及内容，拟写一份 ××××医院向×××医疗器械公司采购超声波治疗设备的合同。

（向勇光）

社交礼仪类文书的写作

要点导航

1. 了解社交礼仪类各种文书的内涵、使用的场合。
2. 熟悉社交礼仪类各种文书的正确运用。
3. 掌握请柬、邀请书、感谢信、答谢信、表扬信、慰问信、祝辞、贺词、欢迎词、欢送词等常用礼仪文书的格式及写法。

　　我国自古就享有"礼仪之邦"的美誉。人们的社会交往活动和思想感情的交流，有许多是通过一定的礼仪形式和文化方式来进行的。

　　礼仪文书，是人们在社会交往中表示一定的礼节、仪式的一类应用文的总称。它是调节人际关系不可缺少的交往工具。

第一节　请柬和邀请书

一、请柬

（一）请柬的概念

　　请柬，又称为请帖、简帖。是单位或个人邀请有关人员参加会议、庆典或某些重大活动时所使用的告知性、礼仪性的专用文书。请柬的主要功能就是邀请。

　　请柬可分为会议请柬、仪式请柬、参展请柬、宴会请柬等等，用途广泛。譬如个人结婚、寿诞、乔迁、升职、升学、获奖等；单位的开张、剪彩、庆典、工程奠基等；各类演出，需要请人出席的，都可以用请柬。

（二）请柬的特点

1. 礼仪性　请柬是礼仪信函，用于社会交往活动，具有礼仪性。请柬是出于对被邀请者的尊敬、礼貌与重视而发出的正式礼仪信函，有时被邀请者近在咫尺或已经知道此事，也应发出请柬。

2. 美观性　请柬的制作一般在文字表达的基础上，配以图案、花纹，讲究装帧美，使其美观大方。

3. 明确性 请柬的篇幅虽然比较短小，却把相关信息准确地传递给了对方，内容简明而且单一。

（三）请柬的结构

请柬通常由标题、称谓、正文、落款四部分组成。

1. 标题 请柬的标题通常单独由文种名称构成，如"请柬"。

2. 称谓 顶格书写被邀请的个人或单位、组织名称，并加冒号引起下文。有时为了表示尊重，在称谓前面加修饰语，如"尊敬的用人单位"，个人可加上职务或者尊称，如"先生/女士"、"局长"、"教授"等等。

3. 正文 请柬的正文十分简短，只需交待清楚邀请的缘由、具体时间、地点等有关事宜。正文结尾一般用敬语，如"敬请赏光"、"敬请光临"、"欢迎光临"等，一般紧接正文内容后面书写。

4. 落款 落款包括署名和日期。署上邀请者姓名或单位、组织名称及发出请柬的日期。

（四）请柬写作注意事项

1. 内容准确无误 邀请单位或个人的称谓、活动时间和地点不得有误。

2. 措辞简洁得体 行文字里行间要充满敬意。请柬的意义在"请"，行文要热情、友好。措词要庄重、得体，把握好分寸。

3. 发送适合时机 请柬具有很强的时效性，所以请柬发送的时间要合适。过早被邀请者容易忘记，太迟则不便被邀请者安排，因此请柬发出的时间一般提前 3～5 天较合适。

【例文】

请　柬

××先生/女士：

　　兹定于 9 月 30 日晚 19：00～21：00 在市政协礼堂举行国庆 60 周年茶话会，届时敬请光临。

××市政治协商会议

××年××月××日

【病文分析】

请　柬

××同志：

　　我校已走过 60 年的光辉历程，取得了显著成绩。因此兹定于十月八日上午九点，在我校召开建校 60 周年座谈会。敬请各位领导莅临指导。

　　此致

敬礼

××××学校

1951. 10 – 2011. 10

这则请柬存在以下问题：

　　1. 称呼与正文被邀请的对象不一致，称呼是"××同志"，而正文被邀请的对象是"各位领导"。

　　2. 具体地点不详，学校范围很大，应写明具体开会地点。

　　3. 正文中语言不简洁，第一句话实属多余。

　　4. 落款的日期错误。

二、邀请书

（一）邀请书的概念

　　邀请书又称邀请信或邀请函。是行政机关、企事业单位、社会团体或个人邀请有关人士前往某地参加某项活动或事宜的专用书信。一般用于邀请客人前来参加会议、洽谈业务、访问、讲学、帮助指导工作、进行学术交流与合作、参加各种纪念活动等。

（二）邀请书的特点

　　1. 广泛性　邀请书和请柬都有邀请的功能，但邀请书的适用范围比请柬要广泛得多，几乎社交的方方面面都可以使用这一文种，而请柬多用于喜庆活动。

　　2. 礼仪性　同请柬一样，邀请书也是礼仪信函，具有礼仪性。要充分表达出对被邀请者的尊敬与重视，语言要热情洋溢。

　　3. 庄重性　邀请书是比较重要的或隆重的活动才向客人发的告知信函，对特别重要的的嘉宾，即使是近在咫尺，也要派专人送达。

（三）邀请书的结构

　　邀请书通常由标题、称呼、正文、落款四部分组成。

　　1. 标题　邀请书的标题一般有两种方式构成。一种是单独以文种名称组成。如"邀请书"、"邀请信"。第二种是由发文原因和文种名称共同组成。如"关于出席亚太经济发展会议的邀请书"。

　　2. 称呼　顶格书写被邀请个人或单位、组织名称，并加冒号引起下文。

　　3. 正文　邀请书的正文通常要求写出举办活动的内容、活动目的、活动时间、活动地点、活动方式、邀请对象以及邀请对象所作的工作等。活动的各种事宜务必在邀请书中写清楚、写周详。若附有票、券等物也应同邀请书一并送给主送对象。若相距较远，则应写明交通路线，以及来回接送的方式等。其他差旅费及活动经费的开销来源及被邀请人所应准备的材料文件、节目发言等等也应在正文中交代清楚。正文结尾处要求写上礼节性的问候语，如"恳请光临"、"致以敬意"等。

4. 落款 邀请书的落款包括署名和日期。落款要署上发文单位名称或发文个人的姓名，署上发文日期。邀请单位还应加盖公章，以求慎重。

(四) 邀请书写作注意事项

1. 内容要周详 内容要详尽具体，不要有遗漏。

2. 措词要得体 语言要恳切，用词要礼貌，行文要简洁明快。

3. 发送要提前 通常，它应当至少在一周之前到达对方手中，以便对方有所准备。"临阵磨枪"，打对方一个措手不及，不仅给对方以逼人就范的感觉，而且也是非常不尊重对方的。

(五) 请柬与邀请书的比较

请柬和邀请书有相似之处，它们都是邀请有关人员参加某一活动的礼仪文书，都是为了表示邀请者的礼貌和郑重而制作的。但也有区别：

1. 适用范围不同 请柬所涉及的一般为庆典、婚礼、开业等喜庆之事，而邀请书所涉及的活动均有一定的议项和议题，如座谈会、学术研讨会等。

2. 主办者不同 请柬的适用除单位或团体外，个人也可以使用，邀请书的制发者一般是单位或团体。

3. 内容不同 邀请书的内容较请柬详细、具体，篇幅也比请柬长。一般还附有回执。

4. 形式不同 在外观形式上，请柬特别注重外观的装饰性和艺术性，更具礼仪色彩，而邀请书则采用书信体形式，比较朴实，更具工作性，事务性。

【例文】

2000 国际藏医药学术会议邀请函

各位专家：

藏医药学是中国传统医学的重要组成部分。一千多年来，它为藏族地区人民群众的繁衍昌盛做出了重要贡献，而且作为现在中国社会的医药卫生资源，继续得到利用和发展，并传播和服务于其他民族地区。在世界藏学研究中，藏医学的学术地位也日益提高。中国一直重视传统医药的发展，特别是近 20 年来，藏医药学在临床医疗、科学研究、人才培养、药品生产诸方面均取得显著成就。为了继承和弘扬藏医药学，扩大藏医药的国际交流和合作，经中国国家科学技术部和国家中医药管理局批准，中国民族医药学会与西藏自治区卫生厅、西藏藏医药学院于 2000 年 7 月 15 日至 17 日在西藏拉萨联合举办 2000 国际藏医药学术会议。

在此，我代表中国民族医药学会和其他主办单位诚挚地邀请您出席会议，莅临"世界屋脊"的高原古城拉萨，一睹藏医药学的历史风采和现实成就，并希望您在会议上发表论文演讲、报告科技成果，进行学术交流。收到您的回执以后，我们将发出正式邀请书，以便您及时办理入境手续。

致以

良好的祝愿。

中国民族医药学学会会长　诸国本

1999 年 6 月 15 日

【病文分析】

××先生：

听闻您对香港问题研究颇深，为庆祝香港回归，我局拟于 1997 年 6 月 28 日上午举办局及下属各单位全体干部群众参加的香港问题专题报告会，特邀请您到会作关于香港问题的报告，恳请您务必拨冗光临。

此致

敬礼

××市××局（章）

1997 年 6 月 26 日

这则邀请书主要存在以下问题：

1. 称谓格式错误，应顶格写，以示对被邀请者的尊重。

2. 正文"香港问题"范围太宽泛，让被邀请者准备无所适从，报告会的具体时间、地点也不具体准确。

3. 落款的发文日期也有点太晚，让被邀请者有措手不及之感。

【仿真练习】

1. 比较请柬与邀请书的不同。

2. 怎样写请柬？请写一份邀请朋友参加自己生日宴会的请柬。

3. 请你写一份邀请学校学生会宣传部部长到你们班级参观黑板报指导的邀请书。

第二节　感谢信、答谢信、表扬信及慰问信

一、感谢信

（一）感谢信的概念

感谢信是对关怀、支持或帮助自己的单位或个人表示感谢的一种专用书信。有感谢和表扬的双重意思，但重点在感谢。因此，感谢信除送给本人和个人所在的单位外，也可以在媒体发布。

（二）感谢信的特点

1. 对象的明确性　感谢信要有确切的感谢对象，以便让大家都明白是在感谢谁。

2. 事实的具体性　感谢别人要有具体的事由，否则就会显得抽象空洞。

3. 感情的鲜明性　感谢信感动和致谢的色彩强烈鲜明，除赞美、表扬之外，言辞

间充满感激之情。

（三）感谢信的结构

感谢信通常由标题、称谓、正文、落款四部分构成。

1. 标题　感谢信的标题一般有以下三种写法：一种是单独由文种组成，如"感谢信"；一种是由感谢对象和文种组成，如"致×××的感谢信"；一种是由发文者、感谢对象和文种组成，如"×××致×××的感谢信"。

2. 称谓　另起一行顶格写被感谢的单位名称或个人姓名，称谓之后加冒号。

3. 正文　感谢信的正文由感谢的缘由、事实评价组成。

（1）感谢缘由：陈述事实，交代清楚人物、时间、地点、事迹、过程、结果等基本情况。

（2）事实评价：在陈述事实基础上，对对方的帮助作恰当、诚恳的评价，以揭示事件体现的可贵精神，所产生的客观影响和社会效果。

（3）感激之情：在叙事和评论的基础上直接对对方表达感谢之意，根据情况也可在表达谢意之后表示以实际行动向对方学习的态度和决心。最后一般用"此致敬礼"或"再次表示诚挚的感谢"之类的话，也可自然结束正文，不写结语。

4. 署名与日期　写清感谢者的单位名称或个人姓名，另起一行写发信的日期。

（四）感谢信写作注意事项

1. 内容要真实，评价要恰当　感谢信的内容必须真实，确有其事，感谢信以感谢为主，兼有表扬，所以表达谢意时要真诚，说到做到。评价对方，要恰如其分，不要过于拔高。

2. 用语要适度，叙事要精练　感谢信的内容以主要事迹为主，详略得当，篇幅要简短，语言要精炼、简洁，遣词造句要把握好一个度，不可过分雕饰，否则会给人一种不真实、虚伪的感觉。

【例文】

感　谢　信

尊敬的无偿献血者：

你们好！

输血作为一种有效的治疗手段用于临床救治，从红细胞 ABO 血型系统被发现开始，迄今已有百年的历史。全球每年有数以百万计的患者，由于你们无私捐献的血液，生命得到了延续。

为了感谢你们所做的一切，世界卫生组织、红十字会与红新月会国际联合会、国际献血组织联合会、国际输血协会四家旨在提高全球输血安全的国际组织联合倡导将6月14日即发现 ABO 血型系统的诺贝尔奖获得者卡尔·兰特斯坦纳的生日，命名为"世界献血日"，并从今年的这一天起在全球范围内举办一系列的庆祝活动，向广大的无偿献血者表示崇高的敬意和感谢!

通过"世界献血日"活动,我们还希望无偿献血的重要意义能够得到全社会更广泛的认同,并鼓励更多的人成为固定的无偿献血者,为临床拯救生命提供更充足、更安全的血液。

世界卫生组织总干事　李忠郁

红十字会和红新月会国际联合会秘书长　Markku　Niskala

国际献血组织联合会秘书长　Niels　Mikkelsen

国际输血协会秘书长　Paul F. W. Strengers

2004 年 6 月 14 日

【病文分析】

感 谢 信

××医院:

我校护理专业的×××等五名学生,前不久在贵医院进行毕业实习十个月。实习期间,得到了贵院护理部及各科室带教老师的热情关怀,业务上精心指导,生活上悉心照顾。实习时间虽然不长,但实习学生收获很大,达到了预期的实习目的,圆满完成实习任务,为此,我们学校特向贵院表示衷心的感谢!

此致

敬礼!

×××××学校

××年××月××日

分析:

这封感谢信结构完整,标题、称谓、正文、落款,一应俱全。但是,这封感谢信的内容残缺。正文概述了感谢的事由、对方的事迹,接着叙述了我方收获,最后表达了我方的感激、感谢之情。但正文中,对事迹和收获叙述不到位,应展开详细叙述。对对方颂扬、品德评价欠缺,最后还应表示向对方学习的态度和决心。另外,字里行间感情不充沛,语言较平淡。

二、答谢信

答谢信与感谢信的概念、特点、结构与写法很相似,也是对关怀、支持或帮助自己的单位或个人表示感谢的一种专用书信。只是和感谢信相比较,答谢信要求写得更加及时,语言更加热烈,对于对方给予的帮助,给予充分的赞扬和恰当的评价。

【例文】

答 谢 信

尊敬的××医院的领导:

你们好!

感谢你们让我面试,给了我这样一个近距离与你们接触的机会,更确切地说是一次很好的学习机会。通过面试更增加了我心存已久的对贵医院的仰慕,从你们身上我看到了贵院管理者的行为和员工的敬业精神。我刚走出校门,缺乏工作经验,也许距离贵院的要求还相差甚远,但我非常喜欢贵院的理念和工作模式,发自内心地希望有一天我能有机会成为贵院的一员,那时,我会竭尽全力用心工作,成为一名优秀的员工,进而为贵院增光添彩,我相信我的能力!

再次感谢你们给了我这样的机会!

此致

敬礼!

孙××敬上

××年××月××日

三、表扬信

(一) 表扬信的概念

表扬信是向特定受信者表达对被表扬者优秀品行颂扬之情的一种专用书信。是对他人的行为表示赞扬的信函,主要用于作者在日常生活、工作中受益于被表扬者的高尚品行(或被其品行所感动),特向被表扬者所在单位或其上级领导致信,以期使其受到表彰、奖励,使其精神发扬光大。

(二) 表扬信的特点

1. 弘扬正气,褒奖善良　表扬信要表扬的都是那些为社会作出贡献的单位或个人。所以通过表扬好人好事来发扬无私奉献、乐于助人的精神,弘扬正气,倡导精神文明建设,以期形成一个良好的社会风气。

2. 表扬为主,兼顾感谢　表扬信一般均有感谢的成分,尤其是表扬的事迹同写信人有关时,更要在表扬信中表达出自己的谢意。

3. 发文的公开性　表扬信可以张贴、登报,也可以在电台、电视台上播放。

(三) 表扬信的结构

表扬信一般由标题、称谓、正文、落款四部分构成。

1. 标题　表扬信标题为"表扬信",位置在第一行正中。

2. 称谓　在开头顶格写上被表扬的机关、单位、团体名称或个人的姓名,或者把个人姓名和单位名称并写。写给个人的表扬信,应在姓名之后加上"同志"、"先生"

等字样，后边加冒号。若直接张贴到某机关、单位、团体的表扬信，开头可不必再写受文单位。

3. 正文 正文的内容要另起一行，空两格写。一般要求写出下列内容：

（1）交代表扬的理由：用概括叙述的语言，重点叙述人物事迹的发生、发展、结果及其意义。叙述要清楚，要突出最本质的方面，要让实事说话，少讲空道理。

（2）指出行为的意义：在叙事的基础上进行评价、议论，赞颂该人所作的道德意义。如指出这种行为属于哪种好思想，好风尚，好品德。

（3）表达表扬心愿：该部分要提出对对方的表扬，或者向对方的单位提出建议，希望对某某某给予表扬。如"某某某同志的优秀品德值得大家学习，建议予以表扬。""深受感动表扬"、"值得我们学习"等方面的内容。结尾处常常写上"此致敬礼"等结束用语。

4. 落款 落款应写明发文单位名称或个人姓名，并注明成文日期。

（四）表扬信写作注意事项

（1）实事求是：对被表扬的人和事的叙述一定要准确无误，既不夸大，也不缩小。

（2）评价恰当：评价要恰如其分，要充分反映出对方的可贵品质，写动人事迹要做到见人、见事、见精神。不要以空泛的说理代替了动人的事迹。

（3）语气要热情、恳切，文字要朴素、精炼，篇幅要短小精悍。

【例文】

表 扬 信

感谢妇科医护人员：

我是一名来自××市的××病患者，在 4 月 13 日从农村老家来到北京××医院，当我来到病房，首先接待我们的是妇科主治医生××，她声声问候和句句关心深深感动了我，当她得知我刚下火车，旅途疲劳，马上安排休息，护士们也问寒问暖，使我深深感受到医患之间不是亲人胜似亲人，在这样的医院还有什么不放心的。手术前，我非常紧张，也很害怕，妇科主治医生××鼓励我安慰我，使我的心放了下来。在监护室两天，护士们像对待自己的亲人一样无微不至的关怀我。我非常感谢妇科全体医护人员，你们是"白衣天使"。我带来的是痛苦，带走的是欢乐，衷心地感谢"医术精湛，医德高尚"妇科医护人员。

患者：××

××年 4 月 26 日

四、慰问信

（一）慰问信的概念

慰问信是以组织或个人名义向做出突出成绩或遭受不幸、困难或挫折的单位或个人表示关怀、慰问的专用信函。对做出贡献的集体或个人的慰问，鼓励他们戒骄戒躁，乘胜前进；对由于某种原因而遭到暂时困难和严重损失的集体或个人表示同情、安慰，鼓励他们加倍努力，战胜困难。

（二）慰问信特点

1. 发文的公开性　慰问信可以直接寄给本人，但大多是以张贴、登报，在电台、电视上播放的形式出现的。公开性是慰问信的一个特点。

2. 情感的沟通性　情感的沟通是支撑慰问信的前提基础。慰问正是通过或赞扬表达崇敬之情，或同情表达关切之意的方式来达成双方的情感交流和相互理解的。

3. 书信体的格式　慰问信采用的是书信体格式。

（三）慰问信的结构

慰问信一般由标题、称谓、正文和落款四部分组成。

1. 标题　慰问信的标题，一种是单独由文种名称构成，如"慰问信"；一种是慰问对象和文种名称构成，如"写给××的慰问信"；一种是发文作者、慰问对象、文种名称构成，如"××致中国人民解放军驻××省部队全体指战员的春节慰问信"。

2. 称谓　标题下顶格写慰问的对象的名称或姓名。

3. 正文　慰问对象和慰问的目的不同，正文内容也有差别，但一般情况下，包括如下内容：说明慰问的原因；比较全面具体叙述对方的事迹、成绩；对方遭受困难、挫折，以示发信方对此事的关切；慰问及希望，结合内容，向对方表示亲切慰问或诚挚祝福，同时提出希望或鼓励。

4. 落款　落款包括署名和日期。署名，慰问信署上发文单位名称或个人姓名。另起一行，写发文日期。

【例文】

吴仪致全国护理工作者的慰问信

全国护理战线的同志们：

今天是"5·12"国际护士节，我谨代表国务院向全国的护理工作者致以节日的祝贺和亲切的慰问！向辛勤工作在非典型肺炎防治第一线、为维护人民群众健康无私奉献的护理人员及广大医务工作者表示崇高的敬意！

从南丁格尔创立护理专业之日起，护理工作便与人道主义精神和以关爱生命、救死扶伤为核心的职业道德密切联系在一起，受到社会和公众的尊重和敬慕。随着社会经济的发展、医学技术的进步以及人民群众对健康和卫生保健需求的日益增长，护理工作作为卫生事业的重要组成部分，在防治疾病、维护和促进人民群众健康等方面，发挥着愈来愈重要的作用。截至去年年底，我国共有124.65万名护士，占卫生技术人员总数的29.2%，是卫生专业技术队伍中一支重要的力量。多年来，广大护理工作者坚持全心全意为人民服务的宗旨，在平凡的护理工作岗位上，以严谨的工作态度、精湛的护理技术，兢兢业业、勤勤恳恳，为保护人民群众的健康，促进我国卫生事业的发展做出了重大贡献。

在人民群众的身体健康和生命安全受到威胁的时刻，护理工作者始终战斗在最前线，为人民奉献着爱心。在我国部分地区发生非典型肺炎流行的重大灾害面前，广大护理工作者按照党中央、国务院的统一部署，团结一致，恪尽职守，无私无畏，舍生忘死，把保护广大人民群众的身体健康和生命安全放在第一位，表现出了良好的职业道德和崇高的思想品质。她们夜以继日地工作，视患者为亲人，置生死于度外，涌现出以"人民健康好卫士"——广东省中医院护士长叶欣为代表的一大批感人肺腑、可歌可泣的先进人物和先进事迹。她们用自己的知识与技术、劳动与汗水捍卫着人民群众的健康，谱写出一曲曲新时代的奉献之歌；她们用自己的实际行动实践着"三个代表"重要思想，履行着关爱生命、维护健康的专业职责，弘扬着南丁格尔救死扶伤、勇于献身的人道主义精神，赢得了广大人民群众的信赖和赞誉。

党中央、国务院对非典型肺炎防治工作非常重视，对广大护理工作者和医务人员的健康非常关注，对广大医务人员无私奉献的优良品质和忘我工作的革命精神给予了高度赞扬，这是对广大护理工作者和医务人员的极大鼓舞和鞭策，进一步增强了我们战胜非典型肺炎的信心和决心。

在人类发展历史的长河中，总会遇到这样或那样的困难和挫折。但是，中华民族坚韧不拔、不屈不挠、愈挫愈奋、愈困愈强的精神永远是我们战胜困难、勇往直前的强大力量。目前，战胜非典型肺炎任务依然非常艰巨。希望广大护理工作者和医务工作者继续发扬不畏艰险、顽强拼搏的精神，坚定信心、努力工作、克服困难、再接再厉，把爱心和关怀奉献给患者，把温暖和阳光展示给人民。我相信，只要我们紧密团结在以胡锦涛同志为总书记的党中央周围，全面贯彻"三个代表"重要思想，万众一心，众志成城，团结互助，扎实工作，就一定取得防治非典型肺炎工作的最后胜利。

吴 仪

2003 年 5 月 12 日

【病文分析】

致××学校全体教职员工的慰问信

××学校全体教职员工：

11 月中旬，我省××等地连降暴雪。暴雪给灾区人民生命财产造成重大损失。11 月 21 号，学校工会紧急召开各工会小组长会议，传达学校关于赈灾、捐款捐物的精神，部署募捐工作。号召大家积极行动起来，以实际行动帮助灾区人民渡过难关、重建家园。会后，全校教职工立即行动，在短时间内，共收到捐款 125316 元人民币，衣裤 2829 件，棉被 600 床。工会组织有关教职工对所捐衣物进行了仔细的分类打包。并于 11 月 25 号送往××灾区。××市民政局办公室要我们对我校的全体教职员工所作的赈灾工作表示慰问，感谢我校全体教职工对灾区人民的一片爱心。

学校工会
××月××日

该慰问信存在以下问题：

1. 文体形式错误 该慰问信的作者属于被慰问的对象，因此该文应该是一篇转发消息的通报类文章，而不是一种慰问的转达。另外从内容来看，该慰问信如果写成表扬信则更恰当。

2. 遣词造句缺乏感情 正文中缺乏作者对事件的感受，以及对事件当事人高尚风格的赞誉、敬佩和评价，字里行间，没有充溢感情，语言也缺乏亲切和生动。

3. 没有结语 正文最后，应另起一行，再次表达希望和祝福。

【仿真练习】

1. 你身边的同学刚刚帮助过你，请你马上写一封答谢信。

2. 大家都有过军训生活经历，运用所学知识，给你的教官写一封感谢信。

3. "9·10"教师节，请你以××学校党委名义，向学校的全体教职员工写一封慰问信。

4. 分析下列表扬信存在的问题：

表 扬 信

××中学：

本周四中午放学时，我公司的王××路过贵校门口，突然发病摔倒。这时正是学生放学时间，有许多学生看到这种情况后，视而不见，绕道走开。然而，××级部的张××同学，却帮王××拨打了120急救电话，还帮助王××联系了家人，虽然张××同学没钱帮王××缴费看病，但这种精神足以让人肯定，特此向你校说明。

希望贵校对其他学生进行教育，让那些视而不见的学生向张××学习。

此致

敬礼！

××化工股份有限公司
××年××月××日

第三节　祝辞、贺词、欢迎词及欢送词

一、祝辞

（一）祝辞的概念

祝辞，它泛指在各种喜庆场合中对人、对事表示祝贺的言辞或文章。祝辞是日常

应用写作的重要文体之一，也是人际交往中必不可少的交际工具和手段。它的适用范围非常广泛，如会议开幕、工程开工或竣工典礼、开业、剪彩仪式；婚嫁乔迁、升学参军、寿庆、房屋落成等喜事中使用。

（二）祝辞的特点

1. 喜庆性　祝辞是在喜庆的场合对祝贺对象的一种真诚的祈颂祝福和良好心愿的表达，因此喜庆性是祝辞的基本特点。在措辞用语上务必要言真意切，富有情感，体现出一种喜悦、美好。

2. 多样性　祝辞无须拘泥于某种文体，可以根据祝贺对象的具体情况选择合适贴切的文章体裁。既可以用一般的应用文体，也可以采用诗、词、对联等其他的文体样式。

（三）祝辞的结构

祝辞的写作格式比较灵活，但如果采用一般应用文形式来写，其结构也应包括标题、称谓、正文和落款四部分组成。

1. 标题　祝辞的标题一般有两种写法：一种是由致辞者、致辞场合和文种构成，如"周恩来总理在欢迎尼克松总统宴会上的讲话"；第二种是致辞对象和致辞内容构成，如"在××先生和××小姐婚礼上的祝辞"

2. 称呼　标题之下第一行顶格书写祝辞对象的姓名，姓名之前一般加修饰语、职务头衔，以示尊重。如"尊敬的""敬爱的"等等。

3. 正文　正文是祝辞的核心。祝辞的种类虽有不同，但通常由以下内容构成：

首先说明自己代表何人或何种组织及其何事祝福或贺喜，即向祝辞对象致意。

其次对已做出成就的祝辞对象进行适当评价或指出其意义。

再次写祝辞对象未来美好的前景。

最后表示衷心诚挚祝贺。

4. 落款　落款包括署名和日期。最后在正文的右下方署致辞单位的名称或致辞者的姓名。另起一行，写上发祝辞的年、月、日。如果在标题部分已注明，此处可省略。

（四）祝辞写作注意事项

1. 语言要得体　祝辞语言要充满热情、喜悦、鼓励、希望、褒扬之意，以便使对方感到温暖和愉快，受到激励与鼓舞。颂扬与祝贺要恰如其分，过分的赞美之词会使对方感到不安，自己也难免陷于阿谀奉承之嫌。

2. 材料要具体　写作祝辞，要收集第一手材料，掌握祝辞对象的基本情况，只有这样，才能有针对性的切合实际写好祝辞。

【例文1】

周恩来总理在欢迎尼克松总统宴会上的讲话

总统先生、尼克松夫人，

女士们、先生们，

同志们、朋友们：

首先，我高兴地代表毛泽东主席和中国政府向尼克松总统和夫人，以及其他的客人们表示欢迎。

同时，我也想利用这个机会代表中国人民向远在太平洋彼岸的美国人民致以亲切的问候。

尼克松总统应中国政府的邀请，前来我国访问，使两国领导人有机会直接会晤，谋求两国关系正常化，并对共同关心的问题交换意见，这是符合中美两国人民愿望的积极行动，这在中美两国关系史上是一个创举。

美国人民是伟大的人民。中国人民是伟大的人民。我们两国人民一向是友好的。由于大家都知道的原因，两国人民之间往来中断了许多年。现在，经过中美双方共同努力，友好往来的大门终于打开了。目前，促使两国关系正常化，争取和缓紧张局势，已经成为中美两国人民强烈的愿望。人民，只有人民，才是创造世界历史的动力。我们相信，我们两国人民这种共同愿望，总有一天是要实现的。

中美两国的社会制度根本不同，在中美两国政府之间存在着巨大分歧。但是，这种分歧不应当妨碍中美两国在相互尊重主权和领土完整、互不侵犯、互不干涉内政、平等互利和和平共处五项原则的基础上建立正常的国家关系，更不应该导致战争。中国政府早在1955年就公开声明，中国人民不想同美国打仗，中国政府愿意坐下来同美国政府谈判，这是我们一贯奉行的方针。我们注意到尼克松总统在来华前的讲话中也说道："我们必须做的事情是寻找某种办法使我们可以有分歧而又不成为战争中的敌人。"我们希望，通过双方坦率地交换意见，弄清楚彼此之间的分歧，努力寻找共同点，使我们两国的关系能够有一个好的开始。

最后我建议：

为尼克松总统和夫人的健康，

为其他美国客人们的健康，

为在座的所有朋友和同志们的健康，

为中美两国之间的友谊，

干杯！

【例文 2】

杨绛 80 华诞的祝辞

五官无位，活得自在；有才有识，独铸伟词。

夏衍

××年××月××日

【病文分析】

护士节致辞

在阳光明媚的日子里，在这个喜庆的日子里，我们又迎来了今年的 5.12 国际护士节。我们欢聚一堂，共同庆祝。在此，我代表党委向广大的护理工作者，表示节日的祝贺和诚挚祝愿！

5 月 12 日，是全世界护士的节日。这一天，你们接受鲜花、诚信、祝福、赞美，你们也将获得理解和尊重。今天，包括我在内的医院所有职工也将毫不吝惜对你们的赞美：在医院，你们从来都是最具奉献精神和亲和力的一群。在医生们用精湛的技术驱除患者肉体痛苦的同时，是你们用爱心和真诚治愈了他们精神的创伤。我们医院，因你们的微笑和汗水而焕发出人性的风采，因你们周到的服务而更具诚信的光辉！如果说我们医院是一座春色缤纷的大诚信园，你们就是这座园地中最娇艳的诚信花朵！

在过去一年里，我院护理工作取得了很大成绩，但也存在一些不足，如患者对护理工作投诉和护患纠纷比以往略有上升，患者的满意率没有明显的改善，这些都需要我们在今后工作中继续努力。在这个喜庆的日子里，真诚地祝福每位护理工作者健康、幸福、快乐！

最后，祝大家工作顺利！节日快乐！

××年 5 月 12 日

该祝辞存在以下问题：

1. 没有称谓 读者只能在正文中推测受祝贺对象。

2. 祝辞理由不清 正文中后半部分，对护理工作者诸多批评，在祝辞中这样写很明显是不合适。

3. 署名不明确 落款中的署名要署上单位名称或个人姓名，该祝辞中，没有注明是什么部门或哪个领导的祝辞。

二、贺词

（一）贺词的概念

贺词是一种向已经取得成绩、做出贡献或有喜庆事的单位或个人表示祝贺的礼仪文书。贺词的适用范围很广，如已经取得的重大成就、工程竣工庆典、新任或荣升职位等等，单位国家之间、国际组织、个人家庭之间都可以使用贺词。

祝辞与贺词都有表示祝贺的作用，都是向对方表达祝贺、恭喜之意，都具有浓重的感情色彩，现实生活中，往往祝中有贺，贺中有祝，甚至在某种场合可以互用，但两者之间还是有差别的。祝辞所祝的是未果之前的事项，事项往往刚刚开始，或正在进行之中，是对未来的祝福、祝愿；贺词所贺的通常是已果之后的事项，事项已经取得成功，是对既定事实的一种祝贺。另外从发表的形式看，祝辞与贺词也有不同。祝辞一般只能采用口头表达的形式，多数情况下，是在特定的场合宣读；而贺词不同，它既可以采用电报（贺电）、书信（贺信）的形式，也可以口头宣读。

（二）贺词的特点

1. 贺词的篇幅可长可短，少则几个字，多则几百字甚至上千字。

2. 贺词种类繁多，风格多种多样。贺词有很多种，在不同的场合和节日要用不同的贺词，如乔迁贺词、升学贺词、企业贺词、新春贺词等。

3. 贺词要求感情真挚，切合身份，用语准确可靠。

（三）贺词的结构

贺词结构通常由标题、称谓、正文和落款四部分组成。

1. 标题　贺词的标题有如下几种写法：

（1）由文种名称单独构成，如"贺词"、"贺电"、"贺信"。

（2）由文种名称、致贺者构成，如"全国妇联贺词"。

（3）由文种名称、致贺者、致贺场合构成，如"××在××宴会上的讲话"。

（4）由文种名称、致贺者、致贺对象构成。这种多用于新闻媒体传播，以求得醒目、具体、明确的效果，如"国务院给中国女排的贺电"。

2. 称谓　标题下另起一行顶格写祝愿对象单位名称或被祝愿个人的姓名，非宣讲式的贺词也可省略称谓。

3. 正文　正文是贺词主体，应言简意赅，分层表达。

（1）概括叙述接受贺词对象所取得的成绩及取得成绩的客观原因。

（2）依据致贺对象、致贺缘由不同，选择合适措词。如祝贺会议，首先祝贺会议胜利召开，然后阐明会议召开的意义、重要性，最后预祝会议圆满成功。如寿辰贺词，则说明被祝寿者的成绩贡献、品德品格等，并予以评价，最后祝愿健康长寿。

（3）用热情洋溢的语言，发至肺腑的给接受祝贺的一方以鼓励、鞭策，同时提出殷切的希望和共同的理想。

（4）最后表达诚挚祝福、祝愿。

4. 落款　落款包括署名和日期。署上致贺的单位名称或个人姓名，写明年、月、日。

（四）贺词写作注意事项

1. 突出主题，内容准确　贺词应以祝贺、祝福、赞颂为主，主要写清楚被贺方的成就、功绩及其意义。内容要具体准确，不要堆砌华丽辞藻，切忌漫无边际，夸夸其谈，庞杂无物。

2. 感情充沛，语气恰当 贺词无论篇幅长短，遣词造句都应感情饱满充沛，洋溢着喜悦、希望之情，感情要热烈、真诚，使被贺一方感到温暖，受到鼓舞。另外贺词不允许使用辩论、谴责批评等词句和语气。

【例文1】

携手促进世界和平与共同发展

——二〇一三年新年贺词

女士们，先生们，同志们，朋友们：

新年钟声就要敲响，2013年即将来临。我很高兴通过中国国际广播电台、中央人民广播电台和中央电视台，向全国各族人民，向香港特别行政区同胞和澳门特别行政区同胞，向台湾同胞和海外侨胞，向世界各国和各地区的朋友们，致以新年的祝福！

2012年，是中国改革开放和现代化建设取得显著成绩的一年。中国人民同心协力、攻坚克难，中国经济社会发展呈现稳中有进的良好态势，各项事业全面推进，人民生活持续改善。中国继续开展全方位外交，加强同各国的交流合作，积极参与解决国际和地区热点问题，为世界和平与发展作出了新的贡献。

2012年，是中国发展进程中具有重大而深远意义的一年。前不久召开的中国共产党第十八次全国代表大会和十八届一中全会，描绘了全面建成小康社会和深化改革开放的宏伟蓝图，顺利实现了中国共产党中央领导机构新老交替。当前，中国各族人民正紧密团结在以习近平同志为总书记的党中央周围，万众一心，锐意进取，为全面建成小康社会而奋斗。

2013年，中国政府和人民将高举中国特色社会主义伟大旗帜，坚持以科学发展为主题、以转变经济发展方式为主线，继续把握好稳中求进的工作总基调，全面推进改革开放和社会主义现代化建设，为实现党的十八大确定的目标任务开好局、起好步。我们将坚定不移贯彻"一国两制"、"港人治港"、"澳人治澳"、高度自治方针，深化交流合作，促进香港、澳门长期繁荣稳定。我们将继续推动两岸关系和平发展，造福两岸同胞，维护中华民族根本利益。

当前，国际形势继续发生深刻复杂变化。和平、发展、合作、共赢是各国人民的共同愿望，各国相互依存日益紧密。同时，国际金融危机影响深远，世界经济低速增长态势仍将延续，一些国家和地区动荡不安，世界仍然很不安宁。

人类只有一个地球，各国共处一个世界。世界和平与发展需要各国人民同舟共济、共同推进。中国人民始终是促进世界和平与发展的坚定力量。无论国际风云如何变幻，中国人民走和平发展道路的坚定决心决不会动摇。中国将一如既往在和平共处五项原则的基础上积极发展同各国的友好合作，积极推动采用和平方式妥善解决国际和地区热点问题，努力促进世界经济强劲、可持续、平衡增长，发挥负责任大国作用。

我相信，只要遵循各国人民意愿、顺应世界发展潮流，大家共同努力，就一定能把世界和平与发展的崇高事业不断推向前进，就一定能把各国人民福祉不断提高到新的水平。

最后，我从北京祝大家在新的一年里幸福安康！

中华人民共和国主席　胡锦涛
2012 年 12 月 31 日

【例文 2】

会议贺词

尊敬的各位领导、专家、女士们、先生们：

大家早上好！

在这秋风送爽的日子里，我们迎来了中国建筑装饰协会铝制品委员会 x 届 x 次全体委员会扩大会议的召开。在此，我谨代表我们 xx 化工实业有限公司向大会的召开表示热烈的祝贺。中国建筑装饰协会铝制品委员会成立二十年来，在各级领导的关怀下和广大会员企业的大力支持下兢兢业业，辛勤工作。在规范行业管理，维护企业正当权益、引导公平竞争和健康发展，促进行业技术发展和学术水平的提高方面，做了不少工作。

在规范行业管理方面，委员会促成了我国硅酮胶的管理法规的健全，在引进和吸收国外先进技术的同时，促进了国内硅酮胶技术的发展，造就了一批在国内外都具有较强竞争力的品牌，我们对此深有体会。

委员会从维护行业的整体利益出发，倡导并建立了国内首个建筑幕墙行业自律公约。为行业和企业的可持续发展奠定了良好的基础。同时，委员会根据不同时期的行业发展特点，深入基层调查研究，实事求是发表了不少有利于行业发展同时又能协调政府职能部门制定相关政策的学术见解，很好的发挥了政府和企业之间的桥梁作用，深受政府好评和企业拥戴。

委员会每年组织大批专家辛勤工作奔走全国进行调查研究，为广大的企业服务，解决实际问题，进行技术攻关。认真、客观、公平、公正的组织评选国家"建筑装饰奖"，褒扬了技术突出、为行业作出贡献的企业，为推进行业先进技术发展付出了辛勤的劳动。

在此，我们化工实业有限公司，作为协会大家庭中的普通一员，对委员会的辛勤劳作表示衷心地感谢和崇高的敬意。我们要在委员会的组织引导下，与全体委员和会员一起，共同努力、献计献策，把新一年度的行业发展工作筹划好。自觉拥护和支持委员会议所做出的决定，积极参加委员会组织的各项工作，为幕墙行业健康发展做出自己的努力，与在座全体委员和与会代表一起，共创幕墙行业的美好明天！

最后，预祝大会圆满成功！

谢谢大家！

××化工实业有限公司

××年××月××日

三、欢迎词

（一）欢迎词概念

欢迎词是客人光临时，主人为表示热烈的欢迎，在座谈会、宴会、酒会等场合迎接宾客发表的热情友好的讲话。

（二）欢迎词的特点

1. 欢愉性 子曰："有朋自远方来，不亦乐乎"。所以致欢迎词当有一种愉快的心情，言词用语务必富有激情和表现出致词人的真诚。只有这样才可给客人一种"宾至如归"的感觉，为下一步各种活动地举行打下良好的基础。

2. 口语化 欢迎词本意是现场当面向宾客口头表达欢迎的，所以口语化是欢迎词文字上的必然要求，在遣词用语上要运用生活化的语言，通俗易懂，朗朗上口，讲求节奏美。

（三）欢迎词的类型

1. 从表达形式上分

（1）现场演讲的欢迎词：是客人到达时，主人在现场口头发表的讲话稿。

（2）报刊发表的欢迎词：是客人到达前，在公开发行的报刊上发表的讲话稿。

2. 从社交性质上分

（1）私人交往的欢迎词：这种欢迎词一般是在个人举行较大型的宴会、聚会、茶会、舞会、讨论会等非官方的场合下使用的欢迎稿。通常要在正式活动开始前进行。私人交往欢迎词往往具有很大的即时性、现场性。

（2）公事往来的欢迎词：这种欢迎词一般在较庄重的公共事务中使用。要有事先准备好的得体的讲话稿，文字措词上的要求较私人交往欢迎词要正式和严格。

（四）欢迎词的结构

欢迎词的结构一般由标题、称谓、正文和落款四部分组成。

1. 标题 欢迎词的标题一般由两种形式：一种是单纯用文种"欢迎词"作标题。第二种是由事由加文种构成的，如"在××学术讨论会上的欢迎词"。

2. 称谓 标题下顶格写来宾的姓名称呼。为表示亲切，在姓名前可加修饰语，如"尊敬的"、"敬爱的"等。来宾姓名之后也可加职衔等。当然，有的情况下，也可用泛称，如"朋友们""各位领导"等。

3. 正文 正文是欢迎词的主体，要依据欢迎的对象和场合行文。

首先，对来宾的到来表示热烈的欢迎，通常说明现场举行的是什么仪式，现场发言人代表何人向哪些来宾表示热烈地欢迎。

其次，说明欢迎的缘由。阐述来宾光临的意义、作用，较具体地介绍来宾在各方面的成就及在某些方面做出的突出贡献，指出来宾本次到访或光临对增加宾主友谊及合作交流所具有的现实意义和历史意义；回顾彼此交往、情谊、立场、观点，加深感情；对初次来访者，可简单地介绍主方情况，以增加了解，并展望彼此交往的美好未来。

最后，对来宾的到来再次表示热烈地欢迎和良好的祝愿。

4. 落款　落款包括署名和日期。欢迎词的落款应署上致欢迎词的单位名称或个人姓名，以及成文日期。

（五）欢迎词写作注意事项

1. 称呼要用尊称　欢迎词是出于礼仪的需要而使用的，因此要十分注意礼貌，称呼要用尊称，注意宾客身份，措词要谨慎，要注意尊重对方的风俗习惯。

2. 感情要真挚　欢迎词要有感情色彩，字里行间要充溢热情、真挚、友好之情。和初次见面的来宾，难免要客套，但要注意分寸，否则会让来宾感到虚伪；如果来宾是老朋友，也可废除客套，但要推心置腹，真情相见。

3. 语言要精炼　一般的欢迎词都是一种礼节性的外交或公关辞令，宜短小精悍，言简意赅，不必长篇大论，语言要精炼，叙述要简洁，多用短句，篇幅不宜过长。

【例文1】

欢　迎　词

尊敬的亚奥理事会评估团成员：

欢迎你们来广州。我们十分高兴地迎接你们的到来，广州市人民期待着你们的到来。在此，请允许我以广州市市长的身份，代表广州市政府和全体市民，向远道而来的评估团贵宾，表示热烈的欢迎和崇高的敬意！

广州是一座非常美丽和充满动感的城市，2200多年的历史文化、风光绮旎的城市景观、热情好客的民俗风情，构成了一幅幅美丽的图画，显示出无比的魅力。中国改革开放以来，广州的经济社会获得了巨大的发展，焕发出勃勃生机，人均GDP超过了5000美元。

广州自古以来就是一座开放的城市。早在一千多年前，广州作为"海上丝绸之路"的始发港与海外交往频繁，与亚洲和世界各国建立了密切友好的往来关系。自改革开放以来，广州与世界14个国际城市缔结成友好城市，目前已成为世界大都市协会正式会员城市。从1957年开始，一年两届的中国出口商品交易会在广州举行，近几年来，每年迎来了亚洲和世界各地的二十几万客商，成交额达300多亿美元。我们每天都接待数以万计来自世界各地的官员、客商和旅游者。成千上万来自不同国家和地区、有不同文化、不同宗教背景的人们在广州长期创业发展和生活居住，大家和睦共处。

广州的发展，除了全国的支持与我们自身的努力外，离不开世界各国，特别是亚洲各国、各地区的关心和支持。我们真诚地希望，通过承办2010年亚运会，与朋友们共同分享我们的成果，推动亚洲奥林匹克体育事业发展，增进亚洲各国人民的友谊和交流合作，促进亚洲经济繁荣和社会文明进步。

我们的市民向来热爱体育运动，崇尚奥林匹克精神。我们曾成功地举办过中华人民共和国第六届、第九届全国运动会，举办过世界杯女足锦标赛、汤姆斯杯·尤伯杯世界羽毛球团体锦标赛等几十项高水平的国际单项赛事，拥有承办各类大型体育赛事的丰富经验。承办亚运会，是广州人民的夙愿。在此，我郑重重申：广州市政府将坚决遵守《亚奥理事会章程和规则》及其关于亚运会的所有原则和规定，全面履行《主办城市合同》所确定的各项义务，以及广州亚申委所作出的各项承诺。

尊敬的亚奥理事会评估团全体成员，请你们相信，广州有足够的信心和能力把2010年亚运会办成祥和、绿色、文明的体育盛会！因为我们除了有美丽的城市环境、良好的基础设施和全市人民的支持，更重要的是，广州申亚还有国家和省的支持。因而我相信，你们对广州的神圣选择，将书写亚运会历史上最辉煌、最具特色的一页。

祝各位身体好、工作好、家庭好、事业好，一切都好！

谢谢！

广州市市长　张广宁

2004-04-15

（来源：南方日报）

【病文分析】

××学校领导在欢迎上级评估专家到校时致欢迎词

各位朋友：

大家上午好！

首先我向莅临我校的各位领导、专家，表示热烈的欢迎和诚挚的感谢！

多年来，在上级党委的正确领导下，我们统一思想，振奋精神，抓住机遇，在教育教学各个方面进行了改革与创新，取得了良好的效果。曾多次受到上级领导的表扬。敬请各位领导专家批评指导。

最后，对各位领导、专家在百忙中莅临我校评估、检查我校教育教学工作，再次表示衷心感谢！

××年××月××日

该欢迎词存在以下问题：

1. 称谓不当　该欢迎词的欢迎对象是上级评估领导、专家，不能用泛称"各位朋友"。

2. 意义不明　该欢迎词的正文，应阐明评估组来校评估的意义。

3. 缺少署名 落款应有署名，署名应是××学校的全体教职工。

四、欢送词

（一）欢送词的概念

欢送词是主办方代表或个人为表达对来宾的惜别之情，在一些会议或重大庆典活动、参观访问等结束时的讲话稿。

（二）欢送词的特点

1. 惜别性 俗话说：天下没有不散的宴席，短暂的相聚后难免分别。中国人重情谊这一亘古不变的传统，在今天社交礼仪中更显得金贵。欢送词要表达来宾离去或亲朋远行时的感受，所以依依惜别之情要溢于言表。当然格调也不要太过低沉。特别是公共事务的交往更应把握好分别时所用言辞的分寸。

2. 口语性 与欢迎词一样，口语性也是欢送词的一个显著特点之一。遣词造句也应注意使用生活化的语言，通俗易懂，朗朗上口，做到既富有情感又自然得体。

（三）欢送词的类型

1. 从表达形式上分

（1）现场演讲的欢送词：是客人离别时，主人在现场口头发表的讲话稿。

（2）报刊发表的欢迎词：是客人离别后，在公开发行的报刊上发表的讲话稿。

2. 从社交性质上分

（1）私人交往的欢送词：这种欢送词一般是在个人举行较大型的宴会、聚会、茶会、舞会、讨论会等非官方的场合下使用的欢送稿。私人交往欢送词往往具有很大的即时性、现场性。

（2）公事往来的欢送词：这种欢送词一般在较庄重的公共事务中使用。要有事先准备好的得体的书面稿，文字措词上的要求较私人交往欢送词要正式和严格。

（四）欢送词的结构

欢送词的结构一般由标题、称谓、正文和落款四部分组成。

1. 标题 标题的写法一般有两种：一种是单独以文种命名，如"欢送词"。另一种由活动内容和文种共同构成，如"在××学术研讨会结束典礼上的讲话"。

2. 称呼 称呼要求写在开头顶格处。要写出欢送的单位名称或个人的姓名。同欢迎词一样，为表示亲切，在姓名前可加修饰语，如"尊敬的"、"敬爱的"等。来宾姓名之后也可加职衔等。当然，有的情况下，也可用泛称，如"朋友们"、"各位领导"等。

3. 正文 欢送词的正文是欢送词的中心内容。

首先，通常应说明此时在举行何种欢送仪式，发言人是以什么身份代表哪些人向宾客表示欢送的。其次，回顾和阐述彼此在合作或访问期间在哪些问题和项目上达成了一致的立场、有哪些突破性的进展，陈述本次合作交流给彼此带来的益处，并阐述其深远的历史意义。对于私人欢送词还应注意表达双方在共事合作期间彼此友谊的加深，增进以及分别之后的想念之情。若为朋友送行，还要送上一些勉励的话语。最后，再一次向来宾表示诚挚的欢送之情，并表达期待再次合作的心愿。亲朋远行要表达希望早日团聚的惜别之情。

4. 落款 欢送词落款包括署名和日期，在落款处要署上致词的单位名称、致词者的身份、姓名，并署上成文日期。

（五）欢送词写作注意事项

1. 语气要热情友好，称呼要用尊称 欢送词也是一种社交礼仪类专用文书，因此要十分注意礼貌，称呼要用尊称，感情要真挚，注意宾客身份，致辞要恰到好处。

2. 内容要具体，针对性要强 要针对来宾在访问期间的活动情况、访问时所谈事项的进展情况等来写欢送词。内容要准确具体，有针对性，不能漫无边际，信口开河。

3. 语言要精炼，篇幅要短小 一般的欢送词宜短小精悍，言简意赅，不必长篇大论，语言要精炼，叙述要简洁，多用短句，篇幅不宜过长。

【例文2】

致10届毕业生欢送词
——2010华中科技大学校长李培根演讲

亲爱的2010届毕业生同学们：

你们好！

首先，为你们完成学业并即将踏上新的征途送上最美好的祝愿。

同学们，在华中科技大学的这几年里，你们一定有很多珍贵的记忆！

你们真幸运，国家的盛世如此集中相伴在你们大学的记忆中。08奥运留下的记忆，不仅是金牌数的第一，不仅是开幕式的华丽，更是中华文化的魅力和民族向心力的显示；六十年大庆留下的记忆，不仅是领袖的挥手，不仅是自主研制的先进武器，不仅是女兵的微笑，不仅是队伍的威武整齐，更是改革开放的历史和旗帜的威力；世博会留下的记忆，不仅是世博之夜水火相容的神奇，不仅是中国馆的宏伟，不仅是异国场馆的浪漫，更是中华的崛起，世界的惊异；你们一定记得某国总统的傲慢与无礼，你们也让他记忆了你们的不屑与蔑视；同学们，伴随着你们大学记忆的一定还有什锦八宝饭；还有一个G2的新词，它将永远成为世界新的记忆。

近几年，国家频发的灾难一定给你们留下深刻的记忆。汶川的颤抖，没能抖落中国人民的坚强与刚毅；玉树的摇动，没能撼动汉藏人民的齐心与合力。留给你们记忆的不仅是大悲的哭泣，更是大爱的洗礼；西南的干旱或许使你们一样感受渴与饥，留给你们记忆的，不仅是大地的喘息，更是自然需要和谐、发展需要科学的道理。

在华中大的这几年，你们会留下一生中特殊的记忆。你一定记得刚进大学的那几分稚气，父母亲人送你报到时的情景历历；你或许记得"考前突击而带着忐忑不安的心情走向考场时的悲壮"，你也会记得取得好成绩时的欣喜；你或许记得这所并无悠久历史的学校不断追求卓越的故事；你或许记得裘法祖院士所代表的同济传奇以及大师离去时同济校园中弥漫的悲痛与凝重气息；你或许记得人文素质讲堂的拥挤，也记得在社团中的奔放与随意；你一定记得骑车登上"绝望坡"的喘息与快意；你也许记得青年园中令你陶醉的发香和桂香，眼睛湖畔令你流连忘返的圣洁或妖娆；你或许"记得向喜欢的女孩表白被拒时内心的煎熬"，也一定记得那初吻时的如醉如痴。可是，你是否还记得强磁场和光电国家实验室的建立？是否记得创新研究院和启明学院的崛起？是否记得为你们领航的党旗？是否记得人文讲坛上精神矍铄的先生叔子？是否记得倾听你们诉说的在线的"张妈妈"？是否记得告诉你们捡起路上树枝的刘玉老师？是否记得应立新老师为你们修改过的简历，但愿它能成为你们进入职场的最初记忆。同学们，华中大校园里，太多的人和事需要你们记忆。

请相信我，日后你们或许会改变今天的某些记忆。瑜园的梧桐，年年飞絮成"雨"，今天或许让你觉得如淫雨霏霏，使你心情烦躁、郁闷。日后，你会觉得如果没有梧桐之"雨"，瑜园将缺少滋润，若没有梧桐的遮盖，华中大似乎缺少前辈的庇荫，更少了历史的沉积。你们一定还记得，学校的排名下降使你们生气，未来或许你会觉得"不为排名所累"更体现华中大的自信与定力。

我知道，你们还有一些特别的记忆。你们一定记住了"俯卧撑"、"躲猫猫"、"喝开水"，从热闹和愚蠢中，你们记忆了正义；你们记住了"打酱油"和"妈妈喊你回家吃饭"，从麻木和好笑中，你们记忆了责任和良知；你们一定记住了姐的狂放，哥的犀利。未来有一天，或许当年的记忆会让你们问自己，曾经是姐的娱乐，还是哥的寂寞？

亲爱的同学们，你们在华中科技大学的几年给我留下了永恒的记忆。我记得你们为烈士寻亲千里，记得你们在公德长征路上的经历；我记得你们在各种社团的骄人成绩；我记得你们时而感到"无语"时而表现的焦虑，记得你们为中国的"常青藤"学校中无华中大一席而灰心丧气；我记得某些同学为"学位门"、为光谷同济医院的选址而愤激；我记得你们刚刚对我的呼喊："根叔，你为我们做成了什么？"——是啊，我也得时时拷问自己的良心，到底为你们做了什么？还能为华中大学子做什么？

我记得，你们都是小青年。我记得"吉丫头"，那么平凡，却格外美丽；我记得你们中间的胡政在国际权威期刊上发表多篇高水平论文，创造了本科生参与研究的奇迹；我记得"校歌男"，记得"选修课王子"，同样是可爱的孩子。我记得沉迷于网络游戏甚至频临退学的学生与我聊天时目光中透出的茫然与无助，他们还是华中大的孩子，他们更成为我心中抹不去的记忆。

我记得你们的自行车和热水瓶常常被偷，记得你们为抢占座位而付出的艰辛；记得你们在寒冷的冬天手脚冰凉，记得你们在炎热的夏季彻夜难眠；记得食堂常常让你们生气，我当然更记得自己说过的话："我们绝不赚学生一分钱"，也记得你们对此言并不满意；但愿华中大尤其要有关于校园丑陋的记忆。只要我们共同记忆那些丑陋，总有一天，我们能将丑陋转化成美丽。

同学们，你们中的大多数人，即将背上你们的行李，甚至远离。请记住，最好不要再让你们的父母为你们送行。"面对岁月的侵蚀，你们的烦恼可能会越来越多，考虑的问题也可能会越来越现实，角色的转换可能会让你们感觉到有些措手不及。也许你会选择"胶囊公寓"，或者不得不蜗居，成为蚁族之一员。没关系，成功更容易光顾磨难和艰辛，正如只有经过泥泞的道路才会留下脚印。请记住，未来你们大概不再有批评上级的随意，同事之间大概也不会有如同学之间简单的关系；请记住，别太多地抱怨，成功永远不属于整天抱怨的人，抱怨也无济于事；请记住，别沉迷于世界的虚拟，还得回到社会的现实；请记住，"敢于竞争，善于转化"，这是华中大的精神风貌，也许是你们未来成功的真谛；请记住，华中大，你的母校。"什么是母校？就是那个你一天骂他八遍却不许别人骂的地方"。多么朴实精辟！

亲爱的同学们，也许你们难以有那么多的记忆。如果问你们关于一个字的记忆，那一定是"被"。我知道，你们不喜欢"被就业"、"被坚强"，那就挺直你们的脊梁，挺起你们的胸膛，自己去就业，坚强而勇敢地到社会中去闯荡。

亲爱的同学们，也许你们难以有那么多的记忆，也许你们很快就会忘记根叔的唠叨与琐细。尽管你们不喜欢"被"，根叔还是想强加给你们一个"被"：你们的未来"被"华中大记忆！

【例文2】

欢 送 词

尊敬的史密斯教授：

还记得，一年前今天，我们大家曾高兴地在这里集会，衷心欢迎您，时间过得很快，一年后的今天，您已经结束了在我院地执教生活，即将踏上回国的旅程。今天，我们再次在这里聚会，为您送行。

您为人谦和，知识渊博，爱校如家，兢兢业业辛勤地工作，中西结合，教学方法灵活多样，赢得了全校师生的信赖与尊敬。您的教学，从某种意义说，推动了学校的教学改革。为此，请允许我代表全体师生对您再次表示感谢！

在一年的教学工作和日常交往中，您与外文学院的师生诚挚交流，以友相待，结下了深厚的友谊，中国有句古话："海内存知己，天涯若比邻。"我们衷心希望您在适当的时候能再回来做客，讲学。

分别在即，我想借此机会请您转达我们对您的国家和人民的深厚友谊，转达我们对他们的亲切问候和敬意！

祝您——史密斯教授回国途中一路顺风，身体健康！

外文学院：××

××年××月××日

【仿真练习】

1. 请你写一篇简短的校友聚会的祝酒辞。

2. 在学校建校周年之际，请你以校友身份写一份贺词。

3. 毕业生即将离校，请你以学生身份写一份欢送词。

4. 请你以学生会主席名义写一封欢迎新生入学的欢迎词。

（李　红）

要点导航

1. 了解计划、总结、简报、调查报告、述职报告的概念和种类。
2. 熟悉计划、总结、简报、述职报告的异同点。
3. 掌握根据计划、总结、简报、调查报告、述职报告的写作要领及方法、要求，撰写护理工作计划、护理工作总结、护理工作简报、调查报告、述职报告。

第一节　护理工作计划

一、概述

计划是人们为了在一定时间内实现某一目标而预先作出安排部署时使用的一种应用文。计划是个统称，如规划、纲要、设想、打算、要点、方案、意见、安排等都是根据目标远近、时间长短、内容详略等差异而确定的名称。计划是我们日常工作中使用范围很广的一种应用文。任何单位、团体、组织对一定时期的工作预先做出安排时，都要制定工作计划。

（一）计划的作用

1. 指导作用　计划是根据某种需要，结合本部门、本单位的实际工作而制定的，它是我们工作的方向，行动的纲领。有了计划，就有了具体的工作步骤。无论是单位还是个人，无论办什么事情，事先都应有个打算和安排。用计划来指导我们的工作和学习，可以协调大家的行动，使工作有条不紊地进行。

2. 推动作用　有了计划，工作就有了明确的目标，可以最大限度地调动多方面的积极因素，把大家的意志和行动统一起来，增强自觉性，减少盲目性，促使该部门的工作更加井然有序，一步一个脚印地深入下去。

3. 约束作用　计划本身是对工作进度和质量的考核标准，对大家有较强的约束和督促作用。有了计划，可以随时掌握学习和工作的进度，便于检查任务完成的情况，从而保证学习和工作一个阶段一个阶段地稳步发展。如果某一环节出现特殊情况，不能达到规定的目标，就可以根据这一特殊情况，及时采取有力的应急措施，加快步伐，在以后的工作环节中逐步弥补，从而保证任务的顺利完成。有了计划，便于检查和总结工作。搞好工作计划，是建立正常的工作秩序，提高工作效率的重要手段。

（二）计划的特点

1. 预见性 制定计划既要符合客观实际，更要对未来做出科学的预见。这就要求我们在制定计划时，必须对各种可能出现的情况有清醒的认识，正确的估量。对将要做哪些工作，达到什么目的，如何实施等都要有一个正确的设想。由此可见，没有预见性，也就没有计划。

2. 指导性 计划是工作的先导。对一个单位来说，有了计划，就可以把领导决策的总体任务分解到所属的各个部门和单位，分解到相应的时间阶段上。这样就可以把各方面的人力、物力、财力组织起来，互相协调行动，加以合理的安排和使用。

（三）计划的类型

1. 根据内容性质可以分为 生产计划、工作计划、教学计划、财务计划、学习计划、科研计划、经济计划、作战计划等。

2. 根据覆盖范围可以分为 国家计划、地区计划、单位计划、集体计划、个人计划等。

3. 根据时间范围可以分为 多年计划和近期计划，如五年计划、年度计划、季度计划、月份计划、周计划等。

4. 根据约束作用可以分为 指令性计划、指导性计划。

5. 根据计划的详细程度可以分为 详细计划、简要计划和计划要点。

6. 根据内容的宽窄可以分为 专项计划、全面计划。专项计划是指单位或个人，对一定期限内，所要完成的某一项任务的打算和安排。如《新护士培训计划》、《5·12护士节活动计划》等。全面计划是指单位或个人，对一定期限内，所要完成的各项任务的打算和安排。比如《××医院二零一三年工作计划》，对这一年的全院医疗、教学、科研、人事、后勤等各方面工作做出安排。

二、计划的写作

（一）计划的格式

计划常见的格式有两种：表格式、条文式。

1. 表格式 把计划的项目分成一个个栏目，以表格的形式将计划内容逐项填入。通常用于项目较多又具共性的内容，有时也辅助一些适当的文字说明，使计划简洁明了。适用于某些项目固定，内容和方法变化不大的计划。一般也是短期计划。这种计划最大的特点是一目了然。常见的有《课程表》、《日程表》等，是这类计划的简单样式。

2. 条文式 把计划的各项内容列成条款，一条条写清楚，以列出任务为主，较少涉及措施、步骤等，常用于小单位的短期计划。一般的工作计划都用这种格式。与表格式计划相比，其特点是具体明白。

（二）计划的写作方法

工作计划就是对即将开展的工作的设想和安排，如提出任务、指标、完成时间和步骤方法等。由于计划大多只涉及一个单位的工作内容范围，只在单位内要求执行。所以，一般不以文件形式下发，因而除标题和正文外，往往还要在标题下或文后标明"×年×月×日制定"字样，以示郑重。

无论表格式还是条文式，计划在结构上都是由标题、正文、落款三部分组成的。

1. 标题 计划标题一般由四部分组成：计划制定单位的名称、时间限断语、内容性质及计划名称，一般四者要齐全。如《××医院妇产科2013~2014年度护理工作计划》，其中"××医院妇产科"为单位名称，"2013~2014"为时间限断语，"护理工作"为计划内容，计划种类为妇产科护理工作年度计划。有时因制定者认为计划的执行范围仅在本单位，已经很明显，在标题中将其省略，比较规范的计划仍要标明制文单位。标题内也可以不写计划执行时间，如《关于进行干部考核的初步计划》。属于个人的工作计划、学习计划，一般不用写制定者的名字。有时根据计划文本的成熟程度，有可能出现第五个部分，即在标题尾部加括号注明：草案、初稿、征求意见稿、送审稿等。如《××医院2013年工作计划（讨论稿）》。

2. 正文 正文是计划的主要部分。包括前言、目标和任务、措施和步骤。这部分必须明确地回答"为什么做"、"做什么"、"怎样做"这三个问题，即人们所说的"计划三要素"：目标、步骤、措施。由于计划是对一个单位的全面工作或某一项重要工作的具体要求，所以写作比规划和设想都要具体、详细得多。一般包括以下几个方面：

（1）前言：计划通常有一个"引言"段落，主要点明制定计划的指导思想、总任务、总目标和对基本情况的说明分析，简明扼要地说明制定计划的目的或依据，提出工作的总任务或总目标，意在说明"为什么做"，同时说明编制该计划的依据。前言文字力求简明，以讲清制定本计划的必要性、执行计划的可行性，千万不要讲套话、空话。前言通常用"为此，今年（或某一时期）要抓好以下几项工作"作结，并领起下面的计划事项。

（2）主体：是计划的核心内容。计划在内容上必须有以下三要素：即阐述"做什么"（目标与任务）、"怎样做"（措施办法）、"何时做到何种程度"（时限与步骤）。全面工作计划一般采取"并列式结构"（任务、措施分别写）。①目标与任务：目标，即计划要达到的目的，它是计划的灵魂，是指要实现的任务内容，要具体、明确地写明"做什么"、"怎样做"，提出完成任务的具体指标。首先要明确指出总目标和基本任务，随后应根据实际内容进一步详细、具体地写出任务的数量、质量指标。必要时再将各项指标定质、定量分解，以使总目标、总任务具体化、明确化。这部分一般要分项来写，有时大的项目下有小的项目；②办法与措施：有了目标、任务和具体指标，还必须有行之有效的方法和措施，即用什么方法，动员哪些力量，用什么措施确保完成任务，实现目标，措施一般包括人力、物力、办法、手段、组织领导等内容，这是计划可操作性的关键一环。所谓有办法、有措施就是对完成计划需要动员哪些力量，创造哪些条件，排除哪些困难，采取哪些手段，通过哪些途径等都要心中有数。要做到这点，除了熟悉实际工作和具体预见性以外，最关键的在于有实事求是的精神。唯有这样，制定的措施、办法才是具体的，切实可行的；③时限与步骤：这是工作程序和时间安排以及各个阶段的具体要求。工作有先后、主次、缓急之分，进程又有一定的阶段性。为此在计划中针对具体情况应事先规划好操作的步骤、各项工作的完成时限及责任人。这样才能职责明确、操作有序，保证进度，执行无误。

（3）结尾：要么突出重点，要么强调有关事项，要么提出简短号召。在各项内容之后和署名之前，有的还提出注意事项及检查修订办法，有的还写上完成计划的决心，当然也可以不写结尾。

3. 落款 分为两部分，一是在正文右下方署名，二是在署名的下方写上制定计划的日期。高级机关制定的计划，也有在正文后不写落款（制文单位和制文日期）的，因为制文单位名称已经在标题中写明，日期往往在标题下括号内注明。

（三）计划的撰写要求

1. 深入调查，集思广益 由于计划是管理工作的依据，是指导行动的纲领，因此，计划的制定者必须通过深入调查，做到信息灵通，千万不可违背客观规律，闭门造车。一方面要认真学习党和国家的路线、方针和政策，领会其精神实质，树立全局观念，形成明确的指导思想；另一方面要深入实际调查研究，广泛听取群众意见，将分散的意见、办法集中起来，仔细研究，形成比较系统的意见，即计划的初稿。然后再"到群众中去"，征求下级或群众对计划初稿的意见，如条件允许还可以将初稿交由群众讨论，根据大家的反馈意见再进行修改、补充，最后请领导审阅定稿。

2. 科学拟定，切实可行 要撰写出具有客观性和指导性的计划，必须从本单位的实际情况出发，定目标、定任务、定标准，抓住重点，突出特点，把主客观条件结合起来，既不要因循守旧，也不要盲目冒进。

3. 内容具体，重点明确 计划是指导实践的，因此撰写的内容要详略得当，突出重点。对目的、任务、指标、方法、步骤、时间、措施、负责单位及组织指挥等都应该写得具体、明确。做到"定事、定人、定时、定量、定质"，既便于执行计划，也便于督促检查工作。

4. 统筹安排，讲求效益 制定工作计划，要个体服从整体，局部服从全局，下级服从上级；又要与平行单位协调一致，以大局为重，以国家、民族利益为上，兼顾兄弟单位和个人的利益；也要处理好一般工作与中心工作的关系，注意计划本身的综合平衡，抓住工作重点，使各项工作得以均衡协调地发展；还要分清轻重缓急，突出重点，安排好工作的先后顺序，不能眉毛胡子一把抓。计划的目标、措施等都要考虑节省人力、物力，本着节约的原则，还要考虑是否会给社会带来负面影响（如环境污染等）。

5. 目标适宜，留有余地 制定计划不要绝对化，要留有修正的余地，在执行过程中可以不断根据变化的实际情况进行修订。这样，就会给计划执行者留有创造的空间，那些超标准的计划，看似振奋人心，实为空文；那些要求过低的计划，虽易执行，却不会起到促进工作、鼓舞士气的作用。

6. 语言简洁，条理清楚 撰写计划要力求以尽可能小的篇幅表达最大的信息量。因此，在撰写计划时不必要议论过多，也没有必要叙述过程。语言应该直截了当，语言精练，条理清楚，数据准确，真实可信。

【例文1—表格式工作计划】

××医院二○一三年护理中专生实习安排计划

时间	内容	负责人	备注
2013年7月18日~7月22日	布置实习带教任务，下发实习计划编制学员轮转表	护理部	
2013年7月20日~7月24日	举办临床带教师资培训班	护理部	
2013年7月25日~7月30日	各科室组织实习生学习并熟悉实习大纲，确定带教老师，制定本人实习计划	各科护士长	
2013年7月30日~8月6日	实习生上岗前进行培训并考核	护理部	
2013年8月7日~2014年3月28日	实习生进入各临床科室进行实习	护理部 各科护士长	1. 护理部每周检查实习，抽考学生一次。
2013年11月10日~11月15日	教学实习中期考核	护理部	2. 护理部每月组织1~2次业务学习，各科室每周组织1次业务学习。
2014年3月1日前	上交实习综述及护理病历	实习组长	
2014年3月2日~3月10日	审阅实习生上交的实习综述、病历，并进行病历展示、讲评	护理部	3. 实习生出科必须进行出科考试。
2014年3月11日~3月20日	组织实习生操作考试、理论考试	护理部	
2014年3月21日~3月28日	进行实习总结，评选优秀实习生	护理部 各科护士长	

【例文2—条文式工作计划】

××医院二○一三年护理工作计划

2013 年，为了进一步加强医疗护理工作，提高医院护理人员的职业技术水平，今年的工作重心要以服务质量为主，紧紧围绕医院发展，以患者为中心，加强工作中服务理念的提高。不断创新，提高社会责任感和人民群众的满意度。

一、抓好护士的"三基"及专业技能训练与考核工作

今年要按护士规范化培训及护士在职继续教育实施方案，抓好护士的"三基"及专业技能训练与考核工作。

1. 重点加强对新入院护士、聘用护士、低年资护士的考核，强化她们的学习意识。护理部计划上半年以强化基础护理知识为主，增加考核次数，直至达标。

2. 加强专业技能的培训。各科制定出周期内专业理论与技能的培训与考核计划，每年组织考试、考核 2 次。理论考试要有试卷，并由护士长组织进行闭卷考试，要求讲究实效，不流于形式，为培养专科护士打下扎实的基础。护理部于六月份和十二月份进行检查。

3. 每季度进行心肺复苏演示，熟悉掌握急救器材及仪器的使用。

4. 每周晨间提问 2 次，内容为基础理论知识、专科理论知识、院内感染知识等。

5. 经常复习护理紧急风险预案并进行模拟演示，提高护士应急能力。

6. 每周一早晨会为护理药理知识小课堂，由治疗班搜集本科现用药说明书，并给大家讲解药理作用及注意事项。并提问医院核心制度，使每个护士都能熟练掌握并认真落实。

二、以患者为中心，提倡人性化服务，加强护患沟通，提高患者满意度，避免护患纠纷

1. 建立健康教育处方，发放护患联系卡，每月召开工休座谈会，征求患者及家属意见，对服务质量好与坏的护士进行表扬和批评教育。

2. 加强服务意识教育，提高人性化主动服务的理念，并于周二基础护理日加上健康宣教日，各个班次随时做好教育指导及安全防范措施。

3. 主管护士真诚接待患者，把患者送到床前，主动做好出院患者健康宣教。

三、加强护理安全管理，完善护理风险防范措施，有效地回避护理风险，为患者提供优质、安全有序的护理服务

1. 进一步规范护理文书书写，减少安全隐患，重视现阶段护理文书存在的问题，记录要"客观、真实、准确、及时、完整"，避免不规范的书写，如错字、涂改不清、前后矛盾、与医生记录不统一等，使护理文书标准化和规范化。

2. 将各项规章制度落实到实处，定期和不定期检查，监督医学、教育网收集整理到位，并有监督检查记录。

3. 加强重点患者的护理。如手术患者、危重患者、老年患者，在早会或交接班时对上述患者现存的和潜在的风险作出评估，达成共识，引起各班的重视。

4. 加强重点管理：如危重患者交接、压疮预防、输血、特殊用药、患者管理以及患者现存和潜在风险的评估等。

5. 不断强化护理安全教育，把安全护理作为每周五护士例会常规主题之一，将工作中的不安全因素及时提醒，并提出整改措施，以院内、外护理差错为实例讨论借鉴，使护理人员充分认识差错因素、新情况、新特点，从中吸取教训，使安全警钟常鸣。

6. 加强重点环节的风险管理，如夜班、中班、节假日班等。实行弹性排班制，减少交接班的频次，减少工作中的漏洞，合理搭配年轻护士和年老护士值班，同时注意培养护士独立值班时的慎独精神。

7. 加强对重点员工的管理。如实习护士、轮转护士及新入科护士等对他们进行法律意识教育，提高他们的抗风险意识及能力，使其明确只有在带教老师的指导或监督下才能对患者实施护理。

8. 完善护理紧急风险预案，平时工作中注意培养护士的应急能力，对每项应急工作，如输血、输液反应、特殊液体、药物渗漏、突发停电等，都要做回顾性评价，从中吸取经验教训，提高护士对突发事件的反应能力。

四、建立检查、考评、反馈制度，设立可追溯制度，护士长及质控小组，经常深入病室检查、督促、考评。

考评方式以现场考评护士及查看患者、查看记录、听取医生意见，及时发现护理工作中的问题，提高整改措施。

五、做好教学、科研工作

1. 指定具有护师以上职称的护士负责实习生的带教工作，定期召开评教评学会，听取带教教师及实习生的意见。

2. 各科护士长为总带教老师，要重视带教工作，经常检查带教老师的带教态度、责任心及业务水平，安排小讲课，了解实习计划的完成情况，做好出科理论及操作考试。培养学生的沟通技巧、临床操作技能等。

3. 护理部做好实习生的岗前培训工作，不定期下科室检查带教质量，每届实习生实习结束前，组织一次优秀带教老师评选活动。

4. 增强科研意识，力争年内引进或开展护理新技术项目 1~2 项。

5. 计划制作护理园地网，上传我院护理动态，及时传递护理学习资料，发挥局域网的空间优势，丰富护士的学习生活。

××医院护理部

二O一三年一月二日

【病文分析】

2012 年护理部工作计划

本着"质量为先、教育为重、管理为新、人员为本"的理念，制定 2012 年护理部工作计划。

一、进行护理人员配备及使用模式改革

（一）实施护理人员进阶制度工作：确立护理人员能级标准，护士按能力上岗及考核

1. 分级。

2. 核心能力。

3. 病区能级护士配备比例及院内津贴分配系数。

4. 实施步骤。

（二）改革中夜班工作模式，解决中夜班护士紧缺状况

1. 夜班护士固定制：

原则：①科内工作需要；②志愿申请报名；③能力资格审核；④报护理部备案。

排班：各科自行决定（遵循每周 40 小时工作原则）。

待遇：每次夜班 100 元（申报院领导审批）。

实施：2012 年 1 月上半月调研，确定方案，2012 年 2 月开始实施。

2. 内外科大楼设立夜间护理行政值班制度（2012 年 1 月 10 日实施）

工作目标：在护理部的领导下，组织内外科大楼护理管理人员进行全年夜间值班制，对下属病区进行督察与指导，对可能出现的问题重点进行预先督查、防范，对突发事件进行现场指导与帮助协调解决，确保医疗护理安全及有序的工作次序。

人员组成：科护士长、病区护士长、护士长助理、科质量评价小组组长及科总带教。

夜间值班安排：17：30～次晨 7：30

17：30～23：30 次晨 6：00～7：30 值班者巡视各病区（至少每晚 2 次巡视各病区并记录）。

23：30～次晨 6：00 无特殊情况可适当休息，但院内寻呼机必须随身佩带，以便及时回复。

3. 急诊科设立夜间高年资护士值班制度，以充实夜间急诊护理力量（具体计划后附，2012 年 1 月 1 日实施）

二、全院护士长聘任工作

1 月份完成全院护士长述职与考核，上半年度完成护士长聘用，落实护士长管理培训，提高护士长管理综合素质与能力。

三、建立"护理学术管理委员会"和"护理质量管理委员会"

四、建立每月护理部、科护士长公开行政查房制

五、实行医院监护室护理人员持证上岗制，提高危重患者护理整体质量

组建医院监护室护理人员培训及考核领导小组，制定医院监护室护理人员培养及考核目标，确定医院监护室护理人员培训课程，编写医院监护室护理人员培训教材，实施医院监护室护理人员培训及考核，实施医院监护室护理人员持证上岗制。

六、进一步深化护理文件书写改革，强化健康教育工作

1. 在调研基础上进一步简化护理文件项目及记录方法（上半年度）

2. 协同医务处建立医护联合病史（下半年度）

3. 与计算机中心联合组建护理病史模块（下半年度）

4. 强化健康教育考核工作（下半年度）

七、护理教育（继续教育与临床教学）

1. 全年开展 6 次新知识及新业务学习

多脏器移植的新领域

重症胰腺炎的抢救

消毒灭菌技术的进展

生殖医疗新技术的开展

获得性免疫缺陷综合征的防治

微创外科治疗与新进展

2. 全年护士专科理论及操作考核安排

（一）专科理论及操作考核安排

	专科理论	专科操作	考核方式
上半年	呼吸机相关理论	各科自定 1 项	科内自考
下半年	重症监护理论		

（二）2011 年新职工、新编外护士应知应会考核（第一季度）

八、护理科研

1. 举办继续教育（2011 年项目）

2. 申报 2012 年国家级、市级继续教育项目

3. 论文发表与交流

1）论文发表数比 2011 年提高 50%（在国家科技部中国科技论文统计源期刊发表版面费全部报销）

2）全年论文交流 2 次（上、下半年各 1 次）

4. 护理科研小组活动主题：

护理论文撰写基本要求及论文点评

统计学方法在护理论文撰写中的应用

著书：完成系列各科临床护理手册编写

完成最新内、外、妇、儿、烧伤护理学编写

护理部

2012. 1. 1

这篇计划存在的主要问题：

1. 措施、办法、步骤、指标含混不清 如："实施护理人员进阶制度工作"具体做法没说清。

2. 空话套话太多 缺乏具体的实际内容，如："实行医院监护室护理人员持证上岗制，提高危重患者护理整体质量"。

3. 计划时间不准确 只说"申报 2012 年国家级、市级继续教育项目"，应标明具体申报步骤与日期。

4. 各部分内容详略不当 有的条目下内容特别简单，有的条目下内容特别具体，如"改革中夜班工作模式"具体方案应另附，不应在年度工作计划中将每一个改革方案全部完整写出。

5. 标目混乱 条文与表格混用。

【仿真练习】

1. 根据班会要求，写一篇年度班级工作计划。

2. 写一篇学习某一课程的学习计划。

第二节　护理工作总结

一、概述

工作总结是机关、单位及个人在某一时期、某一工作告一段落或全部结束后，通过把分散的材料、零散的认识，集中起来，分析研究，找出带规律性的认识，用来说明过去的工作的成败得失和经验教训，为今后工作的开展提供借鉴的应用文。它所要解决和回答的中心问题是：对某种工作实施结果的总鉴定和总结论，是对以往工作实践的一种理性认识。

（一）总结的作用

1. 信息作用 一份全面的工作总结，可以向上级机关、下属单位和有关部门提供某一时期的工作情况，使他们知道我们做了哪些工作，是怎么做的，取得了哪些成绩，还存在哪些不足或经验。特别是那些成绩突出的单位或个人，通过工作总结，除交流信息外，还有利于提高知名度。通过工作总结把成绩、经验、问题及今后努力的方向等向领导部门汇报，能引起领导的重视，争取领导的支持和指导。

2. 提高作用　总结的基础是人们的工作实践，总结的目的是为了更好地实践。及时总结就会及时发现规律，及时找出存在的问题，不断实践，不断总结，那么人们对客观事物的认识也就会越来越深刻，知识和经验越来越丰富。也就是说，我们每总结一次，认识就会提高一次，能力和水平就会得到长进。工作总结是增长才干的一种好方法，工作总结的过程也是自我提高的过程。

3. 借鉴作用　工作总结不仅仅是总结成绩，更重要的是为了总结经验教训，这些经验教训对本单位、外单位、本地区及外地区的工作都有借鉴与指导作用，在今后工作中可以改进提高，趋利避害，避免失误。对自身来说，写好工作总结，可以从中有所启迪，看到工作中的优点和不足，从而进一步明确今后前进的方向。

4. 监督作用　在总结中全面、深入地回顾、检查，找出成绩与缺点、经验与教训，实事求是地做出正确评价，通过定期总结，向职工报告工作，听取群众意见，接受民主评议。这样，不仅使工作总结更加符合实际情况，而且也接受了群众的监督。从某种意义上来说，工作总结也是一种民主监督的形式。这样的总结群众心服口服，有助于把群众最大限度地团结起来。

5. 考核作用　上级机关看工作总结是检查下级机关和基层单位的工作方法之一。从工作总结中可以看到成绩，发现存在的问题，再看实际情况是否与工作总结相符。写好工作总结，不仅是工作上的需要，也是向上级领导应有的汇报，向下属单位和职工群众应有的交代。从这个角度来看，工作总结起到了考核的作用。

6. 历史作用　工作总结中的很多原始资料存入档案，长期或永久保存，将来可以为编写年鉴和史志提供真实可靠的依据。

（二）总结的特点

1. 客观性　总结是对本部门工作或个人工作进行的自我评价，是对前一阶段工作的全面回顾和检查，这决定了工作总结有很强的客观性。制文者应该以平和的心态、客观的态度，实实在在地自我评价，不能言过其实、沽名钓誉，也不能文过饰非、隐瞒不足。所列举的事例和数据都必须完全可靠，确凿无误，任何夸大、缩小、随意杜撰、歪曲事实的做法都会使工作总结失去应有的价值。

2. 回顾性　这一点总结与计划正好相反。计划是预想未来，对将要开展的工作进行安排。总结是回顾过去，对前一段的工作进行检验，但目的还是为了做好下一阶段的工作。所以总结和计划这两种文体的关系是十分密切的，一方面，计划是总结的标准和依据，另一方面，总结又是制定下一步工作计划的重要参考。

3. 平实性　总结要叙事，以概述为主，把事情的来龙去脉说清，意义点明就可。总结要证明观点，靠的是实实在在的事例和统计数字，不搞雄辩的引经据典、反复论证。语言上朴实而不呆板，生动而不华丽，提倡朴实、稳重、生动三位一体的风格，不追求词藻华丽。在表述上以直述为主，议论很少，用事实说话，言之有物，反对假、大、空等虚言诳语。

4. 经验性 总结的根本目的在于"结",就是在对汇总的事实材料的分析研究中,归纳出经验教训,形成规律性的结论,指导将来的工作,今后少犯错误,取得更大的成绩。所以,在总结中,不仅要说明白"做了什么",更主要的是要讲清楚"怎样做"和"为什么这样做"。在内容和形式上同其他的应用文种比较起来,有着更鲜明的经验性。

(三)总结的类型

1. 按性质分类 按总结的性质可以分为:工作总结、学习总结、思想总结、科研总结、生产总结、战斗总结、活动总结等。

2. 按范围分类 按总结的范围可以分为:单位总结、集体总结、个人总结等。

3. 按时间分类 按总结的时间可以分为:年度总结、季度总结、每月总结等等。

4. 按内容分类 按总结反映内容的宽窄可分为两种:全面总结和专项总结。

全面总结是机关、单位对一定时限内所做的各方面的工作进行的总结。这类总结,要对工作进行总的回顾检查,分析研究,肯定成绩,指出问题,引出经验教训,明确今后的努力方向。既要反映工作的全貌,又要有主有次,重点突出。要抓住主要的成绩和经验、问题与教训,摆清事实,讲明道理。

专项总结是对某项工作或某项活动的专题性总结。如一个学校对如何提高教学质量问题的总结、加强学生思想政治工作的总结;一个医院对管理体制改革的总结、提高护理服务质量的总结等等。与全面总结相比较,这类总结的内容比较单一、集中。有的偏重讲经验,而对问题则一笔带过;有的主要谈教训,而对成绩只略说几句。在实际工作中,这类总结用得较多。报刊上发表的大多数属这类总结。

二、总结的写作

(一)总结的写作方法

总结从内容上说,一般都要回答"做了什么"、"怎么做的"和"为什么这样做"三个问题,也就是说要讲清工作的基本情况,概括出经验和教训,指出存在的问题和今后努力的方向。但是,由于目的和要求不一样,全面性总结几个方面的内容都应该有,而专项总结则往往只有基本情况,经验或教训。至于这些内容,哪些要先写,哪些要后写,哪些要详写,哪些该略写,要从实际出发,根据具体目的、具体情况而定。

总结的格式,包括标题、正文、落款三部分。

1. 标题 总结的标题形式不一。全面总结的标题,一般由单位名称、期限、文种组成。如:《××医院×××年护理工作总结》。专项总结的标题比较灵活,大部分都没有"总结"二字,例如《我院护士长竞争上岗的成功尝试》、《我院护士培训工作的得与失》。还有双标题的,正标题点明主旨或所需总结提炼的东西,副标题点明总结的单位、内容及时间。形式可以不同,但都要十分简洁并且有实在意义,对总结的内容起到画龙点睛的作用。如"辛勤拼搏结硕果——××医院×××年护理科研工作总结"。

2. 正文 正文是总结的主要部分，它要根据目的要求，全面、具体地回答"做了什么"、"怎么做的"和"为什么这样做"三个问题。使读者在了解情况中，得到认识上的升华、理论上的提高。正文没有固定的模式，但有大体的套路。一般写法是三个部分或四个部分，根据实际情况而定。四部分的写法可分：

（1）简要概述：这部分相当于前言，主要概述这一阶段时期的工作过程，或者说明所要总结的问题、时间、地点、背景、事情的大致经过；或者将工作的过程、基本情况、突出的成绩作简洁的介绍；或者将总结的中心内容：主要经验、成绩与效果等作概括的提示。本部分字数不宜多，简明扼要，点明就行。这段文字可以约束为一个段落，是工作总结的开头语或导语，其内容应起到提示全文的总纲作用。其目的在于让读者对总结的全貌有一个概括的了解、为阅读、理解全篇打下基础。

（2）归纳成绩：这部分应该有条理有顺序地摆数据、讲事实、搞对比，把本单位这段时期的主要成绩写出来。如成绩多、琐碎，可以概括起来，归纳几条写，不要面面俱到，写成流水账。每条成绩开头要考虑一个小标题，冠在前行，每个成绩之间用序数词隔开，这样一目了然。写成绩要用直述的表达方法，语言实实在在，少发议论，多用数据，多举事实，让事实说话。这部分的篇幅长短取决于内容，以说明成绩为准。

（3）提炼经验：一般来说，成绩是实在的，是有目共睹的；而经验则是比较含蓄的，隐含在成绩里面，需要经过分析研究，在大量事实的基础上进行提炼。从某种意义上说，成绩是实践的概括，经验是把成绩上升到理性，经验源于成绩，又高于成绩。因此，写经验部分要很好地开动脑筋，把经验精华高度概括地提炼出来。经验可以分条写，用序数词分开，或者可以冠上小标题。在几条经验中，应该分主要的、次要的、再次要的经验，按次序排后；重要经验应写的深入细致，次要经验概括地写。

（4）分析问题：这是工作总结的结尾部分，全面总结这项是不能少的，专项总结如果写，一般也是比较概括地写。这部分的内容主要是把问题找准，分析深刻。事物总是一分为二的，不管什么单位，工作再好，成绩再大，难免有问题。写问题要抓住要害，找出实实在在的几条，不要把鸡毛蒜皮的琐事罗列进去。对问题要做分析，从主客观两个方面找原因，不能怕揭短。这部分的文字不宜长，找准写清便可。在此基础上，也可以将今后努力的方向写在本部分后面。

上述四个部分是有机联系的整体。没有第一部分便没有第二部分，因为只有做工作，才能有成绩，如果不把工作过程写上，成绩便无从谈起。第三部分又是第二部分的正向延伸，因为有成绩才会有经验，没有成绩便谈不上经验，经验是从成绩中提炼出来的。第四部分是成绩部分的反向延伸，因为做任何工作，有成绩也有失误。在写工作总结时，不一定都按四个部分写，有时为了突出某部分，就重点写某一部分，其他部分可以省略或合并。比如，要突出写经验部分，前两部分可并成一个部分，而且可以简写，这样经验部分就比较丰满而实在。所以，工作总结基本构成是四个部分，但也可以写两个或三个部分。

3. 落款 落款包括两方面内容：制发文机关、制发文日期。一般都写在正文后面的右下方适当位置。如果为了突出单位，把单位名称写在标题下边或写在标题中，如："××医院急救中心护理工作总结"，结尾只标明日期即可。

（二）总结的撰写要求

1. 广泛收集，占有资料 写好总结，必须要充分占有资料。重点收集在总结时限内与总结事项有关的各种文字、图片及影像资料，起码要掌握四个方面的内容：一是要准确掌握在该阶段内做了哪些主要工作，哪些工作做得比较好，哪些工作做得一般或较差；二是要详细了解在该阶段工作中，面临的背景情况，利弊条件，遇到的矛盾，解决这些矛盾和问题采取了什么办法和措施，有什么经验教训；三是要清楚有哪些能说明工作成效、经验教训的典型事例、精确数据，群众语言和意见及建议，各级的评价等；四是洞悉当前的工作存在什么问题和原因，哪些是老问题，哪些是新问题，哪些是比较严重的问题，哪些是一般性的问题。

2. 一分为二，辨证思维 写工作总结，要一分为二看，把收集的各种材料运用辩证思维的方法，进行系统的分析研究。要对工作的各个方面、各个阶段的情况进行分析，弄清它们的共同点和不同点，找出它们内在的本质联系；对照前一阶段的工作，看看这段工作是进步了还是退步了，有何特点，是何原因，对照兄弟单位的情况，看看自己的工作是优是劣，有何特点，是何原因？在这样的由此及彼、由表及里的反复分析研究中，就可以发现事情的本质，找出工作的规律，筛选出能表现主旨、说明观点的材料。并在对观点材料做出顺序安排后，下笔为文，就有可能写出较好的总结来。

3. 精心构思，谋篇布局 写好总结要开好头、结好尾、突出中间，这是写好经验总结的基本要求。古人写文章讲究"凤头、猪肚、豹尾"，即开头要像凤凰头一样漂亮美丽，中间要像猪肚一样充实饱满，结尾要像豹尾一样威风有力。这个要求同样适用于写工作总结。要尽全力把情况部分写得很漂亮，把经验部分写得很充实，把措施部分写得很有力。

4. 剪裁材料，去粗存精 下笔写作时，要得体剪裁材料，材料有本质的，有现象的，有重要的，有次要的，写作时要去粗存精。总结中的问题要有主次、详略之分，该详的要详，该略的要略，做到详略适当。

【例文】

××医院2012年护理工作总结

2012年，我院护理工作在院领导和各科主任大力支持与关心下，通过各科护士长积极协助和艰辛的努力，带领全体护士坚持以患者为中心，按照医院年初安排和下达的各项目标任务指标，认真履行岗位职责，团结协作，共同努力，各项工作都取得了较好的成绩，现总结汇报如下：

一、基本情况

全院护理单元由去年的 10 个增加到现在的 12 个，病床由去年的 260 张增加到现在的 302 张，其中内科由 40 张增加到现在的 49 张、中医科由去年的 36 张增加到现在的 38 张、外科 48 张未变、骨科由 41 张增加到现在的 48 张、妇产科 103 张增加到现在的 94 张，新生儿科 25 张。全院临床岗位的护理人员由去年 145 人增加到现在的 164 人。其中，正式在编 23 人、聘用护理人员 141 人。今年总计招聘临床岗位的护理人员 39 人，辞退聘用护理人员 3 人，自行辞职的有 19 人。

全年共计护理患者 8821 例，较去年增加 498 人，其中妇产科 4870 例，骨科 872 例，普外科 1189 例，内儿科 1379 例，中医科 427 例，新生儿科 94 例。门诊治疗室总计接待患者 26826 例，完成经济指标 598988 元，较去年增加 21.8 万元，产房接生 4252 例，比上年增加 29 例，完成经济指标 1524073 元，手术室准备配合各类手术 2757 例，护理新生儿 4252 例，其中早产儿 206 例，抢救危重患者 30 余例，全院完成静脉输液 78742 人次，完成各种注射 297756 人次，输血 735 例，静脉采血 15763 人次，换药 296 人次，手术患者备皮 2757 例，口腔护理 22 人，肛管排气 18 例，鼻饲饮食 36 人次，给患者吸氧 29967 人次，吸痰 50 人次，给患者雾化吸入 248 例，冲化疗药物 10 例，进行新生儿乙肝疫苗和卡介苗接种分别为 8000 余人次，观察产程 50000 余人次，灌肠 1124 人次，导尿 3085 人次，发放健康教育宣传单 2000 余份，供应室总计高压消毒物品去年 39856 件。护理差错率 0.12%。

二、以患者为中心，改善服务流程提高服务质量

为了适应医疗服务的需求，营造高层次的服务理念和人文关怀，树立良好的社会形象，推动医院持续稳定的发展，我院坚持以患者为中心，在尊重、理解、关怀患者的基础上，为患者提供温馨、周到的人性化服务，尊重患者的人格尊严，重视患者的心理需求，以最大限度地满足患者的生理及心理需求，通过方便、快捷、热情周到地为患者提供优质服务，从根本上体现了以患者为中心的服务宗旨。提倡人性化服务，建立人性化服务的理念，从服务对象的特点和个性出发，开展护理服务，以尊重患者，服务于患者，顺应时代发展和现代生活需要为切入点，不断完善服务措施。首先，责任护士热情接待患者，并把患者送至床边，主动向患者或者家属介绍病区环境，作息时间、规章制度及主治医师等，及时发放护患联系卡，了解患者入院后的心理状态与需求。其次，交代特殊用药、饮食的种类以及各种检查注意事项、手术目的、手术大致经过、卧位、放置管道的注意点及拔管时间，安慰鼓励患者，尽最大的努力解决患者的后顾之忧。第三，提供规范化服务，做到"送药到手，看服入口，服后再走"，把亲情化服务纳入工作之中，用充满仁爱的亲情去慰藉患者，增强患者战胜疾病的信心，促进早日康复。加强护患沟通是做好一切护理工作的前提和必要条件，护理部推行住院患者一日督促卡的应用，无形中督促了各科护士主动去观察病情，有效地缩短了护患之间的距离，又增加了护患沟通，同时，减少了护患冲突，据统计，护患纠纷比去

年减少58%。

三、重视护理人才培养，提高护理人员整体素质

（一）提高护士的理论和技术操作水平

一是加强护士业务学习。护理部今年制定了具体的全院每月一次的学习计划和科室每周一次的学习计划，同时注重安排平时督查薄弱方面的知识培训、新业务、新技术和新设备方面的培训，并组织实施全院护士业务学习9次，科室小讲课200余次。

二是鼓励护理人员参加护理自学考试、函授学习，提高学历层次。创建学习型护理团队，截止今年底，已有50余人获专科学历，还有20余名护士报考成人自学考试。

三是积极争取并及时组织护士长和护士外出培训进修学习。今年先后派出18名护士分别到省级人民医院和西安交大附属医院进修学习。护理部坚持对每批进修人员提出外出要求，签署进修计划，要求进修结束后向护理部上交进修总结及进修单位鉴定书，并在全体护士会上进行汇报。每名进修人员都能珍惜进修机会，勤奋好学，认真记录，带回了许多进修单位的表格和图片，在进修单位也留下了好的影响。通过学习，她们观念转变很大，工作责任心明显增强，带动开展了许多新业务。

四是努力提升护理人员急救水平和应急能力。利用庆祝国际护士节之机，牵头组织举办了"全院医护合作急救模拟演练比赛"与急救知识竞赛，通过专题组织培训、各科组织训练及竞赛，大部分医护人员掌握了基本的急救技术，提高了专科护理救治能力。

（二）完善制度，定期检查考核，提高护理质量

质量管理是医院永恒不变的主题，定期进行检查考核，是提高护理质量的保证。为了提高护理质量，护理部在总结以往工作经验的基础上，对各科室护理台账重新规划，重新制定了切实可行的检查与考核细则，除了每月重点查、每季度普遍查以外又增加了不定期抽查、互查，共检查196次，合格率96%以上。护理部组织全院护士每季度考试一次，各护理单元组织每月一次理论考试及操作考试，每名护士每月考核三项，月底上报护理部。总计全院集体护士业务考试4次，科室考试考核100余次，组织新聘人员培训10余次，考试考核12次。在基础管理、质量控制中各科室护士长能够充分发挥质控领导小组成员的作用，能够根据护理部的工作安排做到月有计划，周有安排，日有重点，月底有小结。

在基础护理质量管理上，严格执行护理操作规范，加强检查，确保落实。护理部坚持每周两次护理质量检查，对于检查中存在的不足之处进行详细地原因分析，并通过深入细致的思想教育，强化护理人员的服务意识、质量意识。制定切实可行的改进措施。及时改进工作中的薄弱环节。

在环节质量上，注重护理病历书写的及时性与规范性。

在安全管理方面和消毒隔离方面，内一科、内二科、感染性疾病科、骨科、外科、儿科、五官科、急诊科、输液室、手术室、供应室等科室，严格把关，从点滴做起，

全年安全达标、消毒隔离工作符合规范，无差错事故发生。全年各科基础护理合格率达到96%以上。健康教育覆盖率达到100%，在急诊药品管理中，各科室抢救药品及器械都能处于应急备用状态，完好率达到100%，全年无差错事故发生，工作中的一些小疏忽均被通过各种途径查出，通过组织学习讨论，落实改进措施，将不安全因素消灭在萌芽状态，提高了护理质量。

四、加强思想教育，营造"务实高效，团结奋进"的工作氛围

在思想教育形式上，充分发挥各科室优秀护理人员的模范带头作用，不定期组织各科室进行学习，强化职工的法律意识、服务意识和质量意识，加强基础护理质量、环节质量、终末质量的全面管理。一年来，涌现出一大批先进人物和典型事迹，全年护理队伍中共有128人次获得各种奖励。在各级各类学术刊物上发表论文108篇，获得省级科技进步奖1项，院级医疗成果奖5项。

五、存在的问题

2012年我院护理工作取得了很好的成绩，但在肯定成绩的同时，我们也应该清醒地看到存在的不足：护理人员的整体素质及服务质量有待进一步提高；优质护理服务活动尚处于摸索阶段，经验不足，落实不到位；病房管理有待提高，陪员限制不严，患者自带物品较多；部分护理文书存在书写欠规范、内涵质量不高等缺陷；患者健康教育不够深入，缺乏动态连续性，患者对疾病知识掌握还不够全面；护理管理经验不足，知识欠缺，工作标准要求不高，工作无创新，有待加强与努力学习；护理质量监控工作需进一步完善与落实，护理人员服务意识、服务观念有待进一步提高，个别护理人员服务态度不热情；学习风气不够浓，开展新项目、引进新技术不够；在科研技术的开发上滞后。上述不足之处，我们将在今后的工作中加以整改和落实。

××医院护理部
二〇一二年十二月二十八日

【病文分析】

2012年养老护理员培训工作总结

我院应该参加培训的职工有138人，去年底培训合格取得资格证书有45人，还有93人需要继续培训。为了切实抓好养老护理员培训这项工作，我院于今年3月起分三批派人到养老护理员培训基地进行培训。下面谈谈我们的初步做法和今后打算：

省民政厅《关于对养老护理员实行职业资格证书制度的通知》下达以后，院党委十分重视，党委书记及时召开党委会，研究了这项工作。大家认为，我院接近婚龄的女青年较多，如果不在近期内抓紧完成培训任务，将来困难会更大。因此，党委决定在院里开办培训班，并把这项工作交给工会和护理部具体抓。

会后，院里成立了由工会主席、护理部主任和一名养老护理员代表组成的领导小组，着手筹备办理。我们遇到的最大困难是人员紧张，工学矛盾突出。我们根据工作和学员的具体情况，科学排班，既保证每天有足够的人力在工作岗位上，又保证学员能参加学习。开学以后，教材短缺部分买不到，我们又自己动手复印教材，保证了教学工作的顺利进行。

为了保证培训质量，使学员都能拿到职业资格证书，必须加强教学管理。我们制定了"学员守则"、"考勤制度"等必要的规章制度，并且各班配备了正副班长，负责考勤和收发作业。制订了制度就要严格执行。有一段时间各班出勤率、作业完成率普遍不高。我们规定无故旷课一次，扣发月奖金10分（我院月奖金采用百分制评分法）；两次不完成作业扣5分。这件事对学员震动很大，出勤率、作业完成率都有所提高。

但是，光有这些还不够，还应该积极采取措施，帮助职工解决学习和生活中的具体困难，为他们解除后顾之忧。例如，我院护理员中有不少孩子妈妈，因小孩拖累晚上不能上课，工会就腾出一间房子，粉刷墙壁、购置了小桌椅，办起了临时托儿所，解除了她们的后顾之忧。又有制度，又有措施，职工学习积极性大大提高，学员出勤率、作业完成率一直保持在90%以上。

在培训方面，我们取得了一些成绩，但也存在一些问题。目前，参加培训的员工中大部分获得了"养老护理员职业资格证书"，是参训单位中合格率最高的。对于培训不及格的，我们打算视情况再给一次机会，争取明年全部拿到"养老护理员职业资格证书"。

2006 年 12 月

这是一篇专题总结，主要存在以下问题：

1. 条理层次紊乱　总结的开头部分以介绍基本情况为主。这篇总结的第一自然段是开头部分，内容基本符合开头的要求，但安排得比较混乱，且有所遗漏。上级下达的《关于对养老护理员实行职业资格证书制度的通知》是开展这项专题工作的前提，应该作为主要依据放在基本情况介绍的开端，而本文却安排到主体中去了。本院职工的有关情况，如共有多少养老护理员，其中有多少人已有资格证，还有多少人需要进行培训等，要紧接着进行介绍。然后用过渡句转入主体部分。

2. 内容缺乏归纳　主体的结构安排混乱。从内容上看，这个养老院在培训方面所做的工作还是很多的，也有不少成绩。归纳梳理之后，应有如下四条经验：一是领导班子重视；二是克服困难组织培训；三是建立了切实有效的教学管理制度；四是解决职工学习的后顾之忧。如果按照这四条经验为脉络组织材料，文章会显得层次分明、井然有序。可惜的是，有关材料被随意的堆砌在一起，逻辑混乱，没有层次、脉络可言。

3. 遗漏重要内容　这篇总结说："在培训方面，我们取得了一些成绩，但也存在不少问题"，存在什么问题？总结中没有说。最后一段提到"参加培训的员工中大部分获得了"养老护理员职业资格证书"，究竟有多少人培训合格？总结中没有说。另外，应该将办班后参加考试的成绩写清楚，例如有多少人及格，多少人仍不及格，从中可以看到成绩和不足。由于缺少这些必要的内容，工作的最终成绩就不清楚，随后的今后工作打算也缺乏针对性。

4. 语言词不达意 这篇总结的语言问题较多。如第一自然段最后一句"下面谈谈我们的初步做法和今后打算"，"初步做法"的说法不确切，"今后打算"也不应该在这里强调，因为总结的重心是成绩、做法和经验，不是今后打算。再如"院党委十分重视，党委书记及时召开党委会，研究了这项工作"，短短二十余字仅"党委"二字就出现了三次，不精练。第五自然段的"学员出勤率、作业完成率一直保持在90%以上"，跟前面"有一段时间学员的出勤率、作业完成率普遍不高"的说法相矛盾。

5. 格式不全 总结最后遗漏了落款。如在标题和落款中都没有写明制发文机关。

【仿真练习】

1. 写一篇个人年终总结。

2. 写一篇学习某一课程的学习总结。

第三节 护理工作简报

一、概述

简报，是党政机关、群众团体、企事业单位简要报道工作情况的一种文书形式，是信息类应用文中常用的一种。常见的"工作动态"、"情况反映"、"通讯"、"内部参考"、"快报"等，都属简报。简报最初主要是用于向上级反映情况、报告工作。随着简报的广泛运用以及报道内容的日益丰富，简报也就由一事一报变为一报多事，逐渐演变成内部小报。报送方向也由向上报告的单向报道变为多向报道，即上传下达、左右互报。

简报不是一种文章的体裁。因为一份简报，可能只登一篇文章，也可能登几篇文章。这些文章，可能是报告、专题经验总结、讲话、消息等。简报也不是一种刊物。有些简报可装订成一本，像一般"刊物"，更多的是只有一两张纸，几个版面，像一份报纸。简报具有一般报纸的新闻特点，要求有时效性。而刊物的时效性则远不及报纸。所以，简报不是"刊"，而是"报"。

（一）简报的作用

1. 传递信息，指导推动工作 简报本身就是一种信息载体，可以使各级工作人员互相了解情况，吸取经验、学习先进、改进工作。领导机关编发的简报，可以及时向所属单位传达上级机关的指示和意图，提出工作意见和要求，树立先进典型，推广成功经验，起到指导和推动工作的作用。

2. 汇报工作，争取领导帮助 下级机关编印上报的简报，可以迅速地向上级机关汇报工作、反映情况、提供信息，使上级机关及时掌握本单位工作进展动态，争取得到上级的及时指导和有效帮助。

3. 沟通情况，促进了解协作 平行机关及其他兄弟单位间互相传递的简报，可以在机关和单位之间互通情报，交流信息，互相借鉴，促进了解和工作上的配合协作。

（二）简报的特点

1. 篇幅短小 简报的"简"，是它区别于其他报刊的最显著的特点。一期简报甚至只登一篇文章，几段信息，或登几篇文章，总共一两千字，长的也不过三五千字，读者可以用很短的时间把它读完，适应现代快节奏工作的需要。因此简明扼要是简报的内在特征，又是它的外在标志，是简报的特点也是优点。简明扼要具体体现在其内容高度集中，语言简洁明了，篇幅短小精悍。它以概括叙述为主，下笔直陈其事，一般没有描写和抒情，只需几百字就把事情的来龙去脉及有关情况交代清楚。

2. 内容专业 简报一般由有关单位、部门主办，专业性十分明显。如《护理工作简报》、《计划生育简报》、《招生简报》等等，分别由主办单位组织专人撰写，传递该项工作的各种信息，一般性的信息少说，专业性的信息多说。

3. 传递迅速 简报类似新闻中的消息，非常讲究时效性。不同的是，消息强调及时，而简报强调适时，因为简报反映情况，总结经验、教训，不能不受工作进程的制约，只有为工作的开展所需要，才能更充分地发挥积极作用。

4. 内部交流 一般报纸面向全社会，内容是公开的，没有保密价值，读者越多越好。简报则不同，它一般在编报机关管辖范围内各单位之间交流，不宜甚至不能公开传播，不能任意扩大阅读范围，特别是涉外机关和专政机关主办的简报更是如此，所以，简报一般只限于内部交流。

（三）简报的类型

1. 情况简报 是指为了推动日常工作而编印的简报，又称业务简报。常见的有："工作动态"、"情况反映"等。这是一种反映本地区、本系统、本部门日常工作或问题的经常性简报，它包含的内容较广，其任务是反映工作的进展情况、工作中的经验和问题，表扬先进，批评落后，指导工作。它常以定期或不定期的形式出现，在一定范围内发行。

2. 专题简报 是指为了配合某项重要工作的开展而专门编印的简报。如《××省卫生厅部分单位"医院管理年"活动工作座谈会简报》。编写这种简报的目的，是为了及时地反映工作的进展情况，有效地指导工作的开展。

3. 会议简报 是指会议期间为反映会议的进展情况而编发的简报。它是一种临时性的简报，内容包括会议情况、发言及会议决定等。小型会议一般是一会一期简报，规模较大、时间较长的会议常要编发多期简报，以起到及时交流情况，推动会议的作用。常常在会议结束后，写一期较全面的总结性的情况反映。从会议开始到结束的重要报告、讲话、讨论发言、会议动态及其他的有关情况一一予以反映，以达到及时交流情况、传递信息、开好会议的目的。

二、简报的写作

（一）简报的写作方法

简报有比较固定的格式，一般分报头、正文、报尾三个部分，每部分用横线隔开。

1. 报头 包括报名、期数、编号、编发单位、印发日期、密级等项内容。

（1）报名：每个简报，都有一个固定的名称，如《护理工作简报》。名称一般不改动。根据实际情况可分作两行写，也有的简报名称只写"简报"二字。

（2）期数：期数的位置排在"简报"二字的正下方，各期按顺序标列，如"第×期"。有时简报有总的期数，还有分的期数，可同时写出便于查找。如"二〇一二年第十二期（总第二十八期）。

（3）编印单位：排在期数的左下方，如"护理部编"，"××省护理学会编"。

（4）印发日期：排在期数右下方，如"××××年×月×日"，与编印单位并排。

（5）密级：分"内部参考"、"秘密"、"机密"、"绝密"等级别，印在简报名称的左上方。如一般性简报，不编密级的，就不必标出。

整个报头，一般采用套红大字，居中，占第一页显要位置的三分之一。

2. 正文 简报的正文也称报核，即简报所刊的一篇或几篇文章，是简报的关键部分。简报的写法是多种多样的。因此，它的形式也较灵活。大多数是消息，包括标题、导语、主体、结果和穿插在叙述中的背景材料。除了消息，还有别的文体，所以，不是每篇简报都有这几项内容。

简报的标题类似新闻的标题，要揭示主题，简短醒目；导语通常用简明的一句话或一段话概括全文的主旨或主要内容，给读者一个总的印象。导语的写法多种多样，有提问式、结论式、描写式、叙述式等。导语一般要交代清楚谁（某人或某单位）、什么时间、干什么（事件）、结果怎样等内容；主体用足够的、典型的、有说服力的材料，把导语的内容加以具体化；结尾或指明事情发展趋势，或提出希望及今后打算。如果主体部分已经把事情说清楚，那就不必再加结尾了；背景可以穿插在各个部分，主要是对人物、事件起作用的环境条件和历史情况的说明。

3. 报尾 报尾包括：发送单位、编印份数。在简报最后一页末端写清发送单位，一是笼统地写，如"发送单位：××××"，或只写"送：××"；二是分别标明，如"报：×××，×××"，"送：×××，×××"，"发：×××，×××"。"报"是上级单位；"送"指平级或不相隶属的单位；"发"指下级单位。

编印份数在发送单位的右下端，标明"共印××份"。目的是为了便于管理、查找。

（二）简报的撰写要求

1. 抓准问题，有的放矢 一张简报，篇幅很小，应该围绕本单位的实际情况，反映那些最重要、最典型、最新鲜、群众最关心、最需要引起注意的问题。要想抓得准，就必须认真研究本单位或本会议在贯彻执行党的方针政策中的新情况、新问题，抓住重要的方面，给予具体的反映。

2. 材料真实，内容准确　简报不能有半点虚构，不允许对那些心理活动、环境、气氛等无形的事实搞"合理想象"。简报所选用的任何材料，包括人名、地点、时间、情节、数字、引语、因果关系等等，都要完全、准确、无误，没有虚构、夸张、缩小和差错。特别在估计成绩和宣传先进时，更要严格把握分寸，实事求是，恰如其分，留有余地。对工作基本情况的评价一定要客观、恰当。

3. 简明扼要，一目了然　文字简要是简报的重要特点，文字要求干净利索，开门见山，不必追求含蓄，用尽可能少的文字说清楚必须说明的问题。字数一般在几百字左右，最多不能超过 2000 字。但并不排斥具体的事例、鲜明的人物语言及行动的叙述。

4. 主题集中，一稿一事　简报不要贪大求全。一份稿件抓住一个主要问题，不搞面面俱到，才能使简报的篇幅短小，主题凝聚。如果简报所涉及的内容较多，可以把想说的问题进行归纳、提炼，抓住最能反映事物性质的内容做主题，重点来写，其他则摒弃。

5. 讲究时效，反应迅速　简报的功能，决定了简报的编者必须讲求时效。这就要求简报的作者思想敏锐、行动敏捷，对问题反应快、对材料分析快、写作构思快、动笔成稿快。同时，还要求简报的编辑、签发、打印、发稿速度快，共同把握发稿时机。

【例文 1——情况简报】

情况简报

第××期

主办：××部门　　　　　　　　　　　×年×月×日

（标题）×××××××

正文：××××

报：×××，×××

送：×××，×××

发：×××，×××

共印××份

积极探索护理管理模式，全面提升护理管理质量

我院护理部认真落实"三好一满意"活动方案，坚持深入优质护理服务，在责任制护理内涵落实，优化护理服务，配合相关部门，探索改革岗位质量考核从而调动护士积极性等方面取得实质性进展。

一、转变护理模式，落实责任制护理

（一）实施责任制护理，全面履行护士职责

全院病房均实行责任制护理工作模式，所有获得护士执业证书的注册护士均包干负责患者，每名护士包干负责一定数量（一般为 6 ~ 8 名）的患者，全面履行基础护理、病情观察、治疗、沟通和健康指导等工作。患者自聘护工或需家属陪护的比例降低了 50% ~ 60%，大大减轻患者负担。

（二）运用专业知识保障患者安全

责任制护理的实施增加了护士在病房，在患者床旁的时间，责任护士更加熟悉患者病情及诊疗护理重点，更加细致的观察患者病情变化，将专业知识与基础护理有机结合，体现了专业内涵，满足了患者对护理专业服务的需求。

事例 1：抢救呼吸衰竭患者

中医老年病科责任护士为一名小脑萎缩患者翻身时，发现患者呼吸呈叹气样呼吸，及时通知医生，急查血气后，发现患者为 II 型呼衰，使患者得到了及时抢救。

事例 2：发现患者血象异常

呼吸内科责任护士为患者做床上擦浴时，发现患者有散在出血点，护士及时通知医生，为患者做血常规检查，提示患者血小板明显低于正常值，给予了及时处理。

二、注重专科特色，延伸护理服务

（一）充分发挥我院中西医结合的特色

中医风湿科责任护士每天下午带领患者练习医疗体育操，积极进行功能锻炼；中西医结合肿瘤内科根据肺癌、食管癌、胃癌等不同病种开展了中医辨证施护服务流程，内容包括了一般护理、放化疗、疼痛管理等专科护理。

（二）注重健康教育形式的多样化和生动性

内分泌科在对患者进行健康教育的同时，注重形式的多样化，生动性，责任护士举办入院"一对一"小讲课，每周小组讲课，每月大课堂，患者看图对话学知识等多种多样的健康教育活动。同时组织患者成立"生命网"，对出院患者进行追踪随访，糖尿病专科护士配合医生、营养师共同在门诊对患者做健康指导，取得了很好的社会反响。

（三）开展术前访视制度

手术室开展手术患者术前访视制度，制定术前访视流程，责任护士和手术室护士对于手术过程的解释、术前准备以及术后康复的指导有效缓解了手术患者的焦虑和不安。

（四）对出院患者试点电话回访制度，延伸护理服务

呼吸内科等优秀试点病房率先试行对出院患者进行电话回访活动试点，将优质护

理服务送至患者家中，实现了护理服务的延伸，体现了整体护理。截至目前，我院所有病房均开展了电话随访服务，责任护士结合本专科特色，对所负责的出院患者一周内进行电话随访并随时记录，对患者饮食、用药、康复等方面进行一对一的健康指导，使患者在家也能享受到医院的专业护理服务，同时拉近了责任护士与患者的距离，密切了护患关系。

三、探索护理质量考核方式，充分调动护士积极性

（一）探索护理质量考核方式

在院领导的支持下，护理部与质管办就护士质量考核方式进行积极探索，创新机制，力求实施科学的护理质量考核。我院以往对护士的考核是按照护士、护师、主管护师、（副）主任护师职称制定相应的考核要求，这种考核方式与目前实施责任制护理工作模式有所脱节，为使护士的绩效分配真正与护理工作的数量、质量及患者满意度相结合，实现多劳多得，优劳优得，医院制定了责任制岗位考核标准，按照手术科室、非手术科室、中医科室的责任护士、责任组长、夜班护士等护士实际工作岗位、工作内容进行考核，强化了人人负责一定数量患者的管理模式；同时按照护理质量（内含护理基础规范，重点监控指标）、护理安全两大方面，细化分解为17项考核指标。

（二）调动护士积极性

医院为调动护士积极性，提高护理费返回比例，护理费100%返还临床一线护士，对试点病房每月进行一定的绩效工资补贴，对上夜班数量较多的护士给予物质奖励。同时科室根据护士完成护理工作的数量、质量及患者满意度等因素进行绩效工资的二次分配，真正实现多劳多得，优劳优得。

【例文2——会议简报】

2012年全国卫生专业技术资格考试工作会议简报

2012年全国卫生专业技术资格考试暨护士执业资格考试工作会议于2月29日~3月1日在湖北省武汉市召开。人社部专技司、卫生部人事司、医政司、卫生部人才中心有关领导和来自全国32个省（市、区）的考试组织机构主要负责同志，以及全军专业技术干部考试中心、总后卫生部医疗局等部门的代表共计120人出席会议。

会议总结了2011年全国卫生专业技术资格考试、护士执业资格考试工作情况，安排部署了2012年全国卫生专业技术资格考试、护士执业资格考试的重点工作任务。

人社部专技司×××副司长对2011年卫生资格考试工作取得的成绩给予了充分肯定，对目前考试工作面临的形势和任务进行深刻分析，并对今年的考试工作提出了四点要求：

一是要求各级考试管理机构高度重视，全力组织实施，把各项制度落到实处；二是强化内部管理，清除安全隐患；三是严肃考风考纪，净化考试环境；四是做好考试应急预案，稳妥处理应急事件。

卫生部人事司×××副司长充分肯定了考试工作取得的成绩，他指出，十一年来，在人社部、卫生部的指导下，在卫生部人才中心和各级考试管理机构的共同努力下，考试政策不断完善，考务管理水平不断提高，考试管理人员队伍建设取得成效，考试信息化建设不断推进，考试安全保密措施不断强化，考试的规模不断扩大，对卫生人才队伍建设的促进作用不断显现。2011年首次独立开考的护士执业资格考试，各级考试机构在建章立制、健全管理机构、考试组织方面都做了大量的工作。×××副司长要求各级考试机构在今年的考试工作中要提高重视、精心准备，严格执行纪律，加强保密安全和人员队伍建设，优化考试环境，做好应急预案防范突发事件，以人为本做好考生服务，确保考试工作万无一失。

卫生部医政司××同志分析了护理人才队伍现状及其在公立医院改革中的作用，阐述了护士执业资格考试的意义，要求各级考试机构严格遵循护士执业资格考试的相关政策，规范报名资格审核的程序与条件，把好准入关，提高护理人员的整体素质。

卫生部人才中心×××主任首先对2011年考试工作情况进行了通报，并要求各级考试机构及时总结工作，加强学习交流，促进考试工作稳中求进；统一思想，积极应对今年面临的风险和挑战，提前演练，加强考试安全，狠抓制度落实，确保考试顺利实施。

根据会议安排，湖北、吉林、黑龙江和贵州考区的负责同志在大会上做了工作经验交流。会议分组讨论中，各考区负责人围绕上午的会议内容并结合本考区的实际情况，就进一步做好2012年卫生专业技术资格考试和护士执业资格考试工作进行了交流，对加强考试安全管理，提高防范意识，增强考试应急处理能力，以及如何应对护士执业资格考试组织过程中遇到的新困难等提出了意见与建议。

最后，卫生部人才中心×××副主任对大会进行了总结，并要求与会代表会后积极传达并深刻领会会议精神，从促进社会公平正义、维护社会和谐稳定的战略高度，从维护广大卫生专业技术人员切身利益的全局高度，提高对两项考试工作艰巨性的认识，增强做好考试工作的紧迫感和使命感，切实解决当前保密工作面临的突出问题，充分做好人机对话考试的各项准备，提高应急事件处理能力，提高服务意识，将各项考试工作落到实处，保证2012年卫生专业技术资格考试和护士执业资格考试的安全有序顺利进行。

【例文3——专题简报】

2012年9月份病案质量检查情况通报

为了加强对护理质量的监控管理，提高对护理文件的书写质量，护理部对9月份的归档病历进行检查，共有204份。其中内科77份，外科69份，妇科36份，针灸理疗科15份，皮肤科6份，口腔科1份。其中甲级病历198份，乙级病历5份，丙级病历1份。通过检查结果发现六个科室的护理记录及时，绝大多数字迹工整，体温绘制整齐，页面清洁，但是还存在以下不足之处：

一、体温单

1. 体温绘制不规范（多画）。

2. 三测单填写漏项（大便）。

二、首次护理记录单

1. 首次评估不全（皮肤黏膜、辅助用具、慢性病等）。

2. 年龄错误。（1959. 8. 23—53 岁）

三、护理记录单

1. 错别字（已—己）

2. 护理记录与三测单不一致（大便）。

【病文分析】

医院附近的"医托"使出浑身解数引诱患者上钩造成不良影响

68 岁的张老汉来自××省××县农村，2012 年 3 月 5 日，他生平第一次来到省城××。半年多以前张老汉开始出现胸闷和咳嗽症状，按照他自己的想法是再拖一阵，实在不行再到医院去。后来禁不住家人劝告，张老汉借了 1000 元来到省城找"大医院"检查一下。刚到××附属医院的大门，就意外地遇到同来医院看病的一个"好心人"。这位"好心人"得知张老汉病情后告诉他，自己一年前得的病和老张现在的症状一样，在这个大医院看了好久，花了一万多元都没看好，后来经朋友介绍去看了个老中医，吃了五副中药就看好了。本来就为医药费发愁的张老汉想都没想就跟着"好心人"去找老中医。在一个偏僻的小诊所，张老汉见到了一位留着长胡子的"老中医"。简单询问了病情后，"老中医"拿出"祖传秘方"，一袋用烟纸包着的中药，说保证治好他的病，效果可当场实验。张老汉小心地尝了一下，感觉喉咙凉凉的，"效果"明显，于是用身上仅有的 1000 元买了那药。拿着药回来后，张老汉越想越不对劲，就把药拿到医院的检验科去化验，结果发现所谓的"祖传秘方"竟是口香糖。

近年来一些地区的"医托"现象大有愈演愈烈的势头。尽管有媒体不断监督曝光，社会却还是拿"医托"无可奈何，而且"医托"的"营销水平"和"工资水平"在不断提高，甚至"做医托"成了某些人的"铁饭碗"。

这篇简报的问题是：

1. 结构安排不合理　简报的写法一般是在导言部分用一句话或一段话，概括全文的主题或主要事实，主体则将导言具体展开。因此，应将第二段移上来，成为第一段。

2. 详略不当　病文的第一段对事实的叙述式展开，过于详细和具体，语言不够简洁。作为简报没有必要写这么多的细节。简报的语言应用概括叙述的写法。

3. 标题不够精练。

4. 缺少报头与报尾。

【**仿真练习**】试以所在班级最近发生的事情或举办的一次活动为内容写一份简报。

第四节　调查报告

一、概述

调查报告就是有目的地对某一事物、某一情况、某一问题或经验，进行深入、细致、周密的调查研究和综合分析以后，将调查和分析的结果系统地、如实地整理成书面材料的一种文体。周密的调查、悉心的研究分析、完善的表达是构成调查报告的三要素。

本书所指的调查报告，是事务性工作中应用的调查报告，而非科研学术意义上的调查报告，科研学术性调查报告在作用上、格式上、内容上、要求上均与事务性工作中应用的调查报告有很大不同。

（一）调查报告的作用

1. 搜集情况，总结经验，揭示问题　调查报告主要功能是搜集情况，并通过对调查所得情况的深入研究，提出一定的见解，使人们提高认识，掌握规律。因此像考察报告、调研报告等都是常见的调查报告体裁。

2. 反映情况，分析问题，提供依据　调查报告可为领导机关和决策人制定政策、措施提供重要依据。调查报告反映的对象较为广泛，容量也较大，对人们的社会实践有重要的指导作用。许多革命领袖曾运用调查报告这一重要形式指导革命实践。如恩格斯的《英国工人阶级状况》，毛泽东的《湖南农民运动考察报告》等对当时的革命斗争都起过重要作用。当前，我国已进入全面建设小康社会的新时期，医疗卫生行业在改革中也遇到许多新情况、新问题，更好地运用调查报告研究中国的国情和特色，及时掌握医疗卫生行业的新动态、新经验，推动各方面工作的开展，仍然是十分重要的。

（二）调查报告的特点

1. 真实性　调查报告最本质的特点是客观真实性，这是调查报告的生命所在。它是由非当事人在深入调查研究的基础上，以严肃的科学态度撰写的。它要如实反映实际情况，不能带着观点找材料；更不能只报喜不报忧，甚至无中生有，搞"假、大、空"。对少数人以至个别人的言之有据的意见，亦应在报告中反映，不能搞"少数服从多数"。调查报告要严格尊重客观实际，所反映的情况、问题以及所引用的数据、资料等，都要准确无误。同时对事物本身的逻辑，不可言过其实或以偏概全。

2. 针对性　调查报告，或是反映新生事物，推广先进经验；或是弄清事实，揭露问题；或是查清某一件事的来龙去脉，得出合乎客观实际的结论等，都要根据党的方针政策，从工作需要和实际出发，有针对性地调查研究。针对性越强，指导意义越大，就越能发挥它的积极作用。一般来说，一项调查研究工作，特别是大型调查研究，要花费较多的时间、较多的人力和物力，不是随意组织进行的，而是针对一些较为迫切的实际情况，解决某些实际问题而进行的。因此调查研究就具有很强的针对性，在调查报告的写作上，必须中心突出，明确提出所针对的问题，明确交代这一问题所获得的事实材料，分析出问题的症结所在，提出具体可行的建议和对策。

3. 典型性　典型性是指在调查报告的写作过程中所采用的事实材料要具有代表性，以及所揭示的问题带有普遍性。这种典型性的特点在总结经验和反映典型事件的调查中表现的尤为突出。

4. 系统性　调查报告的系统性是指由调查材料所得出的结论，必须具有说服力，把被调查的情况完整地、系统地交代清楚。不能只摆出结论，而疏漏交代事实过程和必需的环节。因为这样的疏忽势必造成不严密、根据不足以及不能让人信服的印象。这里所说的系统性，并不是要求在调查报告的写作过程中，事无巨细，面面俱到，而是抓住事物的本质和主要方面，写出结论的推理过程。

知识链接

◦ 查报告与相近文体的区别 ◦

调查报告与工作总结、新闻报道、评论文章比较，有相似的地方，也有所区别。

1. 调查报告与工作总结的区别　调查报告与工作总结都要求反映客观事物的基本面貌和发展过程，概括出规律性的东西，总结出经验教训。但在内容上，调查报告要求面向全局，所反映的范围较广泛，可以涉及现状、历史等各个方面的问题；工作总结往往只限于反映本单位、本地区的情况。另外，在写作时，总结的中心问题是经验，调查报告的中心问题是具体材料；调查报告用第三人称，工作总结用第一人称。

2. 调查报告与新闻报道的区别　调查报告和新闻报道都必须尊重客观事实，记述真人真事。调查报告无需采用文学手法描绘事物，而是着重以事实说明问题，在叙事的基础上进行分析、评论，揭示事物的本质，探求事物的发展规律，从而提出经验和办法；而新闻性的调查报告同消息、通讯一样，要求反应迅速及时，具有新闻的特点。消息以叙述为主，寓理于事；通讯常以叙述、描写相结合的手法，通过对人物、事件的具体描绘来打动读者。

3. 调查报告与评论文章的区别　调查报告和评论文章都要对事实进行分析、评论，采用"史家笔法"，寓理于事，在充分叙说典型材料的基础上，提出明确的观点，得出相应的结论。但评论文章以评论为主，它所引用的事实作为评论例证；调查报告则以叙述为主，围绕事实进行评论，结论从事实引出来，既不必阐述论证过程，也不允许任意发挥，而要求从典型事实的叙述中表达倾向，引出观点，找出规律。

（三）调查报告的种类

1. 根据调查报告的性质可分为　综合型调查报告、专题型调查报告、理论研究型调查报告、典型调查报告。

（1）综合型调查报告：就是围绕一个问题，多方面地进行调查，综合调查众多的对象及其基本情况为内容，作全面系统的调查分析后写成的报告。这种调查涉及面广、花费时间长、投入人力多，内容一般包括调查目的、概况、重点问题综合分析、提出建议等。它具有全面、系统、深入和篇幅较长的特点。

（2）专题型调查报告：就是针对某个问题或某件事进行比较深入的调查后形成的报告，这类报告一般在标题上反映出来。它能及时揭露现实生活中的矛盾，反映群众的意见和要求，研究急需解决的具体实际问题，并根据调查的结果提出处理意见，或是对策，或是建议。这种调查报告，可以先提出调查的问题和目的，然后再通过材料的分析来回答，进而提出建议。

（3）理论研究型调查报告：就是以学术研究为目的而撰写的报告，它以收集、分类、整理资料并提出问题、报告结论为特点，大多发表在学术刊物上，或载于学术著作中。

（4）典型调查报告：典型既有正面的，也有反面的；有先进的，也有落后的。典型调查报告就是根据工作需要和社会性质，有选择、有目的地进行调查、写作。典型调查报告总结典型经验或教训，借以推动全局工作，以便在今后的工作中有针对性地采取措施、制定方法。

2. 根据调查报告的内容可分为　反映新生事物的调查报告、考察历史事实的调查报告、揭露存在问题的调查报告、反映基本情况的调查报告、提出实际建议的调查报告。

（1）反映新生事物的调查报告：这种调查报告，要求比较具体完整地反映新生事物产生的时代背景和发生、发展过程，阐明它在现实生活中的作用和意义，揭示它成长的过程和发展趋势，目的在于促进新生事物的成长和推广。

（2）考察历史事实的调查报告：这种调查报告或由于现实工作的需要，或由于重新判定某一时间内某些问题的性质，需要以历史情况为对象进行调查而形成的调查报告。这种报告虽然是调查历史，但却有很强的现实意义和针对性、政策性，可以供人们了解某一事物或问题的历史资料和历史真相。这种报告的写作，往往当历史发展到一个新阶段，对某一时期内的某些问题的结论发生质疑时，去重新调查，以便做出新的结论。

（3）揭露存在问题的调查报告：这种调查报告往往是抓住某一方面的典型问题进行揭露，以引起人们的重视。这种调查报告往往要突出反面例子，严肃地剖析，指出其危害程度和影响，并提出处理的意见等。

（4）反映基本情况的调查报告：这是以正在发生、发展的一些现实生活为对象进行调查后所形成的调查报告。这种报告，主要是向上级机关或有关方面反映基本情况。它既可抓住一些具体问题进行调查分析，也可以综合几个方面的情况提出较详尽的调查报告。人们可以通过它了解和认识某些事物和问题的客观现实情况，以作为其他认识活动的依据或参考。

（5）提出实际建议的调查报告：这是由于实际工作需要而写的调查报告，其主要内容是为预测、决策、制定政策、处理问题等进行调查所获得的材料及有关的建议。有些调查报告可以是以上几种类型的结合形式。

二、调查报告的写作

（一）调查报告的写作方法

不同类型的调查报告，具体内容有所不同，但基本写法是相通的。一般分为标题、导语、正文、结尾和落款五部分。

1. 标题　调查报告的标题有单标题和双标题两类。

（1）单标题：就是只有一个标题。其中又有公文式标题和通讯式标题两种。公文式标题由"事由＋文种"构成，如《××省××县农村合作医疗情况调查报告》、《××县农村孤寡老人健康状况的调查与思考》。通讯式标题如《××县的养老院》；也可以是作者通过调查所得到的观点性标题，如《调整医保政策，增加卫生投入》。

（2）双标题：就是有一个正标题和一个副标题。正标题标明调查报告的主题、主旨，观点鲜明突出；副标题缩小范围，反映调查的对象、内容、文种，标明调查报告的事项和范围。如《不要让孩子输在起跑线上——××县优生优育调查报告》。

2. 导语　导语又称引言。它是调查报告的前言，简洁明了地介绍有关调查的情况，使读者先有一个概括的了解；或提出全文的引子，为正文写作做好铺垫。常见的导语有：

（1）简介式导语：简明扼要地提示全篇的主要内容，说明调查目的、时间、地点、对象、方式和经过。如《××县农村孤寡老人健康状况的调查报告》的导语："中国正进入老龄化社会，老年人作为最易被遗忘的弱势群体，特别是农村孤寡老人，'出门一把锁，进门一盏灯'的生存状态，不能让人释怀。为了解农村孤寡老人健康状况，笔者于2012年暑假对山东省××县18所农村敬老院及36个村的居家孤寡老人进行了调查，调查内容主要包括：……"。

（2）概括式导语：对调查报告的内容（包括课题、对象、调查内容、调查结果和分析的结论等）作概括的说明。例如《护理××班学生暑期社会实践调查》一文的导语："为了解并指导学生的社会实践情况，学生会社会实践部于2012年7月12日至22日对我校护理××班学生暑期社会实践调查情况进行了调查，发现今年我校同学的社会实践形式多样，成绩卓著，对今后的就业、学习、生活产生了重要的影响。"

（3）交代式导语：对课题产生的由来作简明的介绍和说明。如《关于中职生求职与就业状况的调查报告》一文的导语："就业问题是近年来困扰中国社会的一个突出问题，而中职生作为一个特殊的社会人群，与之相关的就业问题似乎也被赋予了更加突出的重要性。中职生就业问题的紧迫性尤其因学历层次低、技术水平差、就业门槛高等问题而显得更为突出了。为此，××省教育厅职成处于 2012 年 8 月起就关于中职生求职与就业问题的研究项目进行了一项全省范围的问卷调查，对与中职生就业相关的多方面问题作了有针对性的考察，……"。

3. 正文 正文是调查报告的主体。事情的叙述和议论主要写在主体部分，它对调查得来的事实和有关材料进行叙述，对所做出的分析、综合进行议论，对调查研究的结果和结论进行说明。这部分一般把调查的主要情况、经验或问题，分别归纳为几个小部分来写作。每小部分有一个中心，可以加上序码或小标题来标明，以提示或概括这部分的内容，使之更加明了清晰。这几个小部分之间，要注意叙述的内在逻辑联系，安排先后有序，以便读者理解。正文的结构有不同的框架。

（1）纵式结构：这是根据逻辑关系安排材料的框架，是用时间推移顺序，按事物发生、发展、变化的先后顺序，或调查对象的演变过程安排材料、叙述事物，由先到后，步步演进，由浅入深，逐步深入，从事物的演变过程和前后变化中揭示规律。还有由主到次的因果结构，它是根据事情发展的始末和材料内部的逻辑关系，先后有序地组织调查材料。各部分之间的前后顺序不得颠倒，前部分常为后部分的前提和条件，后部分往往是前部分的发展和结果。

（2）横式结构：这是根据逻辑关系安排材料的框架，是用空间变换顺序，按调查的地区、单位，逐个点来写；或用逻辑顺序，按事物的内在联系，逐个问题来写。对调查对象或内容不分主次先后，一一介绍。它是根据材料的性质，将正文概括为若干并列的部分，分别加以说明和阐述。并列的几个部分之间没有主次之分，都是从不同的角度或侧面来表现调查报告的主旨。

（3）纵横式结构：它不同于单纯的纵式结构和横式结构，而是两者的有机结合，纵、横兼有，有的以纵为主，有的以横为主。一般是用横式结构把内容分成几个方面或几个部分，便于组织材料。但在写具体每一部分时，按纵式结构安排材料。

（4）对比结构：往往是调查两个单位或两种情况，通过各方面情况的对比，比出优劣，找出差距。以上四种结构，纵横式结构常为人们采用。

（5）"情况—成果—问题—建议"式结构：多用于反映基本情况的调查报告。反映情况型调查报告的正文主要对调查对象的情况进行较为全面而详尽的说明，介绍情况应抓住要害和特点，特别要注意反映那些变化了的、新鲜的、独特的新动向，介绍情况应分门别类，区别特点加以介绍，可以根据对象的不同特点，不同类型或区域特点介绍。

（6）"成果—具体做法—经验"式结构：多用于介绍经验的调查报告。典型经验调查报告的正文主要内容有：①用成绩说话，要在工作的内容、效益等方面用统计材料说明工作所取得的成绩，达到令人信服的目的；②介绍取得成功的经验、做法，选准工作取得成效的根本经验，从方法、过程、措施、步骤等方面进行陈述，并用工作的实绩加以具体的说明介绍；③分析优越性，总结先进工作所带来的各种效益和成功经验的先进性所在。也可以根据调查所得的基本结论，从多方面举例加以说明。

（7）"问题—原因—意见（或建议）"式结构：多用于揭露问题的调查报告。揭露问题的调查报告正文主要有：①存在的问题，要用数字和具体事实说明问题的严重程度，所造成的后果，以及损失的程度，以便准确把握问题的性质。这部分属于基本情况介绍；②分析问题产生的原因，这是反映问题的关键环节。原因分析要准确，就问题找原因，分清主客观原因，辨清人为因素与外在因素，便于采取相应的改进措施，使问题尽快得到纠正和解决；③提出改进建议，针对问题和调查对象的实际情况，提出具体可行的改进建议或措施，建议应有较强的针对性，切实可行，对调查对象有参考利用的价值。

（8）"事件过程—事件性质结论—处理意见"式结构：多用于揭示案件是非的调查报告。这类调查报告常常根据事件的发展过程来写，从事件的产生、发展经过、结果与影响，到处理这一事件的方法与建议。

主体的结构层次因事物内在联系的形式不同，还可以分为并列顺序、总分顺序、因果顺序、主从顺序等。

4. 结尾 结尾的功能是归纳前文，补充完善。调查报告的结尾，是调查报告的结束语，要求简明扼要，言尽即止。一般在分析内容的基础上结束全文，以深化主题，加深读者的印象。要求总结全文，与开头相呼应，使结构完整。结尾的内容大多是调查者对问题的看法和建议，这是分析问题和解决问题的必然结果。调查报告的结尾方式有下列几种写法：

（1）总结性结语：概括全文主题观点，点明中心，归纳主旨，在总结全文的基础上，直接揭示事物的本质，进一步深化主题。研究分析型调查报告结尾多用于总结全文，得出结论，指明方向。从更高的角度、更广阔的背景上来说明和深化主题，说明所调查的普遍意义。

（2）启发性结语：提出问题，发人深省。典型经验的调查报告往往在结尾简明扼要指出不足或有待改进之处。

（3）建议性结语：提出解决问题的办法或意见。反映情况、揭示问题的调查报告，常提出解决问题的办法、措施、意见和建议收尾。

（4）号召性结语：用展望未来、提出要求、预示前景、激发斗志的方法来写。不论采用何种形式，结尾要确有必要，对全文是不可缺少的补充或完善。切不可无病呻吟，画蛇添足。如正文完结，内容已阐述清楚，全文应当自然结束。

5. 落款 调查报告的落款要写明调查者的单位名称和个人姓名，以及完稿时间。个人署名一般在文尾，单位署名一般在标题下面。

（二）调查报告的写作要求

1. 深入调查，占有材料 调查就是为了获得准确、丰富、典型的材料。调查报告不像总结那样写自己经历过的事情，而是其他对象，一切材料只能来自调查所得。因此，搞好调查，首先要有一个明确的调查目的。在此基础上，扎扎实实地深入下去，广泛搜集、充分掌握第一手材料。

2. 分析研究，确立观点　通过深入调查，广泛占有了各种材料后，对调查取得的材料，进行科学的分析研究，去粗存精，去伪存真，由感性认识上升到理性认识，从现象中抓住本质，揭示规律，从中归纳出具有普遍指导意义的规律，确立正确的观点。这既是调查报告要写的基本内容，也是写作调查报告的主要目的。

3. 事实说话，据事言理　用事实说话是指用调查材料直接或间接表明作者的认识。调查报告就是用客观的事实、确凿的数字来说明自己的观点，如果只有观点，没有事实，调查报告就失去了它的说服力，所以调查报告要求据事言理，材料和观点形成有机的统一。全面深入具体地反映调查对象的实际情况是调查报告的核心内容。

4. 夹叙夹议，表述生动　调查报告是用事实说话的，但事实不是简单的罗列，而是由观点统帅的。因此，行文时多用夹叙夹议的方式，综合运用各种修辞手法，注意引用有说服力的数据、事例和富有形象性的群众语言、名言警句等增强文章的表现力。

【例文 1—专题型调查报告】

关于老年护理问题的调查报告

在全面建设小康社会，食品营养日益改善、医疗卫生水平不断提高的今天，随着老年人口增多，社会老龄化加速，老年护理问题已成为一个重要的社会问题。在倡导依法治国、以德治国的今天，如何护理高龄、患病老人，提高老人生活质量，让那些曾经为新中国的成立和建设做出贡献的老知识分子、老干部度过健康、舒心、幸福的晚年，具有重大的意义。

为此，我们对××社区的老年护理问题展开了深入的专项调查，并根据社会水平及我区实际情况作了客观分析，提出了一些建议，敬祈教正。

一、我区老年护理现状

（一）高龄老人日益增多，身体趋于弱化，极需护理

从我区退离休队伍来看，离休干部平均年龄已达 75 岁以上，进入高龄、高发病期，退休人员 70 岁以上高龄者占退离休总人数 30% 以上，已有为数不少的老年人因年龄老化身体状况趋弱需要护理、照料。有的老人夫妇双双瘫在床上需要照顾，一位老教师的老伴中风 10 多年，瘫在床上，需要全护理，其本人被车撞伤也需要护理，而儿子下岗，因身体不好无法再就业。

（二）老人们心理常有孤独感，精神上极需慰籍

尤其是孤老和留守老人，身边没有亲人，更需要经常有人去探望。有位孤老在世时经常说"我很孤单"，他后来患了老年痴呆症被送进精神病院。

有的老人虽有子女，但因夫妇关系紧张，子女不睦，自己独居，半夜跌倒在地无人知晓，感觉精神痛苦，甚至产生厌世念头。组织准备安排他们去敬老院，但他们考

虑再三仍不愿去，因为敬老院多数在郊区，他怕住进敬老院后会更孤独。

（三）经费问题始终是困扰人心的问题

退休越早，退休金越低，一般仅1200元左右，而我区敬老院一般收费是1000元~1500元左右，还不包括伙食费。

二、结合我区实际对三种护理模式的利弊分析

（一）家庭护理模式

敬老养老、人际和谐是中华民族美德。居家养老，既有青年照顾老人，也有老年夫妇互相照顾，甚至有白发人照顾黑发人，各种情况都有。现在家庭一般是4—2—1模式，即一对夫妇要照顾家庭4位老人和一个孩子，如果几位老人同时身体不适，则年轻夫妇既要忙于工作又要照顾家庭，累得苦不堪言，忠孝不能两全。所以，家庭护理主要方法是请保姆照料，因此保姆的素质成了一个重要的问题。一位孤身的老教授请了一位好的保姆，保姆像对待自己长辈一样服侍老人，为老人购置必需的营养品，老人患病住院小保姆陪夜照料；另一位高龄老教授，与老伴二人听力、视力都已减弱，不能看电视，不能接电话。五个子女都在外面，没有人愿意在家照料老人，因为没有请到一个尽职的保姆照料，老教授最后患褥疮感染去世。

可见，"家庭加保姆"的护理习惯比较合乎我区退休人员的经济状况，也能有效地消除老人的孤独感。但从总体而言，保姆素质良莠不齐，服侍老人有的尽职有的不尽职，而且多数人普遍缺乏护理知识，难以应付突发情况。

（二）敬老院护理模式

社会上已拥有一定数量的敬老院、护理院、老年公寓等。但是，进敬老院由于经费和心理上的原因，很难普及。我区相当一部分老年人收入在2000元左右，而敬老院和护理院收费对于低收入的老年人群无法承受，同时，有一部分老人害怕孤独而不愿进敬老院，也有的孤老因自身有病生活不能自理不愿进敬老院，有的则一辈子未婚，习惯了一个人自由的生活，情愿独居，只请一个钟点工帮忙照料生活。同时由于民办养老院质量参差不齐，好的敬老院既有家庭式的照顾，又有医疗式的护理，质量差的护理院受条件限制，一位护工照看十多位痴呆老人，老人处境可想而知。

如今，随着人们的养老观念开始转变，越来越多的老人愿意选择接受敬老院养老模式。一些年迈体衰的老年夫妇或一些丧偶老人（不与子女住在一起）愿意尝试入住养老院或老年公寓，以减轻子女的赡养负担。可以预见，敬老院护理模式将是今后社会发展的方向，具体的做法可借鉴国外及大连等较为成熟的敬老养老模式。

（三）医院护理模式

医院护理模式与敬老院护理模式大同小异，它一般采用护工护理。大批外来嫂涌入城市，在医院当护工，为患者解除痛苦。而医院的护理更专业一些，适合体弱多病的老人；但医院的生活方式也更呆板枯燥一些，容易使人萌生孤独感。

三、关于我区老年护理问题的建议

要克服种种困难，改善我区老年护理状况，关键在于各方面都要重视，采取有效措施来改善老人境遇，让老人们老有所安，老有所乐。

（一）宣传《老年人权益保障法》

宣传"老年人养老主要依靠家庭"的方针，宣传赡养老人应履行的"对老年人经济上供养、生活上照料和精神上慰藉"的义务。实行以家庭养老为主的养老形式，符合中国现有的国情，有利于精神文明建设和经济建设，也可以解决部分老年人护理问题。

（二）发挥社会养老功能，加强社区服务

随着退休金的社会化发放，退休人员的社会化管理提上议事日程，把孤老、高龄、身体不好的老人委托社区联合管理更直接方便。如为孤老安装急救电铃，安装呼叫器，请邻居照顾、上门服务，居委会建立温馨家庭等。

（三）大力推进社会养老

老龄社会需要大批护理人员，为下岗再就业人员提供了就业渠道。政府有关部门可以把下岗人员培训成护理人员，使他们走上老年护理岗位。

（四）发挥政府职能部门的作用

无论采取何种护理模式，政府都应该条块结合，做好老年护理工作，如坚持节假日慰问、祝贺生日、帮老人购置生活用品、组织志愿者服务等，以消除老人精神上的孤独感，让老人们老有所依，老有所安，老有所乐。

现在，国家"爱心护理工程"已正式启动，给全国老年人带来福音，这也是建设中国特色社会主义、构建社会主义和谐社会的重要内容，我们期待中国老龄事业有新的更大发展。

××社区居委会

二○一三年四月五日

【例文2—典型调查报告】

医疗纠纷中"医闹"现象调查分析报告

近年来，不少地方医患矛盾凸显，且有进一步加剧的趋势，尤其是"医闹"现象的出现，给依法处理医疗纠纷带来了极大的负面影响，给医疗卫生事业的健康发展带来了障碍。当前，如何采取有效措施切实解决好"医闹"问题，值得各地深思。

一、××县"医闹"的现实情况

近年来，受各种因素影响，全县20多家医院医疗投诉、纠纷数量呈不断上升趋势，特别是各种医疗纠纷的解决难度较以往明显增大，理赔金额越来越大，闹事场面越演越烈。经调查统计，2010年以来，该县县直医疗单位共发生医疗纠纷21起，累计赔偿各类费用79.9万元，其中通过法律途径解决2件，经过"医闹"，以"私了"方式解决的有19件，暴力索赔在医疗纠纷处理中所占比例高达90.9%。全县有86.9%的医院出现过患者及其家属用暴力殴打、威胁、辱骂医务人员；有86.9%的医院发生过因患者对治疗结果不满意，聚众在医院内围攻；有30.4%的医院发生过患者去世后，患者家属在院内摆设花圈、烧纸、设置灵堂等。

二、"医闹"的原因分析

一是部分患者认为"医闹"有利可图。"不闹不赔，一闹就赔，大闹大赔，小闹小赔。"现实情况中，80%以上的患者及患者家属在出现医疗纠纷之后，不愿意通过法律途径解决，认为走法律途径不但慢，而且最后不一定能得到理赔，而利用"医闹"来解决问题，不仅快捷，而且有利可图。实际上大多数情况下，尽管医院及医生尽力而为，但有些家属不理解或假装糊涂，不惜大闹医患纠纷。

二是部分医务人员沟通能力不够。医疗服务是一种特殊的服务，其特殊性表现在高科技、高风险、患者个体差异大、医疗过程不确定性因素多，以及过程与结果往往不成正比等方面。医疗行为既有可能好于预期，也有可能大失所望。部分医务人员在提供医疗服务过程，存在与患者家属沟通不够、解释不清的情况，导致患者家属对疾病的治疗存在认识上的偏差。

三是个别媒体对医疗纠纷报道不够客观。部分媒体由于缺乏对医疗工作高风险和局限性的理解，片面地将医患关系理解成商业流通中的消费行为关系，对医患矛盾的加深无形中起到了推波助澜的作用，甚至有的媒体一边倒地站在医院的对立面，一旦出现医疗纠纷，先入为主地认为是医院及医生的责任。医生只要一解释，立刻就被舆论所淹没，导致不明真相的群众认为患者死亡原因就是医疗事故，就是医生失职。

四是政府管理缺少必要的保护措施。当前，国内医疗行业和医药行业混乱，药品价格不合理、收费不确定和医疗分工不合理让医患矛盾进一步激化。然而现实中，患者往往会把矛盾最终发泄到医院和医生身上，医院和医生成了"替罪羊"。此外，医疗卫生主管部门职责淡化，没有建立起有效的诉前解决机制，医患之间一旦发生纠纷，处理不当也极易引起"医闹"。

三、思考对策

医患沟通需要政府、医疗机构（医务人员）和患者三方共建、理解和信任。只要善待患者，加强沟通，设身处地地为患者着想，为患者提供温馨、细心和耐心的服务，就会赢得患者对医疗机构（医务人员）的尊重和认同，才能建立起和谐的医患关系。

（一）政府承担公共卫生和维护群众健康权益的责任是构建和谐医患关系的基础

加快卫生事业发展，努力解决好群众"看病难、看病贵"的问题，是构建和谐医患关系的根本措施。当前卫生工作中存在的基本矛盾，是群众越来越高的卫生健康需求与医疗服务的供应严重不足之间的矛盾，集中表现为群众"看病难、看病贵"。医患关系不和谐，医患矛盾、医患纠纷甚至产生"医闹"是这一矛盾的具体体现。尽管目前绝大多数医疗机构是公立医院，但相当多医院的正常运行主要靠提供医疗服务收取的费用，医院设备购置、规模扩大依靠收费的积累，医疗服务收入由医院自行支配。这种机制所带来的直接后果，就是医院过分注重经济收入而忽视群众利益，这也是造成医患关系紧张的一个重要原因。构建和谐的医患关系，必须坚持卫生事业为广大人民群众健康服务的宗旨和公益性质，发挥政府保障群众基本医疗的主导作用，深化医疗服务体制改革，强化政府对医疗服务行业的监管，大力发展农村和社区医疗卫生服务事业。

（二）加强医院内部管理是构建和谐医患关系的保障

建立和谐的医患关系，医护人员是关键。首先，医护人员要具备良好的医疗技术和职业道德，这是取得患者信任的前提；其次，要理解和尊重患者。患者在接受疾病治疗期间，往往承受着很大的精神压力和经济压力，非常需要医护人员的理解和关怀；第三，要学会与患者沟通；医患之间发生误解与矛盾，很大程度上是一些医护人员缺乏沟通技巧导致；第四，注意医务人员的形象和礼仪。医院的环境，医务人员的仪表形象，往往会给患者增加舒适感。医务人员对患者合适的称呼是建立良好沟通的开端，患者对热情、真诚、幽默、可信、责任心强的医务人员也会充满尊敬和信任。

（三）患者的理解和包容是构建和谐医患关系的关键

医患关系和谐与否，还需要患者全面正确地理解医生这一职业。一些患者误以为进了医院等于进了保险箱，认为医院是治病的，病没治好就是医院和医生的错。有些时候医生需要患者更多的理解和包容，希望患者进医院看病不仅要看结果还要看过程。如果患者对医疗缺乏承担风险的意识，对医疗效果的期望值过高，甚至超出当前的医疗技术水平，就很可能引起医疗纠纷。只有社会对医护职业的艰辛、繁重和高风险性给予充分理解，只有医患之间相互理解、相互尊重，才能真正构建起和谐的医患关系。

（四）加强与新闻媒体沟通是构建和谐医患关系的平台

医疗卫生工作是社会关注的热点，也是新闻宣传的焦点。医院要高度重视与新闻媒体的沟通，及时向媒体提供准确、全面的信息，让媒体及时了解披露真实的情况，发挥正确的舆论引导作用。对于媒体揭露医疗卫生工作中存在的问题，医院要坚持不护短、不遮丑，坚持正确对待、举一反三，积极主动地采取措施予以改进。新闻媒体也要遵守职业道德要求，坚持正确的舆论引导，客观如实地报道医疗卫生服务活动，不刻意炒作个别医疗纠纷事件，与医院共同努力构建和谐医患关系，维护健康有序的医疗秩序。

【病文分析】

贫困生现状的调查

——暑期社会实践报告

××县是一个山区，经济比较落后，我利用暑期做了一个贫困学生的现状调查。现报告如下：

一、贫困生的构成

大多数贫困生来自农村。家庭成员多、压力沉重难以负担学费，农村计划生育工作也是一个长期的社会问题，这是造成贫困生人数众多的根本原因。贫困生的另一大来源是下岗职工家庭，由于他们失去了基本的生活保障，导致儿女的学业难以继续。这是下岗问题所造成的另一隐患。

二、贫困生的学习生活

我县有许多贫困学生，其中大多数是靠学校、县团委、县妇联等有关部门采取发送救济金、设置奖学金、以及减免学费等手段帮助减轻困难，其他的则由亲属或"一帮一"结对子等手段来解决。如××同学家庭突然变故，父亲失去劳动力，在读大学的哥哥又因病休学在家，全家人仅靠爷爷微薄的退休金来维持生活，然而××同学背负着沉重的家庭压力依然咬紧牙关刻苦学习，一直保持班级前十名的成绩，但他每月生活费仅70元。

三、社会各界对贫困生的援助

团县委的"希望工程"，妇联的"春蕾"计划以及许多方面成功人士的慷慨解囊都为贫困生解决了经济方面的巨大困难，并在精神方面给予莫大的支持与鼓励。如县妇联发动女干部采取"一帮一"结对子。不仅给予女同学经济方面的支援，更让他们体会到亲人的关爱与温暖。我们有理由相信贫困生的状况会越来越好。

这篇调查报告存在的问题主要有：

1. 标题太大、太笼统　"贫困生现状"可以涵盖许多内容，如贫困生的来源构成、贫困的程度、贫困的原因、贫困生的经济来源、贫困生的消费水平、贫困生的学习情况、心理状况等等，一份调查难以全面包括全部现状，用此标题显然不确切。

2. 未说明调查的对象与方法　调查报告应讲清调查的对象、人数，用什么方法进行调查，资料的收集整理及数据的处理方法等，而本文只字未提，使人难以相信该调查的真实性。

3. 材料不充足　调查报告应采用足够的数据来说明问题，而本文对所涉及的内容未用数据说明情况及观点。如"大多数贫困生来自农村"究竟多少来自农村？贫困生的学习和生活情况究竟如何？全文字数太少，材料极不丰满。

4. 没有处理好典型材料与面上材料的关系　只用一个××同学的例子不能说明该县贫困生的总体情况，应该是既有面上的综合，又有点上的说明，最好还要有一些必要的数字。

5. 语言瑕疵较多　如"农村计划生育工作也是一个长期的社会问题，这是造成贫困生人数众多的根本原因。"这句话是说计划生育工作本身导致贫困生人数众多，还是说农村计划生育工作搞得不好导致贫困生人数众多？

6. 导语和结语都过于简单，不能说明问题。

【仿真练习】

自选一个内容，调查后写一份社会实践调查报告。

1. 中职生消费情况调查。

2. ××市市民对医院品牌认知程度调查报告。

3. ××地区居民吸烟情况调查。

4. ××地区卫生健康状况调查。

5. ××村之行——暑期"三下乡"实践报告。

第五节 述 职 报 告

一、概述

述职报告是指单位的岗位责任人就一个阶段的任职工作情况，向上级领导或群众如实陈述自己在一定时间内，履行岗位职责的情况及其效果的一种自我述评性的书面文书。

（一）述职报告的作用

述职报告的主要作用是组织和人事部门正确选拔任用干部、考核干部，提高干部水平和能力，同时也是促进和监督干部忠于职守的有效形式。

（二）述职报告的特点

1. 自评性 要求报告人，自述自己在一定时期内履行职责的情况。要求报告人依据岗位规范和职责目标，对自己任期内的德、能、勤、绩、效等方面的情况，作自我评估、自我鉴定、自我定性。

2. 真实性 报告人所写的内容必须真实，是实实在在已经进行了的工作和活动，事实确凿无误，切忌弄虚作假。

3. 通俗性 报告的内容和语言应当通俗易懂，尽可能让个性不同、情况各异的听众全部听懂，即使是专业性、学术性很强的内容，也要尽可能明晰准确，以听众理解为标准。述职报告不同于一般的公文，最明显的特点就是语言的口语化。只有这样才能拉近报告人和听众的心理距离。

4. 限定性 述职报告的时间、内容和作者都是有限定性的：时间是述职的期限，内容是任职者的岗位规范和职责目标完成的情况，述职者多是领导干部或是专业职称岗位的人员，一般人写的工作汇报不叫述职报告。

5. 严肃性 报告人以被考核、接受评议、监督的人民公仆的身份，履行职责做报告。是向上级汇报工作、接受领导和群众的检查，因此是严肃地、庄重地、正式地汇报。述职人必须持严肃、认真、慎重的态度，既要对自己负责，也要对组织负责，对群众负责。要客观地评价自己的成绩和过失，报告中涉及的数字、事例必须完全真实，不可夸夸其谈，浮华夸饰。

（三）述职报告的类型

述职报告的分类，可以从几个不同的角度进行划分：

1. 根据报告的内容可分为 综合性述职报告、专题性述职报告、单项工作述职报告。

（1）综合性述职报告：报告人对自己在一个时期内所做工作内容作全面、综合的反映。

（2）专题性述职报告：报告人对自己在某一方面所做工作内容作专题反映。

（3）单项工作述职报告：报告人对自己就某项具体工作的内容作汇报。这往往是临时性的工作，又是专项性的工作。

2. 根据述职报告的目的可分为 任期述职报告、年度述职报告、竞岗述职报告。

（1）任期述职报告：是对任现职以来的总体工作进行报告。一般来说，时间较长，涉及面较广，要写出一届任期的情况，通常用于领导干部一届任职期满后，接受有关部门和群众的考核和评议。

（2）年度述职报告：这是一年一度的述职报告，主要写本年度的履职情况，目前多用于干部的年终考核。

（3）竞岗述职报告：是指干部岗位聘任中，汇报过去的业绩，同时表明自己具有担任新的岗位职务的能力和信心的一种报告，多用于干部竞岗聘用之时。

3. 根据报告的表达形式可分为 口头述职报告、书面述职报告。

（1）口头述职报告：用口语化语言写成的述职报告，主要用于向选区选民述职，或向本单位职工群众述职的报告。

（2）书面述职报告：是指向上级领导机关或人事部门报告的书面述职报告。

二、述职报告的写作

（一）述职报告的写作方法

述职报告没有固定的写作模式，根据不同类型和主旨，可灵活安排结构。一般由标题、称呼、正文、落款四部分组成。

1. 标题 述职报告的标题以较大的字体居中写在第一行，常见的写法有三种：

（1）文种式标题：标题下签署职务和姓名。如：

述职报告

职务×× 姓名××

（2）由任职时间、职务和文种构成的标题。如：

××××年任××职务期间的述职报告

（3）文章式标题：用正标题，或正副标题配合运用。如：

医院既要注重经济效益，更要重视社会效益

——医院院长××的述职报告

2. 称呼 这是对听取或阅读报告者的称呼，称谓要根据会议性质及听众对象而定。如："××领导或××部门"；也可以是："各位领导、各位同志"。

3. 正文 述职报告的正文，由引言、主体、结尾三部分组成。

（1）引言：在引言部分主要写明任职的基本情况，用最精练的文字概括地交代，包括：何时任何职，变动情况及背景；岗位职责和考核期内的目标任务情况及个人认识；对自己工作尽职的整体估价，确定述职范围和基调。可以高度概括主要的经验或教训、主要的成绩或存在的问题。这部分应写得简明扼要，给听者一个大体印象。

（2）主体：这是述职报告的中心内容，写法根据报告的场合和对象而定，主要陈述在职期间履行岗位职务的具体工作情况，一般包括成绩经验、问题教训和今后计划三部分。这部分，要写得具体、充实、有理有据、条理清楚。由于这部分内容涉及面广，所以应该分条列项写出。"条"、"项"要注意内在逻辑关系，成绩经验要分出层次来证明主题。每一层次都要有一个小的主题，层次中间要恰当运用材料进行说明。问题教训要实实在在，要有条理，不要避重就轻。今后计划可以包括目标、措施、要求三要素，要切实可行。这部分与总结不同，数量少一些，占全文1/5以下为好。

（3）结尾：这部分主要概述有待解决的问题，工作中的失误以及针对问题提出的整改措施，并在总结全文的基础上，对自己任职期间的情况做出最终定性评价，提请上级领导部门进行评价。最后写结束语，如："以上报告，请审阅"、"以上报告，请审查"、"特此报告，请审查"、"以上报告，请领导、同志们批评指正"等。

4. 落款 述职报告的落款，写上述职人姓名和述职日期或成文日期。如果已经在标题之下署名了，就只需写上成文日期即可。

知识链接

☺ 述职报告与工作总结的区别 ☺

1. 作者的范围 述职报告是单位的领导向上级的汇报，那就限定报告者必须是领导干部；工作总结可以单位的、集体的、也可以是个人的。

2. 写作的目的 述职报告的目的是向上级或群众汇报自己在任职期间的任职工作情况，是干部升迁、留用、降职和调整的重要依据；工作总结只是对一定时期工作的经验和成绩的一个概括和总结。

3. 内容的侧重点 述职报告侧重写个人执行职守方面的有关情况，往往不与本单位的总体业绩、问题相掺杂；工作总结是全方位的，可以是工作业绩、经验教训、未来的发展方向。

（二）述职报告的撰写要求

1. 态度诚恳，语言得体 述职是民主考评干部的重要一环，是评价报告人的重要依据，也是干部自觉接受组织和群众监督的一种有效形式。要客观真实地反映出自己在任期内的工作业绩和问题。而且，语言必须严谨得体，尽量不使用一些空洞和结论性的语言，对成绩和问题尽可能用事例和数据来说明。

2. 实事求是，具体深刻 对自己的评价要实事求是，不夸大，不缩小，将自己在任职期间的工作成绩和问题都报告出来，事件材料必须真实可信，数字要准确可靠。对成绩要总结经验，对问题要找出根源。

3. 抓住重点，突出个性 报告的内容应抓住重点，切忌顾及方方面面，什么工作都写，包罗万象。应把最能显示工作实绩的大事件或关键事写入述职报告，以这段时期工作中突出，并且用富有典型意义的事件来反映这一阶段工作的特色。凡是重点工作、经验、体会或问题等，一定要有理有据，充实具体，而对一般性、事务性工作，则宜概括说明，不必面面俱到。抓住重点，还应突出自己的特色，突出自己独有的风格，独有的贡献，让人能分辨出自己在具体工作中所起的作用。

4. 分析材料，找出规律 写述职报告切忌简单地罗列事实，而要把已知的材料分门别类地进行分析、比较、整理，把零散的事实与材料上升到理性的高度，引出让人看得见、摸得着、用得上的规律。这样才会对以后的工作具有指导意义。

【例文1——护士长述职报告】

护士长年终述职报告

姓名×××

各位领导、各位同事：

你们好！

在过去的一年里，本人能够踏实工作，锐意进取，认真钻研工作方法，总结工作经验，立足本职岗位，带领全科室所有护理人员，积极参加单位建设，在取得成绩的同时，也充分认识到了自身的不足。说句实话，护士长这一职位带给我的压力还是比较大的，首先是因为我感觉作为一项工作的带头人，必须拥有过硬的本领，才能服众；第二是因为我感到自己在如何带领所有护理人员建强建好科室的方法点子还不够多。有句话说的好"路是人走出来的"，我在院领导及护理部领导的帮助下化压力为动力，一心投入到工作当中去，以高度的敬业精神回报组织对我的信任。下面，我就将本人今年以来的履职情况汇报如下，恳请大家对我的工作多多提出宝贵的意见和建议。

一、认真落实各项规章制度

严格执行规章制度是提高护理质量，确保安全医疗的根本保证。

（一）护理部重申了各级护理人员职责，明确了各类岗位责任制和护理工作制度，如责任护士、巡回护士各尽其职，杜绝了患者自换吊瓶，自拔针的不良现象。

（二）坚持了查对制度

1. 要求医嘱班班查对，每周护士长参加总核对1~2次，并有记录；

2. 护理操作时要求三查七对；

3. 坚持填写输液卡，一年来未发生大的护理差错。

（三）认真落实骨科护理常规及显微外科护理常规，坚持填写了各种信息数据登记本，配备五种操作处置盘。

（四）坚持床头交接班制度及晨间护理，预防了并发症的发生。

二、提高护士长管理水平

（一）坚持了护士长手册的记录与考核

要求护士长手册每月5日前交护理部进行考核，并根据护士长订出的适合科室的年计划、季安排、月计划重点进行督促实施，并监测实施效果，要求护士长把每月工作做一小结，以利于总结经验，开展工作。

（二）坚持了护士长例会制度

按等级医院要求每周召开护士长例会一次，内容为：安排本周工作重点，总结上周工作中存在的优缺点，并提出相应的整改措施，向各护士长反馈护理质控检查情况，并学习护士长管理相关资料。

（三）每月对护理质量进行检查，并及时反馈，不断提高护士长的管理水平。

（四）组织护士长外出学习、参观，吸取兄弟单位先进经验，扩大知识面。5月底派三病区护士长参加了国际护理新进展学习班，学习结束后，向全院护士进行了汇报。

三、加强护理人员医德医风建设

（一）继续落实护士行为规范，在日常工作中落实护士文明用语50句。

（二）分别于6月份、11月份组织全体护士参加××宾馆的礼仪培训。

（三）继续开展健康教育，对住院患者发放满意度调查表，（定期或不定期测评）满意度调查结果均在95%以上，并对满意度调查中存在的问题提出了整改措施，评选出了最佳护士。

（四）每月科室定期召开工休座谈会一次，征求患者意见，对患者提出的要求给予最大程度的满足。

（五）对新分配的护士进行岗前职业道德教育、规章制度、护士行为规范教育及护理基础知识、专科知识、护理技术操作考核，合格者给予上岗。

四、提高护理人员业务素质

（一）对在职人员进行三基培训，并组织理论考试。

（二）与医务科合作，聘请专家授课，讲授骨科、内、外科知识；以提高专业知识。

（三）各科室每周晨间提问 1～2 次，内容为基础理论知识和骨科知识。

（四）"三八妇女节"举行了护理技术操作比赛（无菌操作），并评选出了一等奖、二等奖、三等奖分别给予了奖励。

（五）12 月初，护理部对全院护士分组进行了护理技术操作考核。

（六）加强了危重患者的护理，坚持了床头交接－班制度和晨间护理。

（七）坚持了护理业务查房：每月轮流在三个病区进行了护理业务查房，对护理诊断、护理措施进行了探讨，以达到提高业务素质的目的。

（八）9 月份至 11 月份对今年分配到我院的 9 名新护士进行了岗前培训，内容为基础护理与专科护理知识，组织护士长每人讲一课，提高护士长授课能力。

（九）全院有 5 名护士参加护理大专自学考试，有 3 名护士参加护理大专函授。

五、加强了院内感染管理

（一）严格执行了院内管理领导小组制定的消毒隔离制度。

（二）每个科室坚持了每月对病区治疗室、换药室的空气培养，对高危科室夏季如手术室、门诊手术室，每月进行二次空气培养，确保了无菌切口无一例感染的好成绩。

（三）科室坚持了每月对治疗室、换药室进行紫外线消毒，并记录，每周对紫外线灯管用无水酒精进行除尘处理，并记录，每两月对紫外线强度进行监测。

（四）一次性用品使用后各病区、手术室、急诊室均能集中处理，并定期检查督促，对各种消毒液浓度定期测试检查。

（五）各病区治疗室、换药室均能坚持消毒液（1∶400 消毒灵）拖地每日二次，病房内定期用消毒液拖地（1∶400 消毒灵）出院患者床单进行了终末消毒（清理床头柜，并用消毒液擦拭）。

（六）手术室严格执行了院染管理要求，无菌包内用了化学指示剂。

（七）供应室建立了消毒物品监测记录本，对每种消毒物品进行了定期定点监测。

六、护理人员较出色的完成护理工作

（一）坚持了以患者为中心，以质量为核心，为患者提供优质服务的宗旨，深入开展了以患者为中心的健康教育，通过发放健康教育手册，以及通过护士的言传身教，让患者熟悉掌握疾病防治，康复及相关的医疗，护理及自我保健等知识。

（二）八月份在三病区开展整体护理模式病房，三病区护士除了向患者讲授疾病的防治及康复知识外，还深入病房与患者谈心。

（三）全年共收治了住院患者 2357 个，留观 125 个，手术室开展手术 2380 例。急诊护士为急诊患者提供了全程服务，包括护送患者去拍片，做 B 超、心电图，陪患者办入院手续，送患者到手术室，三个病区固定了责任护士、巡回护士，使患者得到了周到的服务。

（四）全院护理人员撰写护理论文 30 篇，其中一篇参加了全国第三届骨科护理学

术交流，有 3 篇参加了××的地区学术交流，有 2 篇参加《当代护士》第二十一次全国护理学术交流。

七、存在问题

（一）个别护士素质不高，无菌观念不强。

（二）整体护理尚处于摸索阶段，护理书写欠规范。

（三）由于护理人员较少，基础护理不到位，如一级护理患者未能得到一级护士的服务。

（四）病房管理尚不尽人意。

述职人：×××

二〇一二年十二月三十日

【例文 2——卫生院护士述职报告】

述职报告

各位领导、各位同事：

大家好！

我从 2011 年 8 月份进入××乡卫生院工作以来，在同事们的帮助下，很快熟悉了医院环境，使自己迅速进入护士工作角色，投入到自己的工作岗位上。在注射室工作的这段时间里，认真学习掌握基本操作技术和工作流程。始终坚持以"患者为中心"的服务理念，踏踏实实的做好本职工作，认真学习专业知识和临床技能，将专业知识与临床操作相结合。遵守各项规章制度，严格执行"三查七对"原则，努力提高自身素质。

9 月份我们认真学习了护理文书的书写，在 10 月份我和医院的同事还进行了居民健康档案的整理和装档。此外我们还在院长的带领下积极打扫卫生，整理院内坏境。

当然在我的工作中仍有不足之处，需要进一步熟练护理技术，工作要更加认真仔细，对待患者要面带微笑，学会换位思考，端正工作态度，我希望通过自己的努力获得病员广泛好评，同时也得到各位领导、护士长的认可。

我觉得护理事业是一项崇高而神圣的事业，我为自己是护士队伍中的一员而自豪，在今后工作中，我将加倍努力，为医院的跨越式发展奉献力量。

今年又是特别的一年，我们既要准备等级医院的评审工作又要进行年终考核，所以在接下来的时间里，我会更加努力做好每一项工作。

述职人：×××

二〇一二年十二月三十日

【病文分析】

述职报告

各位领导，各位同事：你们好！

　　金秋时节，丹桂飘香。转眼功夫我任护士长已满一年，今天我诚惶诚恐地站在这里，向大家汇报担任护士长一年来的历程、收获与启示。恳请大家对我的工作多多提出宝贵的意见和建议。说句实话，竞争上岗时我是踌躇满志，真的上任了我却有一种从未有过的压力感，深感内忧外患，"内忧"是"忧"我未担任过护士长角色，对护理管理没有经验；"外患"是指当前患者需求的多元化和病情的复杂性、病区环境的简陋、床护比例的失调等重重困难。虽说万事开头难，但路是人走出来的，我在刘院长及护理部领导的帮助下化压力为动力，做了大量应当说卓有成效的工作，现汇报如下：

　　刚接管该病房时我很担心，第一因为我从未当过护士长，第二面临综合病房患者的复杂性、护理人员缺编等因素使我感到无所适从。我在周副院长及护理部胡主任的帮助下，分步制订切实可行的方案。首先根据科室现有的护理人员数量进行合理的分工和安排；第二，定期组织护理人员进行业务学习，强化三基训练，学习新业务、新知识、新技术，努力提高每一位护理人员的业务水平，使其跟上时代发展的需要；第三，不断深化安全管理，强化安全意识，做好安全护理工作；第四，加强护患沟通，定期组织召开工休座谈会，听取患者及家属的建议，以便护理工作的开展和改进，真正做到想患者所想急患者所急；第五，对抢救药品和器材及无菌物品作了补充；第六，对科室的基础设施在现有条件上做出一些合理的调整和完善；第七，针对我科的特点和现有条件对病房管理做出了合理的改进和规范；对环境卫生实行包干区责任制，落实到工友个人；最后，护士长是科室的理财人，应发扬勤俭节约的传统美德，杜绝浪费；我要求全体医护、工勤人员，从节约每一度电、每一滴水、每一张纸开始，从我做起，严格控制科室支出，对一切浪费的现象，及时提出批评，必要时辅以经济处罚。

　　由于我的努力，业务水平和政治素质得到了很大提高，同时科室的经济效益和社会效益也有了很大的改观。我想我完全达到了一个优秀护士长的标准。

述职人：×××

二○一二年十二月三十日

　　此述职报告存在以下几方面的问题：

　　1. 主题不明确　主题是指在这篇报告中应该说明的主要问题是什么。述职报告的目的是告诉听报告者这一段时间述职者主要做了什么，有什么价值和意义，从中我们可以得到哪些启示；还存在哪些问题以及怎样解决；下一步的计划等。此报告只对当前工作做了一个整体的罗列，没有进行总结和分析。

　　2. 突出成绩，掩饰问题　通篇报告都是讲已经做了的工作及取得的成绩，却没有分析可能存在的问题及针对问题该怎样解决。

3. 标榜个人，忽略集体 科室的进步不是某一个人的功劳，那是大家集体的智慧的结晶。单靠一个人的力量是无法把整个科室的经济效益，尤其是社会效益得到提高的。在报告中必须处理好集体与个人的关系，不能把集体之功归于个人，也不要抹杀了个人的作用，必须分清个人实绩和集体实绩。

4. 缺少对未来的规划 述职有一个重要的部分就是对未来的计划，也就是在总结这一段时间以来的一些事例和教训，然后针对这些问题提出改进措施。并为未来作一个完整的规划，明确下一步的目标。

【仿真练习】

请你参考上面对护士长工作述职报告存在的问题，修改此述职报告。

（常平福）

第八单元　护理规范类文体写作

要点导航

1. 了解制度、规定、细则、须知的概念。
2. 熟悉制度、规定、细则、须知的特点及作用。
3. 掌握制度、规定、细则、须知的写作要领及要求，撰写制度、规定及须知。

第一节　制　度

一、概述

制度一词有广义与狭义之分。广义的制度是指在一定条件下形成的政治、经济、文化等方面的体系就是制度（或叫体制）。如政治制度、经济制度、社会主义制度、资本主义制度等等。狭义的制度是指一个系统或单位针对某项工作和某一方面的活动，制定的要求下属全体成员共同遵守的办事规程或行动准则，有关人员必须遵守和执行。如工作制度、财务制度、作息制度、教学制度等等。本节讲的制度专指狭义的制度，是一种公务文书。

制度的使用范围相当广泛，党政机关、人民团体和企事业单位各方面的工作都可以有自己的制度，如办公制度、考勤制度、工作制度等。

（一）制度的作用

1. 使用范围广　制度的使用范围极其广泛，大至国家机关、社会团体、各行业、各系统，小至单位、部门、班组。它是国家法律、法令、政策的具体化，是人们行动的准则和依据，因此，规章制度对社会经济、科学技术、文化教育事业的发展，对社会公共秩序的维护，有着十分重要的作用。

2. 对人约束强　制度一经制定颁布，就对某一岗位上的或从事某一项工作的人员有约束作用，是他们行动的准则和依据。制度可使某个团体或单位的所有成员共同遵守某些办事规程和行动准则，从而为完成任务或目标提供保证。而作为行为规则，制度发挥着引导人们行为的作用。

（二）制度的分类

制度可分为岗位性制度和法规性制度两种类型。

1. 岗位性制度 岗位性制度适用于某一岗位上的长期性工作，所以有时制度也叫"岗位责任制"。如《急救物品管理制度》、《护士值班、交接班制度》、《治疗室工作制度》、《考勤制度》。

2. 法规性制度 法规性制度是对某方面工作制定的带有法令性质的规定，如《职工休假制度》、《差旅费报销制度》。

（三）制度的特点

1. 指导性和约束性 制度对相关人员做些什么工作、如何开展工作都有一定的提示和指导，同时也明确相关人员不得做些什么，以及违背了会受到什么样的惩罚。因此，制度有指导性和约束性的特点。

2. 鞭策性和激励性 制度有时就张贴或悬挂在工作现场，随时鞭策和激励着人们遵守纪律、努力学习、勤奋工作。

3. 规范性和程序性 制度对实现工作程序的规范化，岗位责任的法规化，管理方法的科学化，起着重大作用。制度的制定必须以有关政策、法律、法令为依据。制度本身要有程序性，为人们的工作和活动提供可供遵循的依据。

二、制度的写作

制度的写法是条文式，即把制度内容分条款逐一写出，其结构可分为标题、正文，结尾三部分。

（一）制度的写作方法

1. 标题 制度的标题主要有两种构成形式，一种是以适用对象＋文种构成，如《学生管理制度》、《病案管理制度》；另一种是以单位名称＋适用对象＋文种构成，如《××医院住院部探视制度》。有的制度标题中不写制定单位，而将它写在末尾。

2. 正文 这是制度的主体部分。制度的正文有多种写法，主要可以概括为三种情况：引言、条文、结语式；通篇条文式；分章列条式。

（1）引言、条文、结语式：先写一段引言，主要用来阐述制定制度的根据、目的、意义、适用范围等，然后将有关规定逐条列出，最后写一段结语，强调执行中的注意事项。

（2）通篇条文式：将全部内容都列入条文，包括开头部分的根据、目的、意义，主体部分的种种规定，结尾部分的执行要求等，逐条表达，形式整齐。

（3）分章列条式（章条式）。即将规章制度的内容分成若干章，每章又分若干条。第一章是总则，中间各章叫分则，最后一章叫附则。

总则一般写原则性、普遍性、共同性的内容。包括的主要内容有：制定依据、制定目的（宗旨）和任务、适用范围、有关定义、主管部门（该项有时也可视具体情况置于分则或附则中）。

分则指接在总则之后的具体内容。通常按事物间的逻辑顺序，或按各部分内容的联系，或按工作活动程序以及惯例分条列项，集中编排。表述奖惩办法的条文也可单独构成罚则或奖罚则，作为分则的最后条文。

附则包括的主要内容有：施行程序与方式，有关说明（该文书与其他文书之间的关系，规定附件的效用，数量以及不同文字文本的效用等），实行日期。

3. 结尾 条文写完了就自然结束，写上制定单位、公布日期。单位内部的制度行文公布不必盖章。如是一级政府或一个系统的制度需广泛下发执行者，必须加盖公章，以增强其权威性和严肃性。

（二）制度的撰写要求

在规章制度的写作中，必须努力把握其写作特点，讲究内容体式的规范，坚持以下要点。

1. 权威性 规章制度属于机关事务文书，写法上没有法定公文那么严格，执行中也不像法律文书那样具有极强的法律效力。但就一个部门、一个单位来说，规章制度无疑具有行政强制性。为了维护规章制度的权威性，在起草时必须明确领导意图。规章制度是领导者管理思想的载体、管理意图的物化。因此，规章制度的写作不仅要有本部门本单位领导的安排或授权，而且必须理解上级或主管部门的意向、目的和要求，从而准确把握规章制度的要点和重点。

2. 依据性 从某种意义上说，规章制度是法律法规和政策条文的延伸或细化，它必然具有强制性特征。因此，任何规章制度都必须有法律依据或政策依据，必须符合党和国家的政策、法令，不允许与之相抵触或违背。如果上级的有关规定内容已经比较具体，适用性也比较强，本部门或单位就没有必要再就同一内容做出规定和要求了。为了显示内容的严肃性，有的规章制度还应在文中写明批准和公布机关，写明规章制度生效的日期，以及本规章的修改权和解释权。

3. 可行性 规章制度是要人执行的，其内容必须准确、规范，有可行性。要明确制发制度的背景。制度管理是一个连续的、系统的过程，任何部门与单位都不可能仅有一项或一个方面的规章制度。因此，起草前应弄清楚以前是否有过这方面的规定或要求，如果有的话，弄清是文字提法上的修改，还是内容方面的补充、增删；是基本维持原规定的精神，还是要推翻重写；原来的规章制度有什么优点，有什么不足等等。只有从本单位的实际出发，写出具有针对性的制度和规定，才会言之能行，行之有效。

4. 协调性 为确保规章制度的可行性，写作时必须十分注意与同类规章制度的纵向或横向联系与协调。下级部门和单位制定的规章制度必须符合上级部门的有关要求。如制度从什么时间开始执行，各级有什么权限，衡量的标准是什么等等。标准要统一，口径要一致，步调要协调，避免出现矛盾或混乱。横向关系也必须协调。有时会遇到这样的情况：面对同一个需要解决的问题或需要规范的对象，几个部门从各自不同的角度和需要出发，都制定了规章制度，但由于互不通气，结果出现矛盾，发生规定"撞车"、制度"打架"现象，使人们无所适从，甚至让一些人钻了空子，这样的规章制度是不会有执行性的。

5. 规范性 规章制度属于法规性文书，具有一定的约束力，因而要讲求体式结构的规范性，其文字表述必须严谨、周密、规范。既要体现严肃性，又要考虑稳定性。在结构安排上，通常采用分条式书写的方法，这就要求对条文的先后顺序、内容主次进行精心设计，十分注意条与条、段与段之间的内在逻辑关系，做到层次分明，布局合理。

6. 严谨性 制度的写作不同于一些公务文书的写作，它往往不是在一两天内就可完成的，通常都要经过多次反复认真地推敲、修改、酌定或试验、实证。一些重要的规章制度成型后，先要制成讨论稿，发至有关部门和单位，发给有关同志，经过有关会议或有关部门的认真讨论、逐条审议修改后，方能定稿。有些规章制度即使在反复讨论审定后印发下去，也还需批注"试行"或"暂行"字样，尚需经过一段时间实践的检验，并在实施中不断地完善和修订。对于文秘写作人员来说，规章制度的反复推敲和修改定稿的过程，就是对管理对象和客观事物的认识逐步深化的过程，也是由感性认识到理性认识，再由理性认识指导实践的一个循环过程。在此过程中，写作者要进行多次调查研究，其认识要经历两次"飞跃"。尤其是定稿后的调查研究，既是对文稿的反复推敲过程，也是认识的深化和升华过程。直至修改到不能增减一字，才能算是基本上完成了规章制度的写作任务。

【例文1——岗位性制度】

护士管理制度

一、本办法所称护士系指已取得《中华人民共和国护士执业证书》并经过注册本院的护理专业技术人员。

二、凡在我院工作的护理人员，必须通过卫生部统一执业考试，取得《中华人民共和国护士执业证书》。未经护士执业注册者不得从事护士工作。

三、护理专业在校生或毕业生进行专业实习，必须按照《××医院护生临床学习指南》的有关规定进行。

四、护理员只能在护士的指导下从事临床生活护理工作。

五、护士在执业中应当正确执行医嘱，观察患者的身心状态，对患者进行科学的护理。遇紧急情况应及时通知医生并配合抢救，医生不在场时，护士应当采取力所能及的急救措施。

六、护士有承担预防保健工作、宣传防病治病知识、进行康复指导、开展健康教育、提供卫生咨询的义务。

七、护士执业必须遵守职业道德和医疗护理工作的规章制度及技术规范。

八、护士在执业中得悉就医者的隐私，不得泄露，但法律另有规定的除外。

九、遇有自然灾害、传染病流行、突发重大伤亡事故及其他严重威胁人群生命健康的紧急情况，护士必须服从卫生行政部门的调遣，参加医疗救护和预防保健工作。

十、护士依法履行职责的权利受法律保护，任何单位和个人不得侵犯。

十一、非法取得《中华人民共和国护士执业证书》的护理人员，由医院予以缴销。

十二、护士执业违反医疗护理规章制度及技术规范的，由医院护理部门视情节予以警告、责令改正、中止在本院执业，并上报卫生行政部门中止其注册直至取消其注册。

××医院护理部

二〇一三年一月一日

【例文 2——岗位性制度】

急诊室护理工作制度

急诊室是医院危重患者比较多的地方，是医院体现医疗质量和管理质量的重要部门。为保证急诊室护理工作的高效、迅速，特制订本制度。

一、组织管理要求

1. 急诊室的护理人员必须有救死扶伤的精神，业务水平高，技术操作熟练，抢救动作迅速，治疗及时、准确。

2. 要有严格的以岗责任制为核心的各项规章制度，如交接班制度、仪器使用检查保管制度、抢救制度等。护理人员值班时坚守岗位，不得擅离职守。

3. 要有健全的院内抢救组织，遇有特殊情况，通过信号系统立即组织人员赶赴急诊室进行抢救。

4. 急诊室工作人员要有严格的时间观念，对患者的接诊时间、抢救时间、治疗时间要争分夺秒，任何人不得延误，否则要追究责任。

二、业务管理要求

1. 急诊室应备齐一切抢救药品、物品、器械和敷料等，放在固定位置并须有明显标记，设专人管理，不准任意挪用或外借。所有抢救设施处于应急状态。

2. 每日核对一次抢救室物品、药品、器械，做到班班记录，账物相符。

3. 灭菌物品需注明灭菌日期，超过一周时应重新灭菌。

4. 急诊室应经常保持整洁，每日清扫，空气消毒，室内严禁吸烟。

5. 药品器械用后需立即清理、消毒，然后放回原处，消耗部分应及时补充，以备再用；对药品应经常检查，发现变质等情况要随时报告并更换。

6. 抢救急诊患者时，抢救人员要按岗定位，明确分工，紧密配合，听从指挥，严格执行各项规章制度和各种疾病的抢救规程，并做好记录。

7. 医生未到以前，护理人员应根据紧急需要，采取必要的急救措施；要及时与患者家属及单位联系。

8. 抢救完毕，除做好抢救记录和清理消毒外，须做好抢救小结，以便总结经验，改进工作。

【例文3——法规性制度】

××医院职工休假制度

为规范医院管理，参照《中华人民共和国劳动法》、《机关事业单位工作人员带薪休假实施办法》、《国家劳动总局、财政部关于国营企业职工请婚丧假和路程假问题的通知》等相关规定，结合我院实际情况，修订职工休假制度。

一、寒暑假

本院正式职工按照工龄休假，本科及以上毕业生按工作报到时间计算：

1. 工龄在五年（含五年）以下者，每年休假一周（五个工作日）。

2. 工龄满五年，自下一年开始，每年休假二周（十个工作日）。

3. 工龄满十年，自下一年开始，每年休假三周（十五个工作日）。

4. 工龄满二十年，自下一年开始，每年休假四周（二十个工作日）。

5. 由外单位调入者及分配来的各类毕业生，凡上半年调入者，享受当年寒暑假的一半，下半年调入者，不再享受当年寒暑假。

6. 国家、单位公派出国人员回院后，出国半年以上者（含半年），休假半个月；三个月以内的短期出国人员按正常休假制度执行，不另给假。

7. 本院合同制职工休假参照国家相应法律执行。

二、病假

1. 一周及一周内病假，凭疾病专业所属科室副高及以上职称医师（挂普通号）开具的诊断证明，经本科室负责人批准后方能休假。

2. 病假超过一周，凭疾病专业所属科室主任或副主任（挂普通号）开具的诊断证明、经本科室负责人批准后方能休假。

3. 连续病假超过三个月，或半年内累计病假超过三个月，由科室提出申请，人事处、医务处组织医疗质量管理委员会讨论。

4. 医生所开假条与病情明显不相符，一经确认，按我院医务处及《中华人民共和国执业医师法》处理。

5. 需长期休息的慢性病（例如肿瘤患者、失代偿期肝硬化患者、严重自身免疫性疾病、妊娠相关疾病等）确诊后（需疾病专业所属科室主任确认、并经医疗质量委员会讨论）由疾病专业所属科室医生开假条、科室主任批准后即可休假。

6. 急诊病假，凭本院急诊医师开具的诊断证明书请假。凡遇上已排好的节假日班、夜班一律不能用寒暑假冲抵。凡在外地期间患病，须经乡卫生院以上医师或助理医师开具的急诊证明，方能有效。

7. 当年累计病休在一个月以上者，享受寒暑假的一半；累计病休在三个月以上者不再享受当年的寒暑假，如已享受，次年扣除；病、事、产假累计满六个月者，当年考核不合格。

三、事假

1. 职工有事需要请假者一律使用本人寒暑假。如寒暑假用完，可请事假，事假在三个工作日内由本科室审批，超过三个工作日以上者，经科室领导同意后，上报人事处审批，但一年累计最多不能超过十五个工作日。请事假累计超过十五个工作日（不含十五个工作日）者年终考核不合格。

2. 有以下情况之一者，按旷工处理：

（1）未经医院领导批准，擅离职守者；

（2）未经医院领导批准，超假未归者；

（3）经查明请假事由属造假欺骗者；

（4）无正当理由，不服从调动，经教育仍不按指定日期到新工作岗位上班者。

无正当理由连续旷工超过五个工作日或一年内累计旷工超过十个工作日，可以辞退。

四、探亲假

1. 入院工作满一年的职工从下一年度起可以享受探亲假。

2. 职工与配偶分居两地，每年给一方探亲假一次，假期三十天；未婚职工与父母分居两地者，每年给假一次，假期二十天；已婚职工与父母分居两地者，每四年给假一次，假期二十天。

3. 探亲时间含公休假日和法定假日，另加根据实际需要的路程时间。

4. 休探亲假须先冲抵寒暑假。

五、婚假

男性二十五周岁以上，女性二十三周岁以上初婚者为晚婚，晚婚除国家规定的婚假三天外，另给鼓励假七天（婚假不含公休假和法定假日，一方在外地，须去外地结婚另给路途假）。再婚的可享受法定婚假，不能享受晚婚假。凡去外地旅游不另给假，一律使用寒暑假。

六、产假

1. 女职工正常生育的产假为九十天；剖宫产增加十五天，多胞胎生育的每多生育一个婴儿增加十五天。

2. 已婚妇女二十四周岁以上生第一个孩子为晚育，晚育的除享受国家规定的法定产假外，另增加奖励假三十天，奖励假也可以由男方享受。

3. 女职工妊娠不满四个月流产的，应当根据医院证明，给予十五天至三十天的产假；妊娠满四个月以上流产的，给予四十二天产假。

4. 已婚妇女绝育假三周，生第一胎后上环休二天，男绝育假一周。

5. 未采取长效避孕措施做人工流产者，按病假处理。生育一胎后两次以上人工流产者第二次按病假处理，医药费自理。

七、丧假

本院职工本人的配偶、父母、子女、公婆、岳父母丧假三天，外地可另加路程时间。丧假期间基本工资照发。

八、放射假

放射科、放疗科、核医学科中从事直接操作仪器的工作人员每年享受一个月（二十二个工作日）的休假（包括寒暑假、探亲假在内）。

九、非正常休假

1. 凡因打架斗殴受伤者，休息期间停发工资，医药费自理。

2. 非法妊娠或生育者，休息期间停发工资，医药费自理。

十、学习期间假期规定

1. 经医院同意全脱产学习三个月以上者（包括出国、攻读学位离科学习人员），享受当年寒暑假的一半；全脱产学习六个月以上者（含六个月），不再享受当年的寒暑假，如已享受，次年扣除。

2. 经医院批准，凡参加电大、夜大、函大等业余学习的职工，学习占用工作时间者，用寒暑假冲抵。

十一、考勤制度

1. 各科室应严格执行考勤登记制度，并设专人负责。考勤情况应真实记录，不得补记、伪造、谎报，各科室负责保留原始考勤记录。

2. 考勤结果应纳入年度考核，并与工资发放、晋级晋职、奖惩等挂钩。

3. 每年的寒暑假应在次年二月底之前休完，不累计。

4. 各科室考勤员如更换，应经科室主任签字书面通知人事处。

十二、其他

1. 女职工妊娠七个月以上（含七个月）及婴儿一周岁内可不上夜班。

2. 女职工有未满周岁的婴儿，并在身边抚养者，每日给喂乳时间一小时。

3. 职工凡遇有修房、搬家、安装煤气、学生家长会等事宜一律使用本人寒暑假，不另给假。

4. 工伤休假参照国家相关法律规定。

5. 医院外派完成上级单位卫生医疗任务，休假参照国家或上级卫生部门发文或相关规定。

本规定解释权归医院办公室。上述规定自 2013 年 1 月 1 日开始执行，原职工休假制度废止。

办公室

二〇一二年十二月十日

【病文分析】

治疗室工作制度

1. 严格执行无菌操作，进治疗室需穿工作服，操作时戴口罩。

2. 治疗室布局合理，清洁区、污染区有明显标志，无菌物品专柜放置，室内用具清洁，摆放有序。除治疗室工作人员外，不得在室内逗留。

3. 各种药品分类放置，标签明显，字迹清楚。有定期清点制度，帐物相符并有记录，物品借出时应有借条。

4. 毒麻药、限、剧药、贵重药应加锁保管，有清点制度。严格进行交接班。

5. 器械物品放在固定位置，及时清点、领取、严格交接，各种物品概不外借。

6. 有定期消毒制度，无菌持物钳按要求定时更换消毒。

7. 一次性物品按规定进行处理。

8. 无菌物品必须标明灭菌日期，在有效期内使用。

9. 合理使用冰箱，物品放置有序，药品标签清楚，有定期清洁、化冰制度。冰箱内无私人用品。

10. 其他要求：祥见消毒隔离制度。

这份制度存在以下几个问题：

1. 条文漏洞较多 如第 2 条"除治疗室工作人员外，不得在室内逗留。"不尽合理，难以严格执行；另外，对治疗室的空气消毒、空气培养、医疗垃圾分类放置处理等内容，该制度未提及，是重要遗漏。

2. 内容相互矛盾 第 3 条"物品借出时应有借条"与第 5 条"各种物品概不外借"相互矛盾，执行中会产生困惑。

3. 条理不够清晰 如第 3 条、第 4 条都提到"清点制度"，应合并相同内容。

4. 语言表达含混 如第 6 条"定期消毒制度"、第 9 条冰箱的"定期清洁、化冰制度"、第 10 条的"其他要求"等规定不够具体，令人无法具体实施。

5. 错别字较多 如"需穿工作服"应为"须穿工作服"；"帐物相符"应为"账物相符"；"祥见消毒隔离制度"应为"详见消毒隔离制度"。

【仿真练习】

为了进一步加强校风和学风建设，请你就学生考勤问题拟一份"制度"。

第二节 规 定

一、概述

规定是党政机关、社会团体、企事业单位针对特定范围内的某种具体工作、某些问题所制定的具有强制性和约束力的要求与规范。规定可以是长期的，也可以是"暂行的"。规定虽不如法令、条例涉及的事项那么重大，但也是具有权威性和法规性的一种公文。

（一）规定的作用

国务院办公厅《行政法规制定程序暂行条例》指出规定的作用是："对某一方面的工作做部分的规定。"《中国共产党机关公文处理条例》第七条第十二款对规定的功能作了如下表述：用于对特定范围内的工作和事务制定具有约束力的行为规范。规定是规范性公文中使用范围最广、使用频率最高的文种。

（二）规定的特点

1. 制发机关较宽泛 规定的制发机关比较广泛。前面强调过，条例的制发是有严格限定的，对于党的公文来说，只有中央一级组织才有制发条例的权力；对于行政公文来说，高级别的立法机构和行政机构才有权制发条例。所以，在本章节中没有讲解条例的写作。而规定的制发机关就没有那么严格了，各级领导机关和职能部门都可以制定和发布规定。

2. 内容较具体 规定的内容一般没有条例涉及面那么大，有较明显的局部性。如《医疗机构病历管理规定》、《医疗废弃物专用包装物、容器标准和警示标识规定》就具有行业性和局部性的特点。因此，规定中的条文要比条例更具体一些。

3. 行动约束力更强 规定的内容比较具体，对某项任务和工作所提出的要求和标准都比较明确，操作性更强，因而在实际工作中，规定比条例有更明显的约束力。

（三）规定的分类

规定大致可以分为方针政策性和具体事宜性两种。

1. 方针政策性规定 这类规定着重于界限划分，以明确范围、提出要求和惩处情况，解决"应当怎样"和"不应当怎样"的问题。

2. 具体事宜性规定 侧重于对实施文件的有关事项做出具体规定，对原条款做出解释，提出具体的实施意见。

二、规定的写作

（一）写作方法

规定的写作和结构，通常包括标题、正文、签署三部分。

1. 标题　由发文机关＋规范内容＋文种类别组成，特别是国家高级行政机关制发的规定更是如此。如《××省卫生厅×××管理规定》。但有时也可省略标题中的发文机关，改为文尾签署，如《医疗机构病历管理规定》。规定如属"暂行"性的，标题中要标明。

2. 正文　规定的正文，多由三部分构成。

（1）开头：先写制发规定的缘由，总述制定本规定的目的、依据，有针对性，并在后面用"特作如下规定"语承上启下。

（2）主体：写规定的具体事项，通常采用条目式写法，一项内容为一条，简明、准确、具体。内容简单的就直接写出，不必分条，写作时要灵活掌握。

（3）结语：最后应说明施行范围和时效等。一般用"本规定自发布之日起施行"或"本规定自×××年××月××日起施行"表述。除此之外，也可写出该规定的解释权所属者。

3. 签署发文机关和日期　如标题中已标明发文机关，标题下已标明发文日期的，可省去这部分，特别是高级行政机关制发的规定更属此列。发文日期写在正文之后，应注明发文单位名称。

（二）规定的撰写要求

1. 制订的合法性　依据党规国法及自身权限，不能违背、超越，不能随意为之。

2. 执行的政策性　在执行时能体现政策，明确规定什么准许、什么不准许，并写明违反的惩处。

3. 内容的可行性　条款要能实行，切忌虚张声势、空言威吓而不能实施实行，所以，规定要具体，界限要清楚，前后不能矛盾，要体现出针对性、有效性、可行性。

4. 解释的单一性　用词准确，不能产生歧义，不能作不同解释。

5. 文字的简明性　语言简练，条理清楚，意思浅显，一目了然。

【例文 1——方针政策性规定】

××省护士执业注册管理规定（试行）

为规范护士执业注册管理，根据国务院《护士条例》和卫生部《护士执业注册管理办法》，结合我省实际，制定本规定。

一、注册机关

省卫生厅负责全省的护士执业注册管理工作。首次申请护士执业注册和重新注册、注销注册、跨省变更注册由省卫生厅负责；护士延续注册、省内变更注册由核发其所在机构《医疗机构执业许可证》的卫生行政部门负责。

二、执业注册

护士经执业注册取得《护士执业证书》后，方可按照注册的执业地点从事护理工作；未经执业注册取得《护士执业证书》者，不得从事诊疗技术规范规定的护理活动。

（一）注册条件

申请护士执业注册，应当具备下列条件：

1. 具有完全民事行为能力；

2. 在中等职业学校、高等学校完成教育部和卫生部规定的普通全日制3年以上的护理、助产专业课程学习，包括在教学、综合医院完成8个月以上护理临床实习，并取得相应学历证书；

3. 通过卫生部组织的全国护士执业资格考试；

4. 符合下列健康标准：无精神病史；无色盲、色弱、双耳听力障碍；无影响履行护理职责的疾病、残疾或者功能障碍。

申请人隐瞒有关情况或者提供虚假材料申请护士执业注册的，卫生行政部门不予受理或者不予注册，并给予警告；已经注册的，撤销其注册。

（二）需要提交的材料

1. 《护士执业注册申请审核表》一式2份；

2. 申请人身份证明原件及复印件（身份证正反面复印在同一页上）；

3. 申请人学历证书及专业学习中的临床实习证明（实习手册）原件及复印件；

4. 全国护士执业资格考试成绩合格证明原件及复印件；

5. 医疗卫生机构拟聘用从事护理工作的相关材料；

6. 执业机构所在地二级以上医院出具的6个月内的健康体检证明；

7. 申请人近期免冠正面半身彩色小2寸照片1张（与《护士执业注册申请审核表》、《健康体检表》照片为同一底片）。

护士执业注册申请，应当自通过护士执业资格考试之日起3年内提出；逾期提出申请的，除提交上述材料外，还应当提交在省内三级综合医院接受3个月临床护理培训并经省卫生厅指定机构考核合格的证明。提交的材料统一用A₄纸并按顺序装订（身份证、学历证书、临床实习证明、考试成绩合格证明原件除外）。各种表格用黑色或蓝黑色钢笔、签字笔填写，不得漏项。网上下载表格不得改变式样和规格。经省卫生厅审核准予注册的，上述2、3、4项原件返还申请人，《护士执业注册申请审核表》申请人所在机构留存1份，其他注册材料由核发其所在机构《医疗机构执业许可证》的卫生行政部门留存归档。

（三）注册程序

1. 材料准备　申请人填写《护士执业注册申请审核表》，按提交材料要求备齐注册所需材料，交所在（拟聘用）机构；

2. 机构意见　申请人所在（拟聘用）的医疗卫生机构出具是否同意其注册的意见，并由机构法定代表或授权者在《护士执业注册申请审核表》上签署审核意见，加盖公章。

3. 录入制证　医疗卫生机构或核发《医疗机构执业许可证》的卫生行政部门录入护士注册信息；设区市卫生局对辖区所属医疗卫生机构或申请人提交的注册信息进行形式审核，信息齐全的导入或录入《护士执业注册联网管理信息系统》并编号制证。

4. 审核注册　护士执业注册可由设区市卫生局、医疗卫生机构集体或申请人个人申请。省卫生厅自受理注册申请后20个工作日内，对提交的材料进行审核。审核合格的，准予注册，发给《护士执业证书》；对不符合规定条件的，不予注册，书面通知申请人并说明理由。

三、延续注册

护士执业注册有效期为5年。护士执业注册有效期届满需要继续执业的，应当在有效期届满前30日，向负责办理延续注册的卫生行政部门提出申请。不符合护士执业注册健康标准和被处暂停执业活动处罚期限未满的，不予延续注册。

（一）需要提交的材料

1.《护士延续注册申请审核表》一式2份；

2.《护士执业证书》原件；

3. 执业机构所在地二级以上医院出具的6个月内的健康体检证明；

（二）延续注册程序

1. 材料准备　申请人填写《护士延续注册申请审核表》，按提交材料要求备齐所需材料，交所在机构；

2. 机构意见　申请人所在医疗卫生机构出具是否同意其延续注册的意见，并由机构法定代表或授权者在《护士延续注册申请审核表》上签署审核意见，加盖公章；

3. 审核注册　护士延续注册可由医疗卫生机构集体或申请人个人申请。卫生行政部门自受理注册申请之日起20个工作日内进行审核，审核合格的，准予延续注册，并将延续注册信息通过护士执业注册联网管理信息系统通报省卫生厅。对不符合规定条件的，不予注册，书面通知申请人并说明理由。

四、注销注册

护士执业注册后有下列情形之一的，省卫生厅将注销其执业注册：

1. 注册有效期届满未延续注册的；

2. 受吊销《护士执业证书》处罚的；

3. 护士死亡或者丧失民事行为能力的；

4. 中断护理执业活动超过3年的。注册护士丧失民事行为能力、死亡或因辞退、离职、退休等原因离岗，所在机构应及时上报省卫生厅。

五、重新注册

有下列情形之一的，拟在医疗卫生机构执业时，应当重新申请执业注册：

1. 注册有效期届满未延续注册的;

2. 受吊销《护士执业证书》处罚,自吊销之日起满 2 年的;

3. 因中断护理执业活动被注销注册的。重新申请注册的,除按照执业注册要求提交材料外,中断护理执业活动超过 3 年的,还应当提交在三级综合医院接受 3 个月临床护理培训并经省卫生厅指定机构考核合格的证明。

六、变更注册

护士在其执业注册有效期内变更执业地点,应当办理变更注册。承担卫生行政部门、所在医疗卫生机构批准的工作和学习任务等除外。

(一)需要提交的材料需要提交的材料需要提交的材料需要提交的材料

1.《护士变更注册申请审核表》一式 2 份;

2.《护士执业证书》原件。

(二)省内变更注册程序

1. 护士变更执业地点属原注册卫生行政部门管辖的,申请人向原注册卫生行政部门报告并提交变更注册材料,卫生行政部门收到变更注册报告及相关材料后为其办理变更注册,并通过护士执业注册联网管理信息系统通报省卫生厅。

2. 护士变更执业地点不属原注册卫生行政部门管辖的,申请人向拟执业机构注册的卫生行政部门报告并提交变更注册材料,卫生行政部门收到变更注册报告及相关材料后为其办理变更注册,并通过护士执业注册联网管理信息系统通报原注册卫生行政部门和省卫生厅。

(三)入省变更注册程序

入省变更注册程序入省变更注册程序入省变更注册程序

1. 在省外取得《护士执业证书》拟在我省医疗卫生机构执业的护士,向省卫生厅报告并提交变更注册材料;

2. 省卫生厅收到变更注册报告及相关材料后为其办理变更注册,并通过护士执业注册联网管理信息系统向原执业地省级卫生行政主管部门通报;

(四)出省变更注册程序

1. 申请人向拟执业地注册部门报告并提交变更注册材料;

2. 收到注册报告的卫生行政主管部门为其办理变更注册后,通过护士执业注册联网管理信息系统向我省卫生行政主管部门通报。

(五)办理时限

卫生行政部门自受理之日起 7 个工作日内办理变更注册手续;材料不符合要求的应书面告知申请人。计划生育技术服务机构护士的执业注册管理适用本规定,延续注册、省内变更注册由同级卫生行政部门办理。

×× 省卫生厅(章)

二〇一〇年十二月二十日

附件：

1. 护士执业注册申请审核表
2. 护士延续注册申请审核表
3. 护士变更注册申请审核表
4. 护士注册健康体检表
5. 护士执业注册临床培训考核表

【病文分析】

关于护理质量管理的有关规定

护理文书是正确进行诊断、治疗和护理的第一首要依据，它直接地反映了治疗及护理质量。医院管理中明确规定，四种护理表格书写合格率＞90％。为提高我院护理文书的质量，经护理管理委员会研究，作如下规定：

1. 进一步提高全体护理人员对护理文书重要意义的认识，认真执行又又省病历书写规范中的"护理病历及护理文件"和"四种护理表格书写质量要求"。要求重新学习，全面落实。

2. 在病历入档前进行把"三关"，务必把不合格病历拦截于病案室前。

（1）第一关：鉴于四种护理表格的书写是由全科护士集体完成，故采取谁写谁负责，谁错谁改的原则，自我把关。

（2）第二关：填写出院小结的护士为护理文书质量的第一责任人，要求依据医院分级管理中四种护理表格书写质量要求进行查阅，及时查缺补漏，并落实到当事人。

（3）第三关：护士长为护理文书质量的最后责任人，全面负责四种护理表格的书写质量，每份出院病历应填写住院病历护理书写质控表并签名。

3. 护理文书考核、评比方法

（1）每季度进行护理文书的交叉检查一次，随意抽取已出院归档的病历每科二份，根据病历书写规定及分级管理的四种护理表格书写评分标准，对各科护理文书进行抽查核审。

（2）每季度由护理管理委员会对本季度护理文书检查结果进行综合分析，总结成绩，找出不足，制定改进措施。

4. 奖惩办法

（1）按分级管理要求，各科四种护理表格合格率应＞90％，如未达到的科室，将限制年终先进评选。

（2）根据科内及季度检查情况，对护理文书的书写缺陷当事人，视发生次数及具体情况酌情罚款。

（3）年终评选时，将四个季度检查结果进行综合取平均分，给前三名科室分别给予奖励，具体分配由科室决定。

这份文件存在以下几个问题：

1. 标题不够明确 本文的标题是"关于护理质量管理的有关规定"，内容只涉及护理文书质量管理，因此应改为"关于护理文书质量管理的有关规定"。

2. 内容不够具体 "规定"的内容应该是比较局部、具体的，但本文对许多问题没有表述清楚，如本文是指哪四种护理文书？哪怕是本院护理人员人人皆知，也应在正规的文件中明确说明；"把不合格病历拦截于病案室前"什么是不合格病历？"酌情罚款"怎么酌情？奖励的标准是多少？"限制年终评选"怎么限制？是取消评选为先进单位的资格还是别的什么？

3. 术语不够准确 对护理文书，本文有时称为"护理表格"，有时称为"护理文书"，似不够准确，在病历中护理文书不仅仅是"表格"。

【仿真练习】

请将上述病文改写一份"关于护理文书质量管理的有关规定"。

第三节　细　　则

一、概述

细则是有关机关根据下发公文的规定或实施需要，为了贯彻执行某一法律、法规或其中的部分条文、个别条款，结合实际情况，制定出具体的实施办法，或做出补充、辅助说明的详细具体的法规性文件。

（一）细则的作用

细则是对某一法律、法规全部或部分内容的具体化。国家的有关法律或上级机关发布的有关条例、规定等，在具体环节上不可能面面俱到，需要相应的管理部门结合实践再作补充和阐释。另外，不同地区不同单位在实行某一法规的时候，允许结合本地区本单位的情况进行具体的处理。因此，有些法规在发布的时候，就在结尾处特意说明："本条例（规定）由××部门负责解释"，或者"各地要结合本地区的情况，制定出实施细则，并于×月××日前报××办公厅"。这些都显示了细则这种文体的必要性。

（二）细则的特点

1. 派生性 细则不是一种独立存在的法规性文书，它必须依附于某一具体法律、法规，以某一法律、法规为前提，是某一法律、法规的派生物。没有某法律、法规，就没有某法律、法规的实施细则。如有了《医疗机构管理条例》，才会有随后产生的《医疗机构管理条例实施细则》。法律法规是细则赖以产生的前提。细则作为法律、法规的派生物，只能是对原文的补充、阐释和细化，使相关法律和法规更详尽、更周密和更具体，而不能超出原法律、法规的内容范围，更不能自行其是，另立法规。

2. 注释性 细则要对原法律、法规的重要词语、规定事项给以阐释，使其含义更明确、更具体、更具有可行性。例如，《国家行政机关工作人员贪污贿赂行政处分暂行规定实施细则》第十二条指出：《暂行规定》第九条、第十一条所称"较大损失"是指有下列危害结果之一的：①造成直接经济损失五万元以上的；②造成不良政治影响，有损国家的信誉、形象和威望的。在原文中，重大损失是模糊概念，经细则解释后，变得清晰、明确了。

3. 补充性 细则还要对原文不够详尽的地方进行补充。例如，《国家行政机关工作人员贪污贿赂行政处分暂行规定》第六条规定："国家行政机关工作人员利用职务上的便利挪用公款的，应当根据其数额及其他情况，给予行政处分。"《细则》对此进行了补充：根据《暂行规定》第六条，对挪用公款尚未构成犯罪的，依照下列数额及本《细则》第六条规定的"其他情况"给予行政处分：①数额在五千元以上的，超过三个月，但在被发现前已全部归还本息的，给予撤职至开除处分；②数额在三千元以上的，不满五千元的，超过三个月未还的或者归本人进行营利活动的，给予记大过至撤职处分；③数额不满三千元，超过三个月未还或者归个人进行营利活动的，给予记过至降级处分；④挪用公款归个人使用未超过三个月的，给予记大过以下处分；数额在五千元以上的，给予记大过至撤职处分。挪用公物归个人进行非法活动或者被发现后不退还的，依照《暂行规定》第四条的规定给予行政处分。挪用公物归个人使用的，参照挪用公款给予行政处分。补充之后，大大增强了规定的可行性。

4. 详细性 细则还有一大特点就是特别详细，这一点在文种名称中已经显现出来了，以上例文也可证明这一点。

（三）细则的类型

1. 整体性实施细则 是针对有关法规文件的条款提出全面、详尽的实施意见的文件。如《中华人民共和国居民身份证条例实施细则》。

2. 部分性实施细则 是只针对有关法规文件的部分条款提出实施意见的文件。

3. 地方性实施细则 地方性实施细则的正文内容只与本地区或本单位有关。

二、细则的写作

（一）写作方法

1. 标题 细则的标题由原法规名称＋实施细则或施行细则组成，如《中华人民共和国安全法实施细则》、《国家行政机关人员贪污贿赂行政处分暂行规定实施细则》。

2. 题下标示 在标题之下正中，加括号标注发布日期和制发机关名称，如果属会议批准或通过的，要用括号在标题下另加注说明，如"××××年×月××日××会议批准（通过或修订）"。随命令、通知等颁布的细则，可不列此项。

3. 正文 正文是细则的主体部分，要对某一法律、法规的实施作具体地、周密地阐释、补充和规定，但不得超出原法律、法规的基本内容。一般正文分三个部分组织成篇：先写发布细则的缘由，为贯彻执行某项法令、条例而制发细则，用"特制定本细则"一语承上启下；其次写具体的内容；最后写明实施机关、生效日期、解释权等。根据内容的复杂程度，细则的正文有两种写法，一种是章条式写法，一种是条款式写法。

（1）章条式写法：这种写法适用于内容较多的细则。全文分为三大部分，分别是总则、分则、附则。总则是开头部分，主要用来说明制定细则的根据、目的、指导思想、基本原则、实施机关等。总则一般排为第一章，分若干条。分则是细则的主体部分，分若干章，每章再分若干条。分则用来对原法律、法规进行解释、补充，做出细致周密、切实可行的规定。附则是细则的结尾部分，主要用来提出执行要求。

（2）条款式写法：这种写法不分章，直接列条，适用于内容较简单、篇幅较短的细则。根据、目的、基本原则、指导思想等内容，写入前几条；解释、补充和规定，写在中间，条款最多；执行要求写在最后。

（二）细则的撰写要求

1. 细则要对原件有关概念、范围进行必要地和适当地解释。

2. 细则要详尽、具体、完善、细致，便于理解和执行。

3. 写作条文要切实可行，操作性强。

【例文】

计划生育技术服务管理条例实施细则

国家计划生育委员会令第6号

经国家计划生育委员会委务会议审议通过，现予发布，自即日起施行。

二〇〇一年十二月二十九日

第一章 总则

第一条 根据《计划生育技术服务管理条例》（以下简称条例），制订本细则。

第二条 中华人民共和国境内从事计划生育技术服务活动的各级各类机构及其人员应当遵守条例和本细则。

第三条 计划生育技术服务实行国家指导与个人自愿相结合的原则。公民实行计划生育时，有权了解自身的健康检查结果和常用避孕节育方法的作用机理、适应证、禁忌证、优缺点、使用方法、注意事项、可能出现的副作用及其处理方法，在计划生育技术服务人员指导下，负责任地选择适合于自己的避孕节育方法。从事计划生育技术服务的机构和人员，在提供避孕节育技术服务时应充分考虑服务对象的健康状况、劳动强度及其所处的生理时期，指导公民选择适宜的避孕节育方法，并为其提供安全、有效、规范的技术服务。对于已生育子女的夫妻，提倡选择以长效为主的避孕方法。

第四条 国家保障公民获得适宜的计划生育技术服务的权利，向农村实行计划生育的育龄夫妻免费提供避孕、节育技术服务。免费提供的技术服务项目包括发放避孕药具；孕情、环情检查；放置、取出宫内节育器及技术常规所规定的各项医学检查；人工终止妊娠术及技术常规所规定的各项医学检查；输卵管结扎术、输精管结扎术及技术常规所规定的各项医学检查；计划生育手术并发症诊治。

第五条 向农村实行计划生育的育龄夫妻免费提供避孕、节育技术服务所需经费，由各级财政设立专项经费予以保障，具体结算标准和结算形式由各省、自治区、直辖市人民政府制定。国家向城市实行计划生育的育龄夫妻免费发放避孕药具。城市实行计划生育的育龄夫妻接受避孕、节育技术服务的，其费用解决途径为：参加生育保险、医疗保险和其他相关社会保险的，由社会保险基金统筹支付；未参加上述保险的公民，由所在单位或地方财政负担。具体办法由县级以上地方人民政府制定。对西部困难地区免费提供避孕节育技术服务所需经费，由中央财政给予适当补助。

第六条 国家计划生育委员会负责管理全国计划生育技术服务工作，履行下列职责：

（一）制定与条例配套的规章和制度；

（二）围绕生育、节育、不育制定生殖保健服务的规划与规范，编制并颁布计划生育技术服务项目、药具目录；

（三）制定全国计划生育技术服务工作发展规划，指导各地计划生育技术服务网络的规划、建设、管理和监督；

（四）组织制定并实施与计划生育技术服务工作相关的科学研究总体规划，组织计划生育新技术推广和避孕药具上市后的监测工作；

（五）对计划生育技术服务进行管理和监督；

（六）管理与计划生育技术服务相关的其他工作。

第七条 各地计划生育技术服务网络的规划，应当由县级以上地方人民政府计划生育行政部门在当地人民政府的统一领导下，遵循布局合理、规模适当、广为覆盖的原则提出，并报请同级人民政府将其纳入国民经济、社会发展和区域卫生规划。

第八条 从事计划生育技术服务的机构应当坚持"面向基层，深入乡村，服务上门，方便群众"的工作方针。各级各类从事计划生育技术服务的机构要合理分工，密切协作，优势互补，围绕生育、节育、不育共同做好避孕节育和其他生殖保健服务工作。

第九条 国家计划生育委员会制定并组织实施计划生育科学研究、技术发展、新技术引入和推广的总体规划。省、自治区、直辖市人民政府计划生育行政部门负责组织实施推进与计划生育优质服务相关的科学研究、技术发展、新技术引入和推广项目。国内外企业、基金会、国际组织和社会团体，可以根据条例和本细则的规定申请承担或参与推进计划生育技术服务相关的科学研究、技术发展和新技术的引入和推广。

第二章 技术服务

第十条 计划生育技术服务是指使用手术、药物、工具、仪器、信息及其他技术手段，有目的地向育龄公民提供生育调节及其他有关的生殖保健服务的活动，包括计划生育技术指导、咨询以及与计划生育有关的临床医疗服务。

......

第七章 附则

第五十五条 条例及本细则所涉及的《计划生育技术服务机构执业许可证》由国家计划生育委员会统一印制；《计划生育技术服务人员合格证》由国家计划生育委员会制定统一格式，各省、自治区、直辖市人民政府计划生育行政部门印制。

第五十六条 本细则自发布之日起施行。

【病文分析】

××医院护士岗位夜班管理细则

按工作性质、任务、服务对象及国家有关计划生育政策规定，在我院担当护理工作的各级护理人员的夜班情况，大体可分以下三种情况：

一、无夜班岗位

（1）由院长聘任的各科护士长及担当护士长职责的临时护理负责人；（2）护理部的护理干事；（3）各临床科室总务护士；（3）年龄在40岁以上，在护理岗位工作的正式在编护士；（5）妊娠七个月后及哺乳期的正式在编护士。

二、一般无夜班岗位

1. 各科室掌握一定专门技术，能配合医生开展各种专项检查、治疗的护士，包括以下岗位：（1）电子胃肠镜室；（2）门诊手术室；（3）口腔科门诊；（4）五官科门诊；（5）眼科门诊；（6）皮肤科门诊；（7）美容室；（8）心理咨询室；（9）血液透析室。

2. 各科室因工作性质而要求配备的护士，包括以下岗位：（1）门诊换药室；（2）门诊注射室；（3）门诊导诊；（4）各社康中心；（5）防保科；（6）疼痛科门诊；（7）门诊出入院处；（8）放射科；（9）体检科；（10）院感科；（11）针灸室；（12）人流室；（13）供应室；（14）病案室。

三、声明无夜班岗位

指在护理岗位工作，声明不值夜班的护士。

四、三种岗位护士奖金发放规定：

1. 无夜班岗位工作的护士，全额发放奖金；

2. 一般无夜班岗位工作的护士，拿取85%的奖金。

3. 声明无夜班岗位工作的护士拿取60%的奖金。

五、几点说明

1. 奖金指一年内发放的全部奖金，包括基本奖、提成奖等。因部门、科室不同，各个科室医护人员实际拿到的奖金数是不同的。

2. 各科总务护士，应由护理部提名、院长同意，科内75%以上护士认同，在护士长缺席时，代理本科护士长职责。

3. 医院仍按现行方法、现行标准发放各科奖金，奖金在科内按各自科室协商的比例分配，其中不值夜班的护士将按细则规定拿取奖金，扣除部分上缴医院。

这份文件存在以下几个问题：

1. 文种选择不当　细则一般是为贯彻执行有关条例和制度而制定的，具有派生性、解释性、补充性的特点，本文的内容不具有以上特点，应用"规定"来写该文较合适。

2. "无夜班岗位"、"一般无夜班岗位"、"声明无夜班岗位"的内涵没有明确界定，在执行中容易出现争议。

3. 未写明解释权在何处，从何时起开始执行。

【仿真练习】

1. 请修改上述病文。

2. 请根据卫生部《医院感染管理规范》，制定一份《手术室消毒隔离管理细则》。

第四节　须　　知

一、概述

须知，即必须知道；应该知道；对所从事的活动必须知道的事项。这种应用文体是有关单位为了维护社会秩序或指导某项活动顺利进行而制定的行为规范。

二、须知的写作

（一）标题常以主要内容或适用对象与文种组成。

（二）正文要分条陈述，条文不宜过多，便于自觉遵守。

（三）可省略署名、日期。

【例文】

住院患者须知

1. 住院期间您应穿着本院所提供之病患服装。为避免影响他人，请勿穿着病患服装进入餐饮部。

2. 为了医疗照顾之需要，当您有事要离开病房时，请先通知护士。如果您要离院外出则必须经主治医师同意及签署"外出声明书"，否则私自离院，将被视同自愿出院处理。此外，依据全民保健之规定晚间不得离院外宿。

3. 为维护病房安宁，如有人高声喧哗，请协助劝止或通知护理站。

4. 为让病患有充分之休息，晚上九点以后陪伴亲友以一人为限，其余亲友请尽速离开病房。配合医疗作业之需要，陪客床限于21：00—翌日07：00以及12：00—14：00两时段内使用，其他时间敬请将陪客床收归定位。

5. 儿童易受病菌感染，如非必要请不要带儿童到医院。

6. 为保障您的财物安全，住院期间请勿携带贵重物品及过多金钱，院区内设有银行的自动提款机可供使用。

7. 为维护大家的安全，本院内严禁私接电器用品。

8. 依据卫生厅之规定，医院内全面禁止吸烟。

9. 为您做好医疗服务工作是本院人员的本份，如您认为服务人员表现优良，有心给予鼓励时，请利用"院长信箱"通知我们，但请勿馈赠金钱或物品，以免服务人员为难。

10. 如有服务不周到的情形或您有其他宝贵建议，请直接向护士长反映或以书面投入"院长信箱"。

×××× 医院

【病文分析】

××医院探视须知

1. 必须按规定时间探视病员，学龄前儿童不得带入病房，探视时须遵守有关规定，对外地或特殊情况下的探视者，可在适当时间予以安排，如病情不宜探视，医护人员须做好解释工作。

2. 陪伴和探视人员须听从医务人员指导，应遵守病房制度，保持病房整洁、安静、不准吸烟，不准窗口倒水，不乱丢果壳，不高声谈话或睡在病床上，不谈论有碍患者健康和治疗的事。

3. 查房治疗时间：上午8：00～9：30，陪伴人员应主动离开病房，如须了解病情，待查房结束后向医护人员询问。

4. 陪伴或探视人员不得乱串病房和私自翻阅病历，未经允许不得请院外医师会诊和私自给患者用药。

5. 陪伴或探视人员须爱护公物，节约用水，如有损坏按制度赔偿。

这份文件存在以下几个问题：

1. 内容不够详尽 如文中说"必须按规定时间探视病员"，却未说明具体的规定时间是什么；也未说明每次探视可进人几人，当出现特殊情况时（如危重病员）怎样处理。

2. 语气过于强硬 全文通篇均使用"必须……""不得……"显得不够友善礼貌。

【仿真练习】

请根据你所学到的专业知识，帮助护理部主任撰写《门诊患者须知》、《医院探视须知》、《手术患者须知》。

（张小平）

护理论文写作

第一节 概　述

一、护理论文概念

护理论文是以护理学科及相关学科、边缘学科的理论为指导，经过科研设计、实验、观察取得第一手资料，再经归纳分析及必要的统计学处理撰写而成的护理科技文章，或运用第二手资料经过综合、分析、整理而成的护理科技文章。简言之护理论文是科技论文的一种，是用来进行护理科学研究和描述研究成果的论说性文章。

二、护理学论文发表的意义和作用

护理论文，它不同于一般的工作报告或工作总结，而是将科研与实践工作中所得到的资料进行科学的归纳、分析、推理，并形成能够反映客观规律的论点，这样的学术论文写作与发表，不仅有利于传递护理学科发展的动态成果、经验、技术及信息，而且有利于发展护理学理论及护理事业，为护理水平的提高起着积极的作用。

（一）贮存科研信息

在科学研究完成之后，需对其研究结果立即加以总结，并以论文或报告的形式阐明其发现及发明。否则，可能随着时间的推移，其发明与发现逐渐消失，致使后人可能再次重复前人所做的工作，发生不必要的人力与物力的浪费。因此，学术论文的写作就是贮存这些科研信息，使它成为以后新的发明、发现的基础，以利于科学技术事业的延续和发展，不断的丰富人类科技宝库。人类文明的延续与发展，正是凭借着这种连续不断地积累、创造、再积累、再创造的过程中实现的。因此学术论文是贮存科研信息的重要载体，而写作论文则是总结科学发现的重要手段。

（二）有利于学术交流和传播

从事临床护理和护理教学的一线工作者，在实践中，他们积累了丰富的成功的经验，也吸取了失败中的教训，同时探究了新的科研成果等等。而所有这些都是十分宝贵的。将它们进行科学的分析和总结，并以论文形式在医学期刊上公开发表交流，就能发挥巨大的指导与借鉴作用，这种交流方式，它不受地域、时间、历史变迁、社会条件和国界的限制，特别是当今的信息时代，医学情报高速发展，将论文收藏于情报中心检索系统，为全世界读者所共享交流实践经验。因此学术论文也是传播科研信息的重要载体。而且按照公认惯例，科学成果的首创权，必须以学术论文的形式刊登在学术期刊上，方能得到承认，而新闻媒体传播，是得不到正式承认的。

（三）启迪学术思想

在大量的科研成果和实践经验基础上，形成并发展起各种学术思想，这些学术思想通过论文的形式不断地探索与交流，并相互启迪，形成新的学术思想，以促进科学事业的发展。

（四）提高知名度

护理论文写作是一种创造性的脑力劳动，它凝聚着巨大的艰辛。在写作的过程中，随着思想的深化，可以提高护理工作者分析问题与解决问题的能力，提高科研水平。护理工作者只有通过写作，将自己的经验、教训、科研成果记录下来，撰写成论文发表，才能得到同行的认可，从而提高在国内同行的知名度。

（五）书面鉴定成果

撰写科学论文是医学科研工作的一个组成部分，是完成研究成果最后和必不可少的一个环节。同时，论文是科研成果的书面表达方式。护理论文的发表也是科研成果鉴定的一项重要指标。

（六）职称的晋升

考核业务水平，发表医学论文的多少及它对社会效益、经济效益的贡献大小，是评价科研工作者业务和科技成果的重要标准。也是进行业务考核与职称评定的重要依据之一，同时也是发现人才的渠道之一。

三、护理论文的特点

（一）科学性

科学性决定着护理论文水平、质量。护理论文设计和思考要周密、观察方法要可靠、记录要客观、资料要完整、分析和论证要符合逻辑。即选择材料要真实，分析要客观，判断要合理，这是保证论文具有科学性的基本要求。

（二）目的性

护理论文写作目的是为了发表，发表的目的是为了将作者的临床经验、护理教育教学与管理经验传递给别人，从而促进护理事业的发展。发表的护理专业论文，突破空间和时间上的限制，得以更广泛、更长久地传播、交流、储存。

（三）时效性

21世纪是一个分秒必争的时代，凡事都要争取时间，与时间赛跑，在有限的时间里，创造无限的价值。实践证明，护理论文写作发表必须及时，科研成果的发布，越快越好，时间越早，其实现价值越大，否则在竞争非常激烈的时代，稍一迟缓，就有可能因时间的延误而被其他人的研究成果所取代而遭淘汰。

（四）可读性

可读性指书报杂志或文章内容吸引人的程度；读物所具有的阅读和欣赏的价值。文章本身有价值，读者读了之后有收获。作为护理论文要力求做到这一点，以吸引和赢得更多的读者。

（五）语言简洁、明了、确切

护理论文的性质决定了其语言特点。它不追求华丽的辞藻、形象的比喻，而是质朴无华。遣词选句，要能够恰如其分、实事求是地反映客观现实，用自己的语言，表达自己的观点，做到不夸张，不缩小，不会引起歧义。能用一个词的不用两个词，能用一句话讲清楚的就不用两句话，力求简洁、通顺、明白，不装腔作势，不说套话、空话。

四、护理论文的类型

（一）按研究方法的不同可分为

①实验研究型；②临床观察型；③调查报告型；④理论探讨型；⑤经验介绍型；⑥文献加工型。

（二）按研究内容的不同可分为

①基础护理论文；②专科护理论文；③中医护理论文；④个案护理论文；⑤药械监护论文；⑥心理护理论文；⑦护理管理论文；⑧护理教育论文。

（三）按文章体裁的不同可分为

①论著；②报道；③综述；④讲座；⑤评论；⑥对话；⑦译文；⑧文摘；⑨会议纪要；⑩消息。

【仿真练习】

1. 简述护理论文的内涵及特点。
2. 谈谈护理论文发表的意义和作用。

第二节　护理论文写作技巧

一、护理论文的结构组成

不同的护理论文内容各不相同，作者论证的方法也有差异，但是每篇论文的结构组成却大同小异，一般包括标题、作者单位与姓名、摘要、关键词、正文、致谢、参考文献等。

（一）标题

论文题目是全文给读者和编辑的第一印象，文题的好坏对论文能否采用具有举足轻重的作用。一个好的标题一般应具有概括、准确、新颖等特点。

1. 概括　用简洁的文字囊括全文内容，有画龙点睛的作用，引人入胜，激发读者阅读兴趣。

2. 准确　用词应符合医学术语规范，准确表达论文的特定内容，实事求是地反映研究的范围和深度，做到文题统一，题要具体。

例如：《对心肌梗塞患者溶栓治疗监护指标的观察及护理》，这个标题将研究对象、达到指标、处理方法表述很准确，使读者和编辑对论文研究的内容一目了然。再如：《手术患者的围手术期护理》，用此命题就显得题目过大，不够具体。若改成《手术患者的围手术期实施全期护理的效果分析》就比较好。

3. 新颖　题目要不落俗套，别致创新，避免与前人发表的文章题目雷同，一些已成定论的医学常规，也无需再做探讨。

例如《胃癌患者护理的体会》，题目缺乏新颖性。

4. 基本格式　论文标题中文一般不超过 20 个汉字，居中书写，切忌繁杂，一般不设副标题。当然确有必要时，也可以有副标题（用破折号与主题分开，亦应居中书写）。

（二）署名

1. 作者署名　文章均应有作者署名，署名不仅是一种荣誉，更重要的是表示对文章内容负责，作者署名顺序，视其在工作中贡献的大小而定，每篇文章作者署名数量一般不超过 6 个人。作者署名在文章标题下方空一行居中。若多位作者署名并且同系一个单位的，作者与作者之间用逗号"，"例如：孙伟，王辉；若多位作者署名且系不同单位的，一般在姓名的右上角加注不同的阿拉伯数字符号，例如：孙伟[1]，王辉[2]。

2. 单位署名　单位一般指作者从事本文工作时的单位。单位署名应标明所在省市的全称，便于编辑、读者与作者进行联系。署名位置应居作者署名之下，居中书写，并与作者署名之间留空一格。单位名称后应标明邮政编码。单位署名的数量一般不超 3 个，若多个单位署名，工作单位名称之前加之与作者姓名序号相同的数字，各工作单位之间连排时用分号"；"例如：1 山东省××卫生学校（邮编）；2 甘肃省××卫生学校（邮编）。

（三）摘要

摘要应位于署名之下，正文之前，书写时摘要二字顶格书写，留空一格后写摘要内容。摘要便于读者在最短的时间内对论文内容有个大概了解，以决定是否有必要阅读全文，同时也便于进行文献检索。

论著型科研论文摘要，需说明本论文研究的目的（研究的宗旨）、基本步骤和方法（研究对象、研究途径、实验范围、分析方法等）、主要发现（重要数据及其统计学意义）和结论（关键的论点）以及经验教训和应用价值。着重说明研究工作的创新和发现，将研究中最具特色的内容和最独到之处反映出来。而一般性护理科技论文，如工作经验总结、个案报告、短篇的报道等，其摘要只需用概括的语言陈述论文内容，而无须注释或评论。

摘要一般不分段落，内容能独立成章，文字一般以 100～200 字为宜（占全文的 5%）。不用图、表、公式、化学结构式，不引用参考文献，避免使用缩略词语。

例如：《59 例儿童眼外伤原因调查与护理干预》（李明华，张苏钰卫生职业教育杂志，2012 年第九期 P128）这是一篇课题论文。其摘要如下：

摘要：目的总结 59 例儿童眼外伤的护理经验，探讨眼外伤的最佳护理措施。方法对 59 例患儿实施术前、术后护理和安全护理，并做好患儿及其家属心理护理与安抚工作。结果 59 例眼外伤患儿中，行手术 40 例，非手术 19 例，其中转院 5 例；视力恢复 15 例，致盲 8 例，其他 15 例因不配合治疗无明显变化。结论护理人员高度的责任心及严密的观察和护理，能有效防止儿童眼外伤后各种并发症的发生，使治疗取得最佳效果。

再如：《浅谈病理学实验教学》（黄晓红，陈青芝卫生职业教育杂志，2012 年第九期 P$_{104}$）这是一篇工作经验总结论文，其摘要如下：

摘要：病理学实验教学是病理学教学的重要组成部分，约占病理学总学时的 1/3 因此，在充分注重理论课教学的同时，还应高度重视实验课教学。

（四）、关键词

关键词是从文稿内容中提炼出来的最能表达文稿主要内容的单词、词组或短语。其作用是便于了解论文主题，利于计算机收录、检索和储存。

1. 关键词的选定。选定关键词要写原形词而不用缩略词，概念应精确并有良好的专指性。可参照美国国家图书馆出版的"IndexMedicus"和 1984 年中国医学科学院医学情报研究所译《医学主题词注释字顺表》及中国科技情报研究所和北京图书馆主编的《汉语主题词表》。

2. 选好关键词必须了解全文的内容和特点，并依照标题、摘要、序言与结论等，就文章的目的、结果等多方面进行提炼、筛选。每篇论文可选 3—5 个关键词。

3. 关键词应置于摘要之下，顶格写"关键词"三个字，留空一格后列出文中的关键词。各关键词之间可用分号隔开，最末一词后不加标点。

例如：文题为《59 例儿童眼外伤原因调查与护理干预》可选用"眼外伤；儿童；致伤因素；护理干预"四个词为关键词。

再如：文题为《浅谈病理学实验教学》此文可析出"病理学；实验教学；实验条件"三个词关键词。

（五）引言

引言也称为前言、序言，是正文的开场白。应短小精练，开门见山，以介绍背景、提出问题、阐明写作目的和意义为主。引言的文字一般不超过 200 字，撰写时不必写"引言"二字，只需在关键词下一行空两格后书写即可。

（六）材料和方法

材料和方法是论文的重要部分，它是阐述论点、论据、进行论证并得出结论的重要部分。护理论文多以临床研究为主，在材料和方法中，应重点说明研究对象，回答做什么和怎样做的问题。这部分可写为"材料和方法"、"对象和方法"、"临床资料"或"病例资料"等。

1. 材料

（1）一般资料：临床研究应说明患者的性别、年龄及研究对象有关的其他资料。实验研究应说明动物的性别、年龄、体重、健康状况等。

（2）临床资料：介绍患者的总例数、主要症状和体征、实验室检查结果、病例选择标准、观察项目及判定标准等。在介绍资料时，应依据论证的问题有选择地描述，不必将所有资料一一列出，应依据研究需要选择相应的内容。如与年龄无关，就不必详细描述"年龄最小××岁，最大××岁，其中××—××岁××例"，只需写明"年龄××—××岁"即可。同时应避免抄袭较多内容的医用资料，导致既占用篇幅，又冲淡了护理研究的价值，应避免那种"头大尾小"的写作文风。

2. 方法 应清楚交待论文所用实验方法的来源、操作步骤、观察指标及统计处理的方法等。引用他人的方法需注明文献出处，对他人方法有改进时应说明改进部分，便于他人重复验证。常规通用的方法可不必细述。

例如：《散结霜治疗肌内注射后硬结的实验研究》（李丽朝等，中华护理杂志，1991年第26卷第10期），选择了30例住院患者为受试对象，受试前注射部位均已形成 I 以上硬结。在研究方法中，作者详细叙述了药物的配方与制作方法；受试对象采用的对照方法；注射药物的种类、生产厂家、批号、稀释方法及注射方法；实验药物使用方法及统计处理方法；消除硬结疗效的判定标准。使读者对作者的研究思路、研究方法一目了然，材料和方法是论文科学性的基础，公诸于世后，应能取信于读者，并可供读者重复和应用，因此注重材料和方法的描写十分重要。

（七）、结果

结果是论文引出结论和讨论依据的关键部分，它可以确定讨论的观点和质量，决定论文的学术水平和研究价值。结果的记录与表达要绝对与原稿记录相一致，保证其真实性。结果一般是研究中的关键性数据和资料，与论文讨论密切相关的材料，最完整、最能说明问题的素材，其他内容应大胆舍弃。结果的表达方式有以下几种：

1. 文字叙述 是记录结果的主要方法。要求简明扼要，要么肯定要么否定结果，切忌冗长，模棱两可，含糊其辞。忌用"可能"、"大多数"、"比较多"等含混不清的词语。

2. 表格说明 列表可给人以简明、精练、对比鲜明的印象，便于统计学处理的表达。当实验或临床观察结果用文字叙述显得冗长或眉目不清时，可用列表方式表达。但一篇论文中列表不宜过多，一般情况下，凡能用文字说明的不必列表记录，以免增加编辑出版的负担。也不要将文字叙述与列表重复使用。文章中的表格，一般应采用三线表，并在表上方标明表的序号及表题。

3. 绘图说明 绘图也是结果表达的常用方式。图可使结果表达形象化，但图的数量不宜多，尽量减少版面和排版的困难。绘图时应严格按规范执行。

（八）讨论

讨论是论文的主体部分，在一定程度上决定了论文的学术水平和价值，在整篇论文中占有举足轻重的地位。

1. 讨论的方法 应从理论上对实验和观察的结果进行分析、比较、解释、推论和预测。观点要鲜明，论据要充分，论证要符合逻辑，层次要分明。每篇论文讨论的问题不宜超过3个，不要包罗万象，面面俱到，一个大的段落应着重说明一个问题。讨论中的用词要严谨，语言适中，要留有讨论的余地。结论要有事实依据，避免不成熟的论点和不足以为自己资料所支持的结论。在引用论据时不要罗列文献，在引言和结果部分评述过的数据或其他资料不要重述，讨论部分一般不用表格和绘图。

2. 讨论的内容

（1）对研究结果的理论进行阐述，用已有的理论对自己研究的结果进行讨论，并对实验结果的各种资料、数据、现象等进行综合分析。

（2）指出结果和结论的理论意义，对实践的指导作用与应用价值（经济效益、社会效益）如何等。

（3）类似问题的国内外研究进展及本研究资料的独特之处。

（4）研究过程中遇到的问题，与其他学者观点的异同及其原因，有关本课题当前存在的问题及努力的方向。

（九）致谢

一般指对不计报酬者的致谢，其对象为：①对本科研工作提出过指导性建议者；②协助和指导本科研工作的实验人员；③为本文绘制图、表，协助进行统计资料处理者；④对文稿作审阅和修改者。致谢时应征得被致谢人的同意，致谢的文字说明写在文章结束之后，参考文献之前。常用的句式为"本文曾得到××的帮助（审阅、指导或资助等），谨此致谢"。

（十）参考文献

1. 参考文献的作用和意义 参考文献用以表明作者对本课题及论文写作的主要指导思想及理论依据，显示作者对与本课题有关的国内外情况的了解程度，反映出作者尊重他人成果的科学态度。引用参考文献可帮助读者查阅有关文献，了解相关领域里前人的贡献，进一步评价论文的学术水平，启发读者的思维，一般不能省略。

2. 著录参考文献的要求 著录参考文献应是最必要、最新、与本文关系最密切的资料。著录的数量不宜过多，论著一般不超过10篇，文献综述不超过20篇。著录的时间以近期3—5年的文献为主，未发表的文章或资料不宜引用。如在全国或国际性学术会议上交流的论文，因交流的范围较小，不便于别人查阅，一般也不宜著录。

3. 参考文献的著录格式　参考文献的著录格式应以国家标准（GB7714—87《文后参考文献著录规则》为准。著录示例如下：

［期刊］

序号．作者（三位作者均写上，中间加逗号，三位以上作者只写前三位，后加逗号和等字）文题、杂志名称出版年；卷（期）：页次

例如：于雪祥，周蔚心血管外科的院内感染调查及护理对策．中华护理杂志1991；26（11）：482.

［书籍］序号．作者．书名．版次（第1版不标注）．出版地、出版者、出版年：页次。

例如：张春兴．现代心理学．上海人民出版社．1994

4. 引用参考文献注意事项　引用参考文献的序号应按正文中出现的先后次序标记，"［　］"标于有关文字的右上角；引用文献序号连续者可用"—"如［1.2.3.］可写成［1～3］；在一篇文章中有数处引用同一篇文献时，则均按首次出现时的序号标明，引用外文文献时，外国人名写法是姓在前，名在后、姓不能缩写，名应缩写，如 Andrewes JC.

当然，以上所述，只是护理论文的一般书写格式，在具体运用中，还要因文而异，灵活变通。

二、护理论文的写作技巧

科学工作的最后环节就是撰写科研论文。护理论文就是护理人员对护理实践的总结，是护理人员将理论和专业知识在实际中运用与升华。提高论文的写作水平和投稿成功是撰稿护士的心愿，对于调动护理人员的工作积极性，促进整体护理水平的提高和护理学科的发展将起到积极的作用。

（一）护理论文写作的准备阶段

1. 选题　选题是论文写作关键的一步，直接关系论文的质量。常言说："题好文一半"。对于临床护理人员来说，选择论文题目要遵循以下四点：

（1）选题要新颖，新颖的题目像一块磁石，有一股神力似的吸引读者急于阅读全文的心理，如"提灯女神"。

（2）选题要贴近自己所熟悉的专业和研究兴趣，适当选择有理论和实践意义的课题，这样写作才能得心应手。

（3）选题宜小不宜大，只要在学术的某一领域或某一点上，临床护理工作中遇到的各种护理技术和理论问题，只要有自己的独到见解，言之有物，读之有益，都可以作为选题。如一些护理理论可能随着医学和社会的发展已不能完全满足临床的需要而必须进行补充或修改；某些技术操作不方便需要改进；某些特殊疾病的护理方法、一

些护理教训、差错事故的原因及预防措施等都可作为题目进行研究及撰写论文。

（4）选题时要查看文献资料，既可了解他人对这个问题的研究达到什么程度，也可以借鉴他人对这个问题的研究成果，同时还可以避免不必要的重复研究。

需要指出，选题与论文的标题既有关系又有区别。标题是在选题基础上拟定的，是选题的高度概括，但选题及写作不应受标题的限制，有时在写作过程中，选题未变，标题却几经修改变动。

2. 选材　　材料是构成论文的基础。俗话说：巧妇难为无米之炊。护理论文写作的最大难题是材料的不足，没有写作材料，写作水平再高，能力再强，也难以下笔成文。所以说，书写成功的论文，必须有大量的材料准备。

（1）材料的类型：直接资料是研究对象的原始材料，是通过观察、实验、做实地调查所得的第一手材料。

间接资料是别人的有关论述，是指查阅有关专业或专题文献资料所得的第二手材料。即文献，包括教科书、专著、期刊、年鉴、索引等。

（2）材料的积累：第一，做护理学科的有心人认真记录护理工作中的新特点、新技术、新发现的问题；对于小经验、小窍门、小教训作简单的记录；对于特殊患者、特殊病种、特殊护理问题作详细记录；对新开展的手术患者作追踪记录。总之，要善于发现问题，解决问题，积累材料。所有这些零碎的记录，都是写作护理论文的最直接的第一手材料。第二，实验与观察　从事基础或临床护理科学研究与撰写论文，进行必要的动物实验或临床观察是很重要的一步，既是获得客观结果以引出正确结论的基本过程，也是积累论文材料准备写作的重要途径。实验是根据研究目的，利用各种物质手段（实验仪器、动物等），探索客观规律的方法；观察则是为了揭示现象背后的原因及其规律而有意识地对自然现象加以考察。二者的主要作用都在于搜集科学事实，获得科研的感性材料，发展和检验科学理论。二者的区别在于"观察是搜集自然现象所提供的东西，而实验则是从自然现象中提取它所愿望的东西。"（巴甫洛夫语）因此，不管进行动物实验还是临床观察，都要详细认真以各种事实为依据，并在工作中做好各种记录。当然，并非所有的护理论文写作都要进行动物实验或临床观察，譬如护理管理论文或护理综述等，则不必进行试验与观察。第三，要多看多记充分利用文献、图书、报刊杂志、网络信息获取资料。尽量多的获取新信息，及时了解护理学科的动态和相关资料。

查阅文献技巧：

（1）带着问题有目的地查：是为了在查阅前人研究资料的基础上判定自己问题的新颖性及其科学价值和水平，并对自己提出的问题进行合理而充分的解释。避免重复性研究尤其不能与国内研究重复。

（2）普遍翻阅相关学科和新学科文献：目的可能是学习性和了解性质的，但如果善于思考和联想，则可能捕捉到解决某个问题的方法或信息。

例如，有人曾在一篇名为《地塞米松孕期用药对母胎的影响》的知识讲座中发现在地塞米松是否加重孕妇感染的问题上还未定论，这一信息使其立即联想到地塞米松是产科用于预防早产儿呼吸窘迫综合征的常用药，而早产的很大部分原因又与感染有关，如果地塞米松的确有加重感染的作用，则不适宜早产的治疗。那么，是否有其他能够促胎肺成熟的药物呢？带着这个问题进一步查阅了产科、儿科及基础学科的相关文献资料，发现 TRH、EGF 在体外或动物可促进胎肺的形态发育，但分子机制尚不清楚，最后决定对 TRH、EGF 促胎肺发育的分子机制做进一步研究并通过动物感染模型与地塞米松进行对比。该课题在 1998 年获得国家自然科学基金资助。

（3）查阅文献时应注意学科的空白点及与其他学科的交叉点，在学科的空白点或与其他学科的交叉点选择题目，往往使选题具有新颖性，减少重复性研究或写作的可能性。这要求对本学科领域发展的历史和现状有全面的了解。培养观察问题、发现问题的能力。在工作中做任何事都不妨问问为什么，一种技术为什么要这样操作，有没有不方便之处，能不能进行改进，有没有更简单更安全的方法？当某种疾病或某个患者出现一些意想不到的变化时，也应想想为什么，为什么会出现此种现象，如何解释，是偶然现象还是普遍现象，护理有没有不严密和周全的地方，怎样弥补或改进？对患者常出现的痛苦和常提出的疑问应认真思考有无解决的办法等。当发现一些新的、以往没有观察到的现象和差异时，最好立即记录下来，以便以后进一步思考和研究。

3. 素材的选择　在积累材料的基础上，通盘考虑众多材料的取舍与运用，以突出论点，论证有力。

美味佳肴须用鲜嫩食料来烹饪，同样佳作华章需要好的材料来充实。材料的质量决定着论文的质量，因此选好材料是写好论文的前提。

选材的原则　论文的选材说到底也就是选择论据，用要遵循以下几项原则：

（1）统一性：论据是论证论点的根据，是作者建立论点的理由，论据是为论点服务的，因此它必须与论点保持一致，即材料与论点有必然的、本质的联系，能完全支撑论点，这就是通常说的"观点与材料的统一"。这就对论据提出了最起码的要求，那就是无论是直接材料，还是间接材料，都应该能够充分证明论点。

（2）真实性：作为事实的材料要可靠，有代表性，不能胡编乱造；如果是虚假的，或个别事实不真实，都会导致论点经不住推敲的结果。论据靠不住，论点就成了空中楼阁，对此，我们丝毫马虎不得。

（3）完整性：引用文献资料，要注意完整性，不要断章取义，否则，同样会影响论点的可信度。

（二）护理论文写作步骤

确定了写作的主题、题目，积累了较丰富的写作材料，接下来的环节就是撰写论文。护理论文的写作步骤如下：

1. 构思　法国的画家米勒（millet）说："所谓构思，是指把一个人的思想传递给别人的艺术"。可见构思对论文影响很大。构思是撰写论文的准备，也是开始。它是作者对文章总体布局、对提出的论点以及依据进行论述、安排和设计的过程。其内容包括：文章如何开头，如何论证，首尾如何呼应，各段落层次如何衔接和过渡，以及如何做到论据与论点相一致等等。

构思要求：

（1）构思要围绕主题展开：论文写得条理清晰、脉络分明，必须有一条贯穿全文的主线，相对于护理论文来说，就是论文中作者的观点。它是一篇学术论文的精髓。因此，下笔写作前，谋篇构思就要围绕观点，一切考虑都要为它服务。

（2）构思论文布局，选择合适的写作顺序：在对一篇论文构思时，可以选择按时间顺序编写，可以选择空间顺序编写，也可以选择逻辑顺序编写（即要求符合客观事物的内在联系和规律，符合科学研究和认识事物的逻辑）。但不管选用哪种写作顺序，都应保持合乎情理、连贯完整。有时，构思时会出现几种写作方案，这种情况下，就需要进行比较，在比较中，随着思考的不断深入，抓住灵感思绪，顿悟之机，千头万绪繁杂的思绪会逐渐清晰，从而确定一种较好写作方案。

（3）要作读者分析：撰写并发表任何一篇科技文章，其最终目的是让别人读的，因此，构思时要求做"心中装着读者"，多作读者分析。有了清晰的读者对象，才能有效地展开构思，也才能顺利地确定立意、选材以及表达的角度。一般说来，读者可分为专业读者、非专业读者、主管领导或科技工作主管机构负责人等，人们对科技文章的要求与评估标准各异。对于学术论文来说，其读者对象为同行专业读者，因此，构思要从满足专业需要与发展的角度去思考，确定取舍材料与表达深度与广度，明确论文的重点。如果一篇论文包含有重要性不同的几个论题，作者应分清主次，考虑如何由次要论题向主要论题的过渡，以能引起专业读者的兴趣。

2. 提纲　提纲是论文的基本骨架，有了提纲，作者写起来就会目标明确，思路开通。在正式动笔写作之前，先拟定作提纲，做到胸有成竹，可以极大地帮助作者凝练思想，提高构思能力。如果确定了一个严密的提纲，搭起一个好架子，文章结构就不会有大变动。所以动笔前一定要深思熟虑，不要信笔写来再作大改。据资料报导，世界上先拟制定作提纲，然后按提纲进行写作的科技人员，约占总数的95%。

写作提纲的作用主要有以下三点：

（1）写作提纲，类似一张建设蓝图，可以帮助作者自己勾划出全篇论文的框架或轮廓，体现自己经过对材料的消化与进行逻辑思维后形成的初步设想，可计划先写什么、后写什么，前后如何表述一致，重点又放在哪里，哪里需要进行一些注释或解说。按此计划写作，可使论文层次清晰，前后照应，内容连贯，表达严密。

（2）拟定写作提纲，把材料单元与相应的论点有机组织编成顺序号，可以加快写作进程。当提纲写成后，还可以再从总体上来调整写作顺序。这很就像是转动万花筒，只要稍稍转动一个角度，便会出现新的图案。提纲的调整也是如此。应该说，有提纲要比无提纲写作轻松得多。

（3）提纲的拟定，有利于繁忙的作者、多作者写作合作撰写的。前者，由于工作忙，写作过程中常常出现中断写作过程，有了写作提纲提示，可以帮助作者在重新写作时立即恢复原来的思路；后者，可帮助合作撰写者按照提纲进行分工与协调，避免由于各写各引起的重复与疏漏。当然，提纲的拟定护理论文要符合护理论文写作格式。

3. 写作 在提纲拟定后，根据自己的思路，妥当安排内容的先后次序，然后将自己的观点充分表达。在写作初稿时，不妨内容写的全一些，面宽一些，避免有重要内容遗漏。而且，最好能集中一段时间和精力，使文章一气呵成。

4. 修改 写文章是给别人看的，会对社会产生一定的影响。因此，作者必须抱着对读者对社会高度负责精神认真修改论文。认真修改论文，严格把关，这是一种严谨的科学态度和治学态度。古人云：善作不如善改。俗话说：好文章是改出来的。鲁迅也说过："写完后至少看两遍，竭力将可有可无的字、句、段删去，毫不可惜。"他劝别人修改文章，他自己的文章也常常是反复修改的。他的著名散文《藤野先生》，修改的地方有 160～170 处，《＜坟＞的题记》全文只有 1000 多字，改动也有百处之多。

修改的重点是：材料取舍与篇幅压缩、结构组织与层次安排、中心的表达与结构调整、遣词与造句等等，都应作通盘的修改。当然，文章修改也不可能一次完成，若当时改不好，可以放一段时间再来推敲，又会发现问题，再加以修改。

（三）护理论文的发表

作者撰写论文的目的就是希望能够发表。因而对投寄的期刊必须有所了解，做到"知己知彼"。按目录分类，可以分为医学中文核心期刊，医学科技核心期刊和普通期刊（国家级和省级期刊），所以在投寄前应认真阅读投稿须知，并分析刊出文章的水平、特点，并与自己的文章相比较，以决定是否投寄。投稿应严格遵守稿约，按照规定整理并投寄，切忌一稿多投。

【仿真练习】

1. 结合自己学习，谈谈怎样积累护理论文的材料。

2. 护理论文结构有哪些部分构成。

3. 写作护理论文拟定写作提纲应注意什么问题？

第三节　护理论文范例

通过前面学习，我们了解了护理论文内涵及其写作技巧，熟悉了护理论文的一般写作规律，但文无定法，具体写作护理论文时，还要因文而异。下面选取了三篇内容、写法不同的护理论文，仔细阅读，找寻写作规律。

【例文1】

妇科老龄患者的舒适护理

胡静

（宜宾市第一人民医院，四川 宜宾 644000）

摘要： 随着老龄人口的逐渐增多，我国于 1999 年已进入老龄化社会 [1]，相应的妇科老龄患者的发病率也逐渐增高。由于行动不便，经济负担重及心理压力等诸多因素，造成了老龄患者舒适感发生改变，在临床医护过程中不能充分合作。我科于 2009 年对 30 例老龄患者采用了相关舒适护理措施，患者感到了舒适和满意，从而提高了患者依从性，能够积极配合治疗，取得了较好效果。

关键词： 老龄患者 舒适护理 护理措施 老龄化社会 心理压力 老龄人口

分类号： R473.71

随着老龄人口的逐渐增多，我国于 1999 年已进入老龄化社会 [1]，相应的妇科老龄患者的发病率也逐渐增高。由于行动不便，经济负担重及心理压力等诸多因素，造成了老龄患者舒适感发生改变，在临床医护过程中不能充分合作。我科于 2009 年对 30 例老龄患者采用了相关舒适护理措施，使患者感到了舒适和满意，从而提高了患者依从性，能够积极配合治疗，取得了较好效果。

1. 临床资料

2009 年 3 ~ 12 月在我科住院接受治疗的 30 例患者，年龄 60 ~ 73 岁，平均年龄 64 岁。其中子宫脱垂 14 例，宫颈癌 2 例，老年性阴道炎 6 例，子宫肌瘤 8 例；经辅助检查结果显示均无其他严重并发症。

2. 舒适护理措施

2.1 接诊时的舒适护理

首先，接诊的责任护士自身保持良好的积极工作状态，用饱满的精神热情地接待患者入病区。护患沟通以适龄尊称开始对话并收集患者资料，评估其病情、家庭、信仰、心理等方面影响舒适程度的因素。送患者入病室后，耐心、细致地向患者介绍病区环境、制度、主管医护人员及同室病友，协助摆放好患者的部分自带物品，讲解呼叫器使用方法和防止跌倒、坠床等安全注意事项，患者进行辅助科室检查时均有专人陪同。使其一进入病区就有被尊重、被关爱的舒适感，取得患者的信任。

2.2 心理舒适护理

妇科老龄患者对疾病缺乏正确的认识，普遍存在心理障碍。我们应用通俗易懂的语言有针对性地为患者讲解疾病知识和注意事项，主动与家属沟通，取得家属合作，以了解患者心理症结并给予疏导。通过对患者平时生活小细节上的体贴和关心，让其感到护理人员给予她们的是亲人般的温暖。根据老年人的特点及存在的护理问题进行换位思考，在每个环节中体现对患者的关爱，增进护患情感交流

2.3 环境舒适

将老龄患者安排在两人间病室，营造温馨、安静、舒适的病室环境，医护人员切忌高声谈笑或呼叫患者。走廊及卫生间安装防滑扶手，床两侧配有护栏，病室设有壁灯和地灯，光线适宜。依据患者自身喜好、外界气温，适时调节好室内的温度和湿度。每日早晨通风换气30min，以保持室内空气清新，避免消毒剂、臭氧等气味带给患者的不适，床铺保持整洁并及时更换，一人一个专用柜以放置备用的凉被和毛毯。

2.4 饮食的舒适护理

针对患者的个体情况，对患者和家属详细地讲解治疗期间饮食的特点，必要时需反复宣教。患者进食时帮助其调好水温用吸管喝汤水，协助家属喂饭，如果患者要求自己吃饭，可将移动餐桌移至合适位置，按患者需要摇起床头，给予舒适的进食体位。进食完毕，帮助患者擦嘴、漱口，收拾干净床单、餐具及生活物品归位，收回移动餐桌，询问并记录用餐的口感、饱胀、食欲情况，以备评估。

2.5 排便的舒适护理

部分患者担心在输液过程中上厕所麻烦医护人员，所以尽量减少排尿次数。针对这种情况，我们多次给患者讲明我们不怕麻烦以及通畅排尿的重要性，以消除其顾虑。术后患者行动不便，需床上排便时，应用屏风遮挡并对室友患者致歉，或轻声安慰"请多理解老年人"，防止心理上的抵触情绪，避免不适带来语言发泄，刺激老龄患者的自尊心。

2.6 专科操作的舒适护理

患者行阴道擦洗、上药的专科护理操作时，护士应严格执行操作规程，注意保护患者隐私。使用高低适度的脚凳，扶助患者安全躺上检查床，轻柔地为其摆好遮饰体位，同时做好保暖措施以防受凉。操作中，护士动作禁忌粗鲁，宜温柔、娴熟地进行，边操作边询问其有无不适反应。操作完毕，协助患者穿好裤子、鞋子，安全护送其回病房，交待下次检查时间及配合事宜，取得患者的合作。

2.7 人性化个案舒适护理

患者在住院期间，有的喜欢看书报，有的喜欢听收音机，有的喜欢聊天，我们按其所好尽量给予满足的同时，应微笑着暗示不要影响室友休息。患者睡眠时，若非病情观察需要，尽可能避免打扰，待其醒来时再及时询问是否需要帮助。个别有宗教信仰的患者听诵经文时，在不影响他人及自身休息、治疗的前提下，我们应尊重其精神信仰，不要横加干涉，避免引起不满情绪。

2.8 出院患者的舒适护理

通知患者出院，协助患者整理物品，对其进行出院后的饮食、营养、休息、功能锻炼、服药知识的宣教，交待清楚复诊的具体时间和地点。出院后半个月与患者电话联系，了解患者住院期间的满意度和出院后疾病康复情况，对患者存在的问题及功能锻炼继续给予指导。

3. 讨论

舒适护理是一种整体的、个体的、创造性的、有效的护理模式，其目的是使患者在治疗过程中生理、心理、社会、灵性上都达到最愉快的状态，或缩短、降低其不愉快的程度 [2]。老龄患者属于特殊人群，舒适护理尤为重要，它体现了"以人为本"的护理内涵，提高了患者对医护人员的遵医性，同时减轻了疾病给患者带来的身心痛苦。

参考文献：

[1] 陆静波. 我国人口老龄带给护理管理工作的机遇与挑战 [J]. 护理管理，2006，6 (2)：20.

[2] 李亚静. 舒适护理理论的临床研究进展 [J]. 护士进修杂志，2004，19 (6)：498 –499.

（本文资料来源：《基层医学论坛》2010 年27 期）

【例文 2】

86 例截肢患者的护理干预

贺云

（上海市第八人民医院，上海 200235）

摘要：目的 通过对截肢患者的护理经验的总结，探讨截肢患者护理干预的有效性。**方法** 对86 例截肢患者进行心理、术前、术后的康复指导等全面护理干预。**结果** 功能锻炼及时有效，明显减少了术后的并发症。**结论** 截肢患者的心理护理和术后康复指导是手术成功的关键，亦是消除悲观心态，减少各种并发症，恢复自理能力，提高生存质量的源动力 医学 教育网搜集整理 。

关键词： 截肢；护理干预

我院通过对86 例截肢患者进行心理、术前、术后的康复指导等全面护理干预，收到良好效果，现报告如下。

1. 临床资料

1.1 一般资料

截肢患者86 例，男71 例，女15 例，年龄3 ~76 岁。截肢的原因分类，其中创伤56 例，糖尿病足22 例，严重感染坏死7 例，肿瘤1 例。截肢部位：前臂20 例，上臂5 例，小腿29 例，大腿32 例。医学 教育网搜集整理

1.2 治疗

对糖尿病患者术前术后控制血糖。对肿瘤或感染者，手术前后适当选择有效的抗生素。对创伤患者采取多种有效措施止血、输血及纠正水、酸碱失衡和电解质紊乱，以抢救生命，积极控制疾病发展，在改善机体状况的基础上，再考虑是否截肢。

2. 护理干预

2.1 心理护理

与患者沟通，及时了解患者的心理变化，讲明手术的必要性及预后，解除患者对截肢的思想顾虑和精神压力，以取得配合，以免延误治疗。根据不同年龄、不同心理反应给予有效的指导。对青少年患者，帮助其正视现实，树立正确的人生观，同时给他们讲残疾人的事迹，使他们认识到患者失去了肢体，但还可以发挥其他肢体的最大功能，并且对下肢截肢的患者可有机会安装假肢，同样可以生活，为人类作贡献，以增强自我存在价值。对中老年患者给予同情和关心，对精神给予支持，鼓励中老年人安装假肢，多给一份关心和体贴，满足其需要，增强其生活的信心。

2.2 术前护理

密切观察病情变化，监测生命体征变化并做好记录，为抢救、治疗和手术提供可靠资料；立即控制伤肢出血，发现异常报告医师及时处理，床头备专用止血带，以备大出血时立即止血，迅速建立静脉通道。遵医嘱进行输氧、输血、抗休克治疗，为尽快手术赢得时间。

2.3 术后护理

2.3.1 一般护理

密切观察生命体征变化、切口出血情况，抬高患肢，减轻水肿和疼痛，保持关节功能位，术后 2~3 天观察切口有无感染，注意切口周围皮肤颜色及伤肢血液循环情况，预防并发症；保持皮肤清洁，床单位清洁干燥，防止压疮发生。

2.3.2 疼痛护理

残切痛原因很多：①神经断端形成神经瘤在软组织内与周围组织粘连时刺激引起明显疼痛；②残端因血管屈曲、分布减少、皮温变化、循环障碍引起疼痛；③残端肌肉异常收缩与痉挛致疼痛；④中枢性疼痛。幻肢是指截肢手术后发生已截除肢体尚存在的幻觉。幻肢痛是发生在该幻肢部位的疼痛。幻肢痛包括运动、知觉、视觉、触觉在内的一种心理学、生理学现象。

一般采取以下措施帮助减轻疼痛：①音乐疗法。根据患者选择其喜爱的音乐，30 分/次，每天 5、6 次。②放松疗法。骨骼肌顺序放松，减少肌肉异常收缩，减轻疼痛。③术后局部伤口疼痛减轻后用手掌轻轻拍打残端 3~5 分/次，每天 3~6 次，使残端传送新的末梢部神经冲动以减轻疼痛，同时减轻感觉过敏。④温水浴。当切口拆线、完全愈合后使用温水浴，改善患肢血液循环缓解疼痛。

2.3.3 饮食护理

糖尿患者做好饮食健康教育，予以糖尿病饮食，控制血糖。其他患者结合健康状况，给予高蛋白、高营养、易消化饮食，并多吃水果、蔬菜及富含粗纤维的食物，以防便秘。了解患者的饮食习惯，尽量满足其要求，以增进食欲，保证能量的供给，促进康复。

2.3.4 预防并发症

避免残端水肿或萎缩的发生，术后抬高患肢残端，以促进静脉血液回流，注意2天后肢体放平。残端妥善包扎。所有骨凸处均用软棉垫衬护。残端给予经常均匀的压迫和按摩，并逐渐增加残肢的负重，强化残肢面的韧性和肌肉力量，为安装假肢做好准备。

2.3.5 功能锻炼

截肢术后患者离床后往往有失衡感，同时有心理失落感，因此，应协助患者进行健全肢体的功能锻炼，以期达到尽可能早的恢复自理生活的目的。残肢功能锻炼在于改善截肢患者全身状态，促进残肢定型，增强肌力，提高关节活动力，有利于充分发挥存留肢及假肢的功能[1]。术后指导患者早期功能锻炼，指导患者尽早床上坐起或下床进行残肢主动运动，上肢残肢1~2天可以锻炼，下肢2~3天以后练习坐起。患者情况良好，术后1周开始扶拐走路，防止不习惯扶拐失去重心而跌倒。

2.3.6 出院指导

嘱患者出院后注意护理残肢和进行功能锻炼，每天清洁残肢，观察残端皮肤有无压痛、发红或其他皮肤受到刺激或撕裂现象[2]，增强体质，加强营养，提高抗病能力，选择合适的假肢，争取早日回归社会，鼓励患者适当参加社会娱乐活动，以消除心理障碍，保持心情舒畅。发现残肢疼痛、皮肤溃疡及时就诊。

3. 结果

86例中，完全康复84例，心理健康，生活能自理，占97.7%。2例心理存有障碍，发生轻微的精神抑郁，后经治疗而愈。

4. 讨论

截肢多为突发事件，瞬间意外改变了患者日常生活的形态。当躯体活动突然障碍时，便会产生巨大的心理压力、严重的生理功能障碍和心理失衡反应。主要表现：①焦虑恐惧；②疑虑抗拒；③悲观失望；④适应能力下降；⑤患肢疼痛；⑥依赖性和被动性；⑦轻生念头。因此，术前的心理护理至关重要，尤其对截肢毫无思想准备的急诊患者。术后的心理护理也不容忽视，因为患者突然丧失肢体，内心倍感痛苦失落，不肯接受现实，仍幻想患肢的存在及疼痛，引起失眠。做好截肢患者的临床护理，对消除不良心态、减少各种并发症、降低伤残程度、恢复自理能力、提高生存质量具有重要意义。

[参考文献]

[1] 许瑾，李茵，方珂. 下肢截肢患者的术后护理. 中原医刊，2004，31（2）：55.

[2] 滕亚琴. 截肢手术患者的心理反应与护理对策. 实用护理杂志，1999，15（6）：53-54.

（本文来源《中华现代临床护理学杂志》2006年第6期）

【例文3】

手术室护士无瘤操作技术体会

柳秧珍

（江苏省泰州市姜堰溱潼人民医院，江苏　泰州　225508）

摘要： 目的　总结恶性肿瘤手术中的无瘤操作技术。方法　介绍无瘤操作技术及配合要点。结果　手术中要严格遵守无瘤技术操作，避免肿瘤细胞医源性转移。结论　恶性肿瘤手术过程中，手术室护士既是执行者，又是督促及管理者。

关键词： 手术室；恶性肿瘤；无瘤操作技术

无瘤操作技术是外科医护人员在手术中必须遵循的基本原则；对于恶性肿瘤手术，无瘤观念与无菌观念同等重要。1954年Cole等[1]提出了无瘤操作技术的概念，它是指在恶性肿瘤的手术操作中为减少或防止癌细胞的脱落、种植和播散而采取的一系列措施。其目的一是防止癌细胞沿血道、淋巴道扩散；二是防止癌细胞种植[2]。而肿瘤的浸润和转移是恶性肿瘤重要的生物学特性：往往手术操作还会使癌细胞医源性扩散率增加。因此，应让手术人员熟悉到无瘤技术的重要性。大量的研究已证实，无瘤操作技术可有效减少根治性手术后肿瘤的局部复发和远处转移，从而改善患者的预后，延长患者的无瘤生存期。在当前"以患者为中心"的服务宗旨指导下，如何减少癌细胞医源性扩散，提高患者术后生存率，如何在手术中完善无瘤操作技术：应引起我们手术室护士及手术人员的高度重视。

1. 手术切口的保护

主要为预防癌细胞种植切口。临床常用方法是：首先将腹膜保护巾缝合于两侧腹膜，再上腹壁牵开器；然后将腹膜保护巾与切口上、下角严密缝合，起到保护腹膜及切口的作用[3]。

2. 手术体腔探查

手术者探查动作要轻柔，切忌挤压；探查完毕后，更换手套。因对肿瘤的触摸，挤压会增加癌细胞向腹腔内脱落，发生种植[4]。所以，术中探查时应按照由远及近的顺序，先探查肝、脾、盆腔、腹主动脉、四周淋巴结及肿瘤两端；最后再探查原发肿瘤及受累脏器。

3. 手术器械

3.1 术前手术器械的预备

术前应根据手术做好充足的手术器械预备。

3.2 术中手术器械的使用

器械护士应提前15min洗手上台，整理无菌器械台，预备好相关器械，建立相对的"瘤区"；当肿瘤切除后，所有接触过的肿瘤的器械均放置于"瘤区"，严禁再使用于正常组织，以免将器械上的肿瘤细胞带入其他组织。若手术先行肿块活检再行根治术，应预备两套器械，先用小包器械做活检，再用大包器械行根治术。

3.3 术中手术器械清洗液的使用

若术中无条件更换手术器械时，为了有效处理术中受肿瘤细胞污染的手术器械，灭活污染器械上的肿瘤细胞，应将受肿瘤细胞的手术器械用蒸馏水浸泡5min后再使用。

3.4 术后污染手术器械的处理

将手术器械浸泡于新鲜配制的强化酸水中30min，以达到杀灭癌细胞、病毒、芽孢等，还可防止水污染等作用。

4. 肿瘤的切除

4.1 电刀的应用

手术时应用电刀切割，不仅可减少出血，并且由于电刀可使小的淋巴管或血管被封闭，减少癌细胞进入脉管的机会，同时电刀亦有杀灭癌细胞的功能，可以减少癌细胞的种植引起局部复发，术中应预备2把电刀，肿瘤切除后应更换电刀[5]。

4.2 肿瘤标本及切口的处理

手术医生切下的肿瘤标本及淋巴结，器械护士不得用手直接接触，使用弯盘接递，肿瘤切除后切口四周加盖无菌单，更换所有纱垫、手套、缝针等接触过肿瘤的物品。

5. 冲洗液

切除肿瘤后的冲洗液是防止感染及癌细胞残留的重要措施，起到避免肿瘤细胞种植和播散的作用，术中器械护士应用干净的无菌盆盛装冲洗液冲洗术野，不答应用洗刷过器械的无菌盆盛装冲洗液来冲洗术野，冲洗时将冲洗液灌满创面各间隙并保留3～5min，再吸出，反复冲洗2～3次，再吸净，不能用纱垫擦吸，以免癌细胞种植。

6. 冲洗液的应用

6.1 蒸馏水

据报道应用43℃的蒸馏水用于肿瘤细胞3min即可有效使肿瘤细胞破损其主要原理为：蒸馏水是一种不含质和有形成分的低渗性液体，其渗透压接近0，而人体组织细胞的渗透压为280～310mmol/L，由于渗透压的差异，蒸馏水可以使肿瘤细胞肿胀，裂解肿瘤细胞膜，从而使肿瘤细胞失去活性。因此蒸馏水作为冲洗液，能有效避免肿瘤细胞的种植和播散。

6.2 碘伏溶液

手术中和手术完毕时，可以用稀释10倍的碘附液冲洗创面、盆腔、腹腔和冲拭切口，可以防止感染并避免肿瘤种植。

6.3 洗必泰溶液

可以迅速吸附细胞质，使细胞胞浆成分外浸，抑制细胞多种酶的活性，因此术中使用洗必泰溶液冲洗手术创面，可以减少肿瘤复发的机会。

6.4 抗癌药物溶液

根据情况在生理盐水或蒸馏水中放置抗癌药物。常用的药物有 5 - FU，由于吸腹药物浓度远远高于血浆，使种植或游离的癌细胞能较长时间浸润在高浓度药物中，从而增强抗癌药物的直接杀伤作用。

7. 小结

随着恶性肿瘤的发病率越来越高，并趋于年轻化，为了有效减少根治性手术后肿瘤的局部复发向远处转移，从而改善患者的预后，提高根治性术后的 5 年生存率，改善其生存质量，因此，在行肿瘤手术中，手术人员应高度重视无瘤操作技术的重要性，并积极地加强无瘤操作技术的技能，这也是每位手术室护士加强学习的课题。

【参考文献】

[1] 王舒富. 胃癌手术方法的改进及无瘤操作技术. 中国实用外科杂志，2001，21：407 - 408.

[2] 肖乾虎，燕锦，刘宝善. 应重视外科治疗大肠癌的无瘤技术. 四川医学，2004，25：379 - 380.

[3] 何建茵，浦永东，朱志东，等. 胃癌患者腹腔游离癌细胞检出率的研究，解放军医学杂志，2001，26：333 - 335.

[4] 廖琦，郑玉萍，陈静. 无瘤操作技术在恶性肿瘤手术中的应用. 医学文选，2005，24：999 - 1000.

[5] 何建茵. 胃癌患者腹腔游离癌细胞的监测与腹腔灌注化疗. 中国普外基础临床杂志，2002，9：156 - 158.

（来源《医药前沿》2012 年第 12 期）

【仿真练习】

1. 仔细阅读本节所选三篇护理论文，比较其结构的异同。
2. 用自己平时收集的资料，写一篇护理小论文。

（李 红）

附 录

附录一 护理文件的书写

一、概述

护理文件是护士在医疗、护理活动过程中形成的文字、符号、图表等资料的总称。病历归档中的护理文件包括：主要包括体温单、医嘱单、手术清点记录、护理记录单（含病重病危护理）、护理评估单、血糖监测单、血液透析治疗记录单，在患者出院后归档。推荐使用患者导管意外危险因素评估单、患者跌倒坠床危险因素评估单等，医疗机构酌情归档。

（一）护理文件的重要性及法律意义

1. 反映患者病情发展和动态变化，是医生观察诊疗效果、调整治疗方案的重要依据。

2. 反映患者住院期间的医疗护理过程，在医疗护理团队内部传达、传递患者的重要信息，是医疗护理诊断、判断病情变化、制定医疗护理方案的重要依据。

3. 反映护士的依法执业行为，护士及相关人员在某个时间点上为患者提供的护理技术、服务和实行某种患者安全管理的护理行为。

4. 评价临床医疗护理质量的依据，评价病房护理管理质量的依据，评价护士专业能力的依据。

5. 护理文书是临床护理、教学、科研的第一手资料。

6. 提供医疗护理行为的法律凭据。2002 年国务院颁布的《医疗事故处理条例》和国家中医药管理局联合印发的《医疗机构病历管理规定》中，进一步明确了临床护理文书的法律地位：体温单、医嘱单、护理记录单等护理有关记录属于医疗机构应患者要求可以复印或复制的病历资料（注：护理查房、教学查房、疑难病历讨论、个案护理分析等护理记录属于主观性护理文件除外）。

因此，护理人员必须重视护理文书的书写，应客观、真实、准确、及时、完整地反映患者的情况，严格病历管理，严禁任何人涂改、伪造、隐瞒、销毁护理文书等资料，并要求护理记录提升到一个法律的高度来认识。

（二）护理文件的书写要求

1. 连续、完整　护理记录可以向其他护理人员传递患者的健康状况，已经解决或需要进一步解决的问题，以及采取了哪些护理措施，它是提供连续性护理的依据。要求记录必须连续、完整。

2. 准确、真实　护理记录能准确反映患者的客观状况及护士为患者提供服务的真实过程。《医疗事故处理条例》第三十二条明确规定，护理记录是指护士根据医嘱及病情对患者住院期间护理过程的客观记录。所以，护理文件的眉栏、页码、各项记录内容应填写完整，避免遗漏，记录者应签全名，以明确职责。

3. 语言简明扼要　护理记录是护理人员对患者的生命体征、病情变化及所采取的护理措施的记录，书写要符合规范要求，用语要准确、简明扼要，语句通顺，重点突出，使用医学术语应确切，并使用公用的缩写，避免笼统、含糊不清或修辞过多。如一般情况好、生命体征平稳、体温不高、尿量正常、出血少等。

4. 及时　护理记录是护士在观察、诊疗、护理患者过程中的行为，是护理工作质量具体化的记载，衡量工作好坏、责任心和技术水平的主要依据，护理文件记录必须及时，不可提前或拖延，更不能漏记、错记、补记情况，以保证记录的时效性。

5. 清晰　护理文件应分别使用红、蓝钢笔书写，字体清楚、端正，不出格，不跨行，不可任意涂改或剪贴，不能滥用简化字。保持表格整洁，如有错误，应在相应文字上划双线，就近书写正确文字并签全名。

（三）护理文件的保管要求

1. 保管要求

（1）护理文件应按规定放置，记录和使用后必须放回原处。

（2）注意保持护理文件的清洁、整齐、完整，防止污染、破损、拆散和丢失，收到的各项检验报告单应及时粘贴。

（3）根据《医疗事故处理条例》和国家中医药管理局联合印发的《医疗机构病历管理规定》规定，患者有权复印自己的门诊病历、住院志、体温单、医嘱单、检验报告、医学影像检查资料、特殊检查同意书、手术同意书、手术及麻醉记录单、病理资料、护理记录及国务院卫生行政部门规定的其他病历资料，门诊病历包括门诊和急诊的各种记录及有关检查报告单。但护理查房、教学查房、疑难病历讨论、个案护理分析等护理记录属于主观性护理文件除外。

（4）护理文件应妥善保存。住院期间由病房保存，未经护士同意患者及家属不得随意翻阅，不得将病历带出病区；患者出院或死亡后由护士整理好病历交病案室保存，并按卫生行政部门规定的保存期限保管。

2. 病历的排列顺序

病案按规定顺序排列，使其格式化、标准化，便于管理和查阅。

（1）住院患者的病案排列顺序：体温单——医嘱单——入院记录——病史和体格

检查单——病程记录（病程记录包括疑难病例讨论记录）——各种检验检查报告单——护理记录单——住院病历首页——住院证——门诊或急诊病历。

（2）出院患者的病案排列顺序：住院病历首页——住院证（死亡者加死亡报告单）——出院（或死亡）记录——入院记录——病史和体格检查单——病程记录——各项检查检验报告单——护理记录单——医嘱单——体温单。

二、护理文件的书写

（一）体温单

体温单为表格式，七天为一页，用于绘制患者体温、脉搏、呼吸的曲线，记录患者的生命体征及有关情况，通过阅读可以了解疾病的变化与转归，为迅速掌握病情提供重要依据。因此，患者在住院期间，体温单应排列在住院病历的首页，以便查阅。

1. 体温单的内容　体温单包括：患者的姓名、科别、病室、床号、入院日期、住院号；体温、脉搏、呼吸、血压；出入院、手术、分娩、转科、死亡时间；大便、患者出入量、体重、特殊治疗和药物过敏等。

2. 体温单的填写方法

（1）眉栏：用蓝钢笔或碳素笔填写。

①姓名、年龄、科别、病室、床号、入院日期和住院号等项目；

②"入院日期"栏：每页体温单上的第一天填写年、月、日，中间用短线隔开，如"2013—1—13"，其余6天只填日。如在6天中遇有新的月份或年度开始时，则应填写月、日或年、月、日；

③"住院日数"栏：以阿拉伯数字用蓝笔填写，自入院日起连续写至出院日；

④××后天数：自手术（分娩）次日开始计数，手术（分娩）当日为"0"，次日为手术（分娩）后第一天，连续书写14天，若在14天内进行第2次手术，则在"××后日数"栏内填写0/2，1/2，依此类推。

（2）40℃~42℃之间

①填写内容：用红笔在相应时间栏内填写入院、手术、分娩、转科、出院和死亡的时间。

②填写方法：纵行填写，如"手术——九时十分"，其中破折号占两小格；如果时间与体温单上的整点时间不一致时，填写在靠近侧的时间栏内。如"八时十分入院"则填写在"10"栏内，下午"十三时二十分"手术，则填写在"14"栏内。

③手术不写具体手术名称。

（3）体温、脉搏、呼吸曲线

体温曲线：①体温从35℃至42℃每一大格为1℃，每一小格为0.2℃，在37℃处用红横线明显标识。②用蓝笔绘制，口温符号为"●"、腋温为"×"、肛温为"○"，相邻两次符号之间用蓝线相连。③物理或药物降温30min后所测温度，用红圈"○"

表示，绘在降温前体温符号的同一纵格内，并以红虚线与降温前温度相连，下次所测体温符号与降温前的体温符号以蓝线相连。

脉搏曲线：①脉率从 20~180 次/分，每一大格为 20 次/分，每一小格为 4 次/分，在 80 次/分处用红横线明显标识。②用红笔绘制，脉率符号为红实点 "●"，心率符号用红圈 "○"。相邻的脉率或心率用红线相连。

③绌脉时相邻心率用红线相连，在脉率和心率之间用红笔划线填满。如体温和脉搏在同一点上，应先绘制蓝色体温符号，外划红圈以表示脉搏。

呼吸曲线：呼吸从 10 次/分至 40 次/分，每一大格为 10 次/分，每一小格为 2 次/分，用蓝笔绘制，符号为 "○"，相邻的呼吸符号用蓝线相连。

（4）底栏

①各栏已注明计量单位名称，只需填写阿拉伯数字。

②入量：用蓝笔记前一日 24h 的摄入总量。

③大便次数：每日记录一次，用蓝笔记前一日的大便次数，未排大便记 "0"，大便失禁以 "※" 表示，灌肠以 "E" 表示。灌肠后排便一次以 "1/E" 表示，"12/E" 表示自行排便 1 次，灌肠后又排便 2 次。

④尿量：用蓝笔记前一日 24h 的总量，导尿（持续导尿）后的尿量以 "C" 表示。如 1800/C 表示导尿患者排尿 1800ml。

⑤血压：用蓝笔以分数式记录于体温单的血压栏内。

⑥体重：按公斤（kg）计算，用蓝笔填写，新入院患者所测体重记于相应时间栏内，住院患者每周应测量体重一次。

⑦药物过敏：用蓝笔填写皮内过敏试验阳性药物或发生过敏反应药物的名称，用红笔在括号中标注阳性反应 "（＋）"，并于每次添加体温单时转抄过来。

（二）医嘱单

医嘱是医生根据患者病情需要拟定的治疗计划和护理措施的书面嘱咐。医嘱单是医护人员共同实施治疗和护理的重要依据，也是护士执行医嘱、完成治疗的核查依据，分为长期医嘱单和临时医嘱单。

1. 医嘱的内容　包括：日期、时间、床号、姓名、护理常规、隔离种类、护理级别、饮食、体位、药物（名称、剂量、浓度、方法）等、各种检查、治疗、术前准备和医生、护士签名等。

2. 医嘱的种类

（1）长期医嘱：有效时间在 24h 以上，当医生注明停止时间后即失效。

（2）临时医嘱：有效时间在 24h 以内，应在短时间内执行，一般只执行一次。有的需要立即执行。

（3）备用医嘱：分长期备用医嘱和临时备用医嘱两种。

长期备用医嘱（prn）：有效时间在 24h 以上，必要时使用，两次执行之间有时间间隔，由医生注明停止时间方可失效。

临时备用医嘱（sos）：仅在12h内有效，必要时使用，只执行一次，过期尚未执行则自动失效。

3. 医嘱的处理方法

（1）长期医嘱：医生开写在长期医嘱单上，注明日期和时间并签全名。护士将长期医嘱栏内的医嘱分别转抄至各种执行单上（如服药单、注射卡、治疗单、饮食单等），注明执行时间并签全名。定期执行的长期医嘱应在执行单上注明具体的执行时间，

（2）临时医嘱：医生开写在临时医嘱单上，注明日期和时间并签全名。需要立即执行的医嘱，护士在执行后，写上执行时间并签全名。有限定执行时间的临时医嘱，护士应转抄到临时治疗本或交班记录本上。会诊、手术、检验等各种申请单应及时转送到有关科室。

（3）备用医嘱

长期备用医嘱：医生开写在长期医嘱单上，按长期医嘱处理。每次执行后，在临时医嘱单上记录执行时间并签全名，供下一班次参考。每次执行前须先了解上一班次的执行时间。

临时备用医嘱：医生开写在临时医嘱单上，待患者需要时执行，执行后按临时医嘱处理。过时未执行，护士应用红笔在该项医嘱栏内写"未用"两字。

（4）停止医嘱：护士在执行单或各种卡片上注销相应项目，注明停止的日期与时间，签全名；然后在医嘱单原医嘱内容的停止日期和时间栏内注明停止的日期与时间，并在执行者栏内签全名。

4. 重整医嘱　凡长期医嘱单超过3页，或医嘱调整项目较多时要重整医嘱。重整医嘱时，在最后一行医嘱下面用红笔划一横线，在红线下面用红笔写上"重整医嘱"四字，再将需要继续执行的长期医嘱按原来日期排列顺序，抄录在红线以下的医嘱单上，抄录完毕需两人核对无误后，填写上抄写、核对者的签名。

凡转科、手术或分娩后也要重整医嘱，即在原医嘱最后一行下面用红笔划一横线，以示前面医嘱一律作废，并在红线下面用红笔写上"转科医嘱"、"手术医嘱"、"分娩医嘱"，然后重新开写医嘱，核对后签名。

5. 医嘱的处理原则和注意事项

（1）先急后缓：处理或执行医嘱应先判断医嘱的轻重缓急，合理安排执行顺序。

（2）先临时，后长期：先执行临时医嘱，后执行长期医嘱。

（3）先执行，后转抄：即处理医嘱时，应先执行，后转抄到执行单上。

（4）医嘱必须经医生签名后方可生效：一般情况下不执行口头医嘱，在抢救或手术过程中医生提出口头医嘱时，护士必须向医生复诵一遍，双方确认无误后方可执行，但事后需及时由医生补写医嘱。

（5）抄写及处理医嘱时，注意力要集中，做到认真、细致、准确、及时。要求字迹清楚，护士不得任意涂改。

（6）严格执行查对制度，发现有疑问，必须核对清楚后方可执行。医嘱须每班、每日核对，每周总查对，查对后签名。

（7）凡需下一班执行的临时医嘱要交班，并在护士交班记录上注明。

（三）护理记录单

护理记录是患者住院期间，护士对患者实施整体护理全过程的真实记录。护理记录分为一般患者护理记录和危重患者护理记录。

1. 一般患者护理记录

（1）记录内容：包括患者的姓名、科别、住院病历号、床号、页码、记录日期和时间、病情观察情况、护理措施和效果、护士签名等。

（2）书写要求

①一般患者入院、转入、转出、分娩当日应有记录。

②择期手术前一日及其他手术当日应有记录。

③二、三级护理的患者每周定期记录。

④病情变化及护理措施和效果应随时记录。

2. 危重患者护理记录　凡危重、大手术后或特殊治疗需严密观察病情的患者，应做好特别临床护理记录，以便及时了解病情变化，观察治疗或抢救后的效果。

（1）记录内容：记录主要内容为患者的生命体征、出入液量、用药、病情动态、给予的各种检查、治疗和护理措施及抢救后效果等。

（2）书写要求

①眉栏各项用蓝笔填写。

②白班用蓝笔记录，夜班用红笔记录。

③首次书写特别护理记录单者，须有疾病诊断、目前病情，手术者应记录何种麻醉、手术名称、术中概况、术后病情、伤口、引流等情况。

④及时准确地记录患者的病情动态、治疗、护理措施及效果，每次记录后应签全名。

⑤各班交班前，应将患者的病情及出入液量，作简要小结，并签全名。24h 出入液量应于次晨总结，并用蓝笔填写在体温单相应栏内。

⑥停止特别护理记录应有病情说明。

（四）病室报告

病室报告（交班记录）是由值班护士书写的书面交班报告。内容包括护士值班期间病室情况及患者病情动态、治疗和护理情况等。

1. 书写要求

（1）应在深入病室、全面了解患者病情的基础上书写。

（2）书写内容要全面、正确、重点突出、简明扼要，有连续性，以利于系统观察病情。书写字迹清楚，不得随意涂改。

（3）白班用蓝笔，夜班用红笔，并签全名。

（4）对新入院、转入、手术、分娩及危重患者，在诊断栏目下分别用红笔注明"新"、"转入"、"手术"、"分娩"，危重患者应作出特殊红色标记"※"，或用红笔注明"危"以示醒目。

2. 书写顺序

（1）用蓝笔填写眉栏各项，如病室、日期、时间、患者总数和入院、出院、转出、转入、手术、分娩、病危及死亡患者数等。

（2）先填写离开病室的患者：即出院、转出、死亡者。

（3）再填写进入病室的新患者：即新入院或转入的患者。

（4）最后填写病室内重点护理患者：即手术、分娩、危重及有异常情况的患者。

3. 交班内容

（1）出院、转出、死亡患者、出院患者：说明离去时间，转出患者注明转往何院、何科，死亡患者注明抢救过程及死亡时间。

（2）新入院或转入的患者：应报告入科时间和状态，患者主诉和主要症状、体征，给予的治疗、护理措施和效果，需要重点观察项目及注意事项等。

（3）危重患者：应报告患者的生命体征、瞳孔、神志、病情动态、特殊的抢救治疗、护理措施和效果以及注意事项等，对危重患者的病情变化要详细记录。

（4）手术后患者：应报告实施何种麻醉、何种手术、手术经过、清醒时间、回病室的情况，如生命体征，切口敷料有无渗血，是否已排气、排尿，各种引流管是否通畅，输液、输血和镇痛药的应用，需要重点观察的项目及注意事项等。

（5）准备手术、检查和行特殊治疗的患者：应报告将要进行的治疗或检查项目，术前用药和准备情况及应注意事项等。

（6）产妇：产前应报告胎次、胎心、宫缩及破水情况；产后应报告产式、产程、分娩时间、婴儿情况、出血量、会阴切口、有无排尿和恶露情况等。

（7）老年、小儿和生活不能自理的患者：应报告生活护理情况，如口腔护理、压疮护理及饮食护理等。

（8）病情突然有变化的患者：应详细报告病情变化情况，采取的治疗和护理措施，需要连续观察和处理的事项。

（五）护理病历

护理病历是护理人员运用护理程序为服务对象解决健康问题的过程，明确地显示了护理工作的内涵，具有法律效力，并有保存价值，其组成包括患者入院护理评估单、护理计划单、护理记录单、患者出院护理评估单等。在设计上运用了标准护理计划的内容格式，护士在完成护理病历时，文字书写内容少，只需依照标准护理计划设置的内容进行选择即可，既省时又完整，不易遗漏。

1. 入院护理评估单　入院护理评估单是护理病历的首页，是患者入院后首次进行初步的护理评估记录。主要内容为患者的一般情况、简要病史、护理体检、生活状况及自理程度、心理、社会方面状态等。使用时在留有空白处填写、在符合的项目上打"√"即可。

2. 护理计划单　根据患者入院护理评估的资料，按先后顺序将患者的护理诊断列于计划单上，并设定各自的预期目标，制定相应的护理措施，及时评价。

3. 护理记录单　护理记录单是护理人员应用护理程序的具体方法，是解决患者健康问题的记录。护理记录单记载着患者的护理诊断、护理人员针对健康问题实施的护理措施和执行措施后患者是否达到预期目标。如果患者的健康问题没有解决，需要及时分析原因，以便及时调整修改措施。书写时采用 PIO 护理记录格式。

4. 出院护理评估单

（1）出院小结：是患者在住院期间，护理人员按护理程序对患者进行护理活动的概括记录。包括护理措施是否落实、患者的健康问题是否解决、预期目标是否达到、护理效果是否满意等。

（2）出院指导：出院前要针对患者现状，提出出院后在饮食、服药、休息、功能锻炼和定期复查等方面的注意事项，必要时可为患者或家属提供有关的书面材料，护理人员要帮助不同患者在各自原有的基础上，获得更高水平的身心健康。

三、电子病历

电子病历是指医务人员在医疗活动过程中，使用医疗机构信息系统生成的文字、符号、图表、图形、数据、影像等数字化信息，并能实现存储、管理、传输和重现的医疗记录，是病历的一种记录形式，是以电子化管理的病历，可在医疗中作为主要的信息源取代纸张病历，提供超越纸张病历的服务，满足所有的医疗、法律和管理需求。随着医疗服务信息标准化的进程，电子病历应当提供个人终生健康状态和医疗保健行为的全部有关信息。使用文字处理软件编辑、打印的病历文档，不属于本规范所称的电子病历。

【基本要求】

1. 电子病历录入应当遵循客观、真实、准确、及时、完整的原则。

2. 电子病历录入应当使用中文和医学术语，要求表述准确，语句通顺，标点正确。通用的外文缩写和无正式中文译名的症状、体征、疾病名称等可以使用外文。记录日期应当使用阿拉伯数字，记录时间应当采用 24 小时制。

3. 电子病历内容应当按照卫生部《病历书写基本规范》执行，使用卫生部统一制定的项目名称、格式和内容，不得擅自变更。

4. 电子病历系统应当为操作人员提供专有的身份标识和识别手段，并设置有相应权限，操作人员对本人身份识别的使用负责。

5. 医务人员采用身份标识登录电子病历系统完成各项记录等操作并确认后，系统应当显示医务人员电子签名。

6. 严禁篡改、假造、隐匿、抢夺、窃取和毁坏电子病历。

表1　体温单

体　温　单

姓名　高建　　科别　外　　床号 26　　病区　六　　入院日期 2004-1-13　　住院号 238712

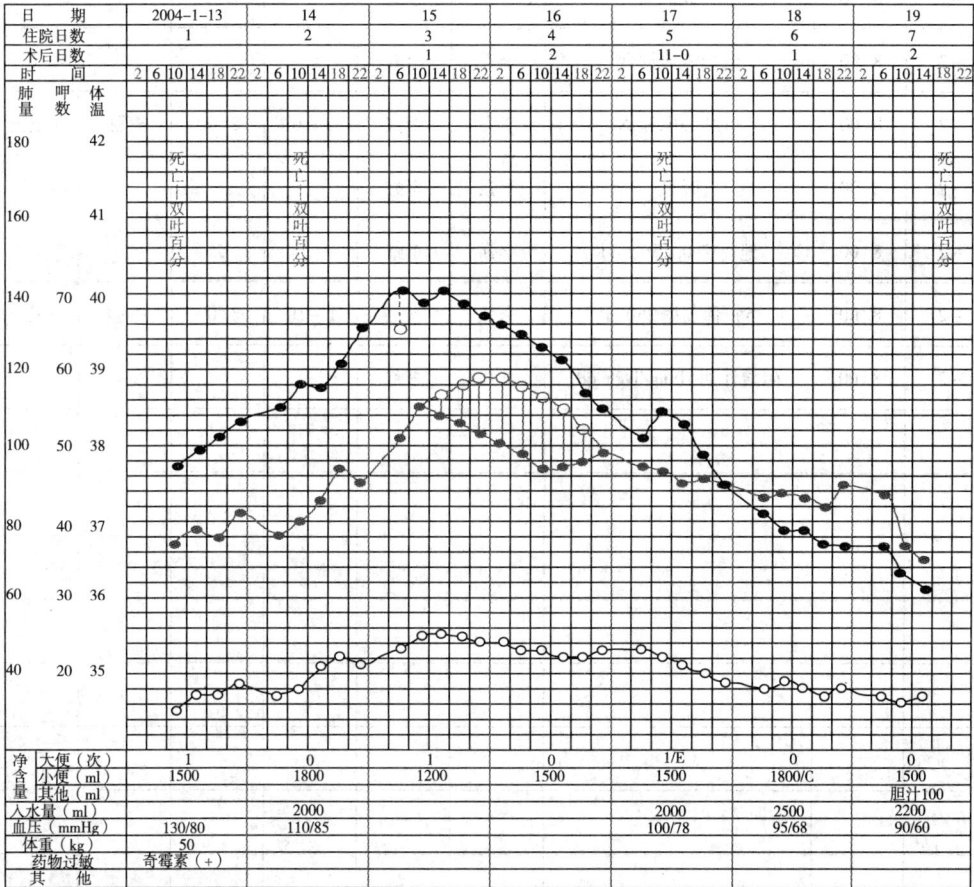

日　　期	2004-1-13	14	15	16	17	18	19
住院日数	1	2	3	4	5	6	7
术后日数			1	2	11-0	1	2

净含量	大便（次）	1	0	1	0	1/E	0	0
	小便（ml）	1500	1800	1200	1500	1500	1800/C	1500
	其他（ml）							胆汁100
入水量（ml）			2000			2000	2500	2200
血压（mmHg）		130/80	110/85			100/78	95/68	90/60
体重（kg）		50						
药物过敏		奇霉素（+）						
其　　他								

表2 长期医嘱单

姓名 __王静__ 科别 __内科__ 病室 __2__ 床号 __3__ 住院号 __13679__ 第 __1__ 页

日期	时间	医嘱	签名		日期	时间	签名	
开 始			医生	护士	停 止		医生	护士
05－1－2	8：00	冠心病护理常规	李强	李虹				
1－2	8：00	二级护理	李强	李虹				
1－2	8：00	低盐流质饮食	李强	李虹				
1－2	8：00	持续心电监测	李强	李虹	1－6	8：00	李强	王云
1－2	8：00	吸氧	李强	李虹				
1－2	8：00	地高辛 0.25mg qd	李强	李虹				
1－2	8：00	5% 葡萄糖 250ml	李强	李虹	1－10	8：00	李强	王云
1－2	8：00	硝酸甘油 10mg/ivgtr qd	李强	李虹				

表3 临时医嘱单

姓名　王静　　科别　内科　　病室　2　　床号　3　　住院号　13679　　第　1　页

日期	时间	医嘱	医生签名	执行时间	执行者签名
05－1－2	8：00	心电图	李强	8：00	张敏
1－2	8：00	X 胸片	李强	8：00	张敏
1－2	8：00	血常规	李强	8：00	张敏
1－2	8：00	青霉素皮试（一）	李强	9：00	王云
1－2	10：00	哌替啶 50mg im st	李强	10：00	张敏

表4 特别护理记录单

姓名 __王平__ 性别 __女__ 科别 __内科__ 床号 __6__ 住院病历号 __03678__

日期	时间	体温	脉搏	呼吸	血压	入量 项目	ml	出量 项目	ml	病情观察及护理	签名
2005-7-10	10：00	36.5	108	24	80/50	10% GS	500	呕血	400	患者诉心慌，头错，呕吐一次，为暗红色。通知医生抽血，作血型鉴定。给予止血药物，给予胃肠减压，观察生命体征	
						VitK₁	2				洪杏
						低分子右旋糖酐	250				
	10：45		110	23	90/55	0.9% NS	10			血压略有回升，洛塞克40mg iv	
						洛塞克40mg	4			胃管通畅，抽出血性液体约100ml	洪杏
	11：30		108	23	90/60	新鲜血	200			输血	洪杏
	12：30		100	20	100/60	新鲜血	200	尿	100	继续输血	洪杏
	14：00	36.8	90	20	110/64	平衡液	500			血压恢复正常，继续观察	洪杏
						止血敏2g	4				
	16：00		88	20	112/64	0.9% NS	10				
						洛塞克40mg	4				洪杏
	17：00					10% GS	500	尿	300	胃管通畅，引流液少，咖啡色	洪杏
	18：00							胃液	200	患者今呕血400ml，血压下降，给予胃肠减压，静脉应用止血药物，输血输液处理，目前血压恢复正常，胃管内有少许咖啡样液体引出，维持输液，继续观察	洪杏
12h 小结						输入	2184	排出	1000	尿400ml，胃液200ml，呕血400ml	
	19：00	36.6	82	18	110/76	0.9% NS	10			胃管内引流液转为淡黄色	赵华
						洛塞克40mg	4				
	22：00		80	18	112/70					输液完毕	赵华
7-11	0：00		82	16	100/64					患者晚间无出血情况，生命征平稳，安静入睡，继续观察	赵华

表5 病室报告单

病区 __内1__　　　　2006 年 10 月 26 日　　　第 __1__ 页

病情 患者总报告 床号姓名诊断	上午八时至下午五时 患者总数 36 人	下午五时至午夜十二时 患者总数 36 人	午夜十二时至上午八时 患者总数 36 人
	总数：36　入院：1　转出：1	总数：36　入院：0　转出：0	总数：36　入院：0　转出：0
	出院：1　转入：0　死亡：0	出院：0　转入：0　死亡：0	出院：0　转入：0　死亡：0
	手术：0　分娩：0　病危：1	手术：0　分娩：0　病危：1	手术：0　分娩：0　病危：1
2 床　赵佳　心肌炎	于 10：00 出院		
7 床　吴静　风心病	于 10：00 转心外科		
20 床 王延东 病毒性心肌炎 "新"	患者男性，18 岁，"因心慌、胸闷一周，加重一天"于 9am 急诊入院，平车推入。T 37.5℃ P98 次/分钟 R24 次/分钟 BP120/80mmHg，神志清楚，精神萎靡，心电图示频发室早，ST 段压低，T 波倒置。给予：Ⅰ级护理，半流质饮食，吸氧，5% 葡萄糖 500ml 加丹参静滴，补液已结束，患者无不良反应。患者较紧张，已做心理护理，心慌、胸闷稍有好转。请加强病情观察. 明晨空腹抽血。	20：30 T 37.2℃ P94 次/分钟 R22 次/分钟，患者主诉心慌，对病室环境不习惯，入睡困难。告知患者明晨空腹抽血 22：00 遵医嘱给予地西泮 5mg st，患者很快入睡，病情稳定	6：00 T 37.0℃ P80 次/分钟 R20 次/分钟 BP112/74mmHg。患者主诉心慌、胸闷稍缓解，睡眠好。已采集血标本
31 床 孙晓 急性壁心肌梗死 "※"	4pm T37℃ P86 次/分钟 R20 次/分 BP120/80mmHg。今日心梗发后第三天，3pm 诉胸闷及疼痛，遵医嘱含硝酸甘油一片后缓解。患者仍需卧床休息，现输液通畅，请加强病情观察。	20：30 T37℃ P86 次/分钟 R20 次/分 BP100/80mmHg，患者病情平稳，无不适主诉。22：00 主诉人睡困难，遵医嘱给予地西泮 5mg st 口服，效果好，现已安静入睡，请继续加强观察	6：00 T37℃ P86 次/分钟 R20 次/分 BP110/80mmHg。患者夜间睡眠好，病情稳定，无不适主诉

表6 患者入院护理评估单

姓名 __张亮__ 　床号 __15__ 　科别 __内科__ 　病室 __5__ 　住院号 __62583__

（一）一般资料

姓名 　__张亮__ 　性别 __男__ 　年龄 __53 岁__ 　职业 __干部__ 　民族 __汉__ 　籍贯 __河南__ 　婚姻 __已婚__

文化程度 __大学__ 　宗教信仰 __无__

联系地址 __仁和小区 8－3－202__ 　联系人 __李霞__ 　电话 __12345678__ 　主管医师 __赵凯__ 　护士 __王英__

收集资料时间 　__2006. 11. 25. 3pm__

入院时间 __2012. 11. 25. 2pm__ 　入院方式：步行　扶行　轮椅　平车√

入院医疗诊断 __急性广泛前壁心肌梗死__

入院原因（主诉简要病史） __心前区持续疼痛2h，有濒死感，出冷汗，舌下含化消心痛，疼痛仍不缓解。__

既往史：冠心病

过敏史：无√　　有（药物_____　食物_____　其他_____）

家族史：高血压病√、冠心病、糖尿病、_____肿瘤、癫痫、精神病、_____传染病、_____遗传病、其他

_____

（二）生活状况及自理程度

1. 饮食　　基本膳食：普食　软饭√　半流质　流质　禁食

食欲：正常√　增加　亢进 _____天/周/月　　下降/厌食_____天/周/月

近期体重变化：无√　增加/下降_____kg/_____月（原因_____）

其他 _____

2. 睡眠/休息

休息后体力是否容易恢复：是√　否（原因_____）

睡眠：正常　入睡困难　易醒　早醒　多梦　噩梦　失眠√

辅助睡眠：无　药物　其他方法

其他 _____

3. 排泄

排便：__1__次/天　性状__正常√__/便秘/腹泻/便失禁　造瘘

排尿：__5__次/天　颜色__黄__　性状__透明__　尿量__1800__ml/24h　尿失禁

4. 烟酒嗜好

吸烟：无　偶尔吸烟　经常吸烟√__15__年__20__支/天　已戒_____年

饮酒/酗酒：无　偶尔饮酒　经常饮酒√__10__年__250__ml/d　　已戒_____年

5. 活动

自理：全部　障碍（进食　沐浴/卫生√　穿着/修饰　如厕√）

步态：稳√　不稳（原因_____）

医疗/疾病限制：医嘱卧床√　持续静滴　石膏固定　牵引　瘫痪

6. 其他 _____

（三）体格检查

T __37__ ℃　P __112__ 次/min　R __28__ 次/min　BP __92/65__ mmHg（Kpa）身高__178__cm　体重__85__kg

1. 神经系统

意识状态：清醒√　意识模糊　嗜睡　谵妄　昏迷

语言表达：清醒√　含糊　语言困难　失语

定向能力：准确√　障碍（自我　时间　地点　人物）

2. 皮肤黏膜

皮肤颜色：正常√　潮红　　苍白　　发绀　　黄染

皮肤湿度：正常　　干燥　　潮湿　　多汗√

皮肤温度：温√　　凉　　热

皮肤湿度：正常　　干燥　　潮湿　　多汗√

完整性：完整√　　皮疹　　出血点　　其他_____

褥疮（Ⅰ/Ⅱ/Ⅲ度）（部位/范围_____）

口腔黏膜：正常√　　充血　　出血点　　糜烂溃疡　　疱疹　　白斑

其他：_____

3. 呼吸系统

呼吸方式：自主呼吸√　　机械呼吸

节律：规则√　　异常　　频率__28__次/min　　深浅度：正常√　深　浅

呼吸困难：无√　　轻度　　中度　　重度

咳嗽：无√　　有

痰：无　容易咳出　不易咳出　　痰（色_____　量_____　黏稠度_____）

其他：_____

4. 循环系统

心律：规则　　心律不齐√　　心率__112__次/min

水肿：无√　　有（部位/程度_____）

其他：

5. 消化系统

胃肠道症状：恶心　　呕吐（颜色_____　性质_____　次数_____　总量_____）

嗳气　　反酸　　烧灼感　　腹痛（部位/性质_____）

腹部：软√　　肌紧张　　压痛/反跳痛　　可触及包块（部位/性质_____）

腹水（腹围_____cm）

其他：_____

6. 生殖系统

月经：正常　　紊乱　　痛经　　月经量过多　　绝经

其他：_____

7. 认知/感受

疼痛：无　有√　部位/性质　心前区、压榨性_____

视力：正常√　　远/近视　　失明（左/右/双侧）

听力：正常√　　耳鸣　重听　　耳聋（左/右/双侧）

触觉：正常√　　障碍（部位_____）

嗅觉：正常√　　减弱　　缺失

思维过程：正常　注意力分散√　　远/近期记忆力下降　　思维混乱

其他：_____

（四）心理社会方面

1. 情绪状态　镇静　易激动　焦虑　恐惧√　悲哀　无反应
2. 就业状态　固定职业√　丧失劳动力　失业　待业
3. 沟通　希望与更多的人交往√　语言交流障碍　不愿与人交往
4. 医疗费用来源　自费　劳保　公费　医疗保险√　其他
5. 与亲友关系　和睦√　冷淡　紧张
6. 遇到困难最愿向谁倾诉　父母　配偶√　子女　其他

（五）入院介绍（患者知道）负责自己的医生、护士姓名，病室环境，病室制度（查房、进餐、探望、熄灯时间）及粪、尿常规标本留取法

表7　护理计划单

开始日期	时间	护理诊断	预期目标	护理措施	签名	日期/时间	结果	签名
11-25	4pm	自理缺陷：与绝对卧床休息有关	1. 1日内患者能描述出限制自行入厕和卫生的目的 2. 绝对卧床期间，生活需求得到满足	1. 向患者和家属讲解绝对卧床的目的 2. 加强巡视，关心体贴患者，给予精神支持，解除思想顾虑，鼓励患者说出需求 3. 急性期患者绝对卧床休息。护士协助患者洗漱、进食、排便、翻身等生活护理，满足生活需求 4. 鼓励患者遵医嘱进低热量、低盐、低脂，高纤维素饮食，记录患者摄入量及患者个人的饮食喜好 5. 嘱患者排便困难时勿用力，可应用缓泻剂，以防止因用力而诱发再次心肌梗死	王英 王英	11-27 8am 12-3 8am	目标完全实现 目标完全实现	王英 李维
11-25	4pm	知识缺乏：与缺乏冠心病心绞痛的预防、治疗、饮食、运动等知识有关	1. 2日内患者对急性心肌梗死的治疗过程表示理解，并积极配合 2. 3日内患者能复述有关急性心肌梗死的知识、药物、饮食、活动限度	1. 评估患者的学习态度、文化水平，鼓励患者提出的问题，并作正确的解释，纠正患者错误观念 2. 详细解释病情及疾病的危险因素，劝其改变不良习惯。告诉患者大量吸烟、饮酒及大量脂肪餐对病情的不良影响 3. 告知患者少量多餐，避免过饱，禁忌用力排便 4. 向患者讲解定时服药的重要性。讲解常用药的名称、剂量、用法、作用和副作用以及药物的保存方法 5. 解释疾病诱发因素，发作时的症状以及应采取的自救措施 6. 告诉患者保持心境平和，改变急躁易怒、争强好胜性格有利于健康 7. 让患者知道自我控制活动量的标准	王英 王英	11-28 8am 11-29 8am	目标完全实现 目标完全实现	王英 赵合
11-28	8am	焦虑：与不知如何应对疾病有关		1. 评估患者的焦虑程度 2. 与患者多沟通，鼓励患者说出心理感受 3. 教会患者预防和处理心绞痛的方法 4. 教会患者放松术 5. 鼓励患者及家属参与制订患者的护理计划	王英	12-3 8am	目标完全实现	李维

表8　PIO护理记录单

科别　内科　　床号　15　　姓名　张亮　　性别　男　　年龄　53　岁

疾病诊断　急性广泛前壁心肌梗死　　住院号　62583

日期	时间	护理记录（PIO）		护士签名
11-25	4pm	P_1	疼痛（胸痛）：与心肌缺血、缺氧、坏死有关	王英
11-25	4pm	I_1	（1）哌替啶1支，肌内注射 （2）持续吸氧2~4L/min （3）绝对卧床休息	王英
11-25	4pm	P_2	PC：心律失常	王英
11-25	4pm	I_2	（1）持续心电监护 （2）备齐抢救设备及药品	王英
11-25	4pm	P_4	自理缺陷：与绝对卧床休息有关	王英
11-25	4pm	I_4	护士协助完成进食、排便、洗漱、翻身等活动	王英
11-25	5pm	O_1	病痛缓解	王英
11-26	7am	O_2	未发生并发症	王英
11-26	8am	P_3	恐惧：与预感生命受到威胁有关	王英
11-26	8am	I_3	（1）评估患者恐惧的原因、程度 （2）给患者讲解进行心电监护的必要性 （3）向患者讲解心肌梗死患者入院及时治疗的预后情况	王英
11-26	8am	P_5	知识缺乏：与缺乏冠心病心绞痛的预防、治疗、饮食、运动等知识有关	王英
11-26	8am	I_5	（1）评估患者的学习态度、文化水平，鼓励患者提出问题，并作正确的解释，纠正患者错误观念。 （2）详细解释病情及疾病的危险因素，劝其改变不良习惯。告诉患者大量吸烟、饮酒及大量脂肪餐对病情的不良影响。 （3）告知患者少量多餐，避免过饱，禁忌用力排便。 （4）向患者讲解定时服药的重要性。讲解常用药的名称、剂量、方法、作用和副作用以及药物的保存方法。 （5）解释疾病诱发因素，发作时的症状以及应采取的自救措施。 （6）告诉患者保持心境平和，改变急躁易怒、争强好胜性格有利于健康。 （7）让患者知道自我控制活动量的标准。	王英
11-26	9am	I_1	吗啡1支，肌内注射	王英
11-26	10am	O_1	疼痛缓解	王英
11-26	11am	I_4	开塞露1支，直肠给药	王英
11-26	12n	O_4	排便1次，干硬便	李维
11-26	10pm	O_3	恐惧感减轻，安静入睡	赵合
11-27	8am	O_2	未发生并发症	王英
11-28	8am	P_6	焦虑：与不知如何应对疾病有关	王英
11-28	8am	I_6	（1）评估患者的焦虑程度 （2）与患者多沟通，鼓励患者说出心理感受 （3）教会患者预防和处理心绞痛的方法 （4）教会患者放松太	王英
11-28	8am	O_2	未发生并发症	王英

应用文 写作

续表

日期	时间	护理记录（PIO）	护士签名
11-28	8am	O$_4$ 患者对急性心肌梗死的治疗过程表示理解，并能配合治疗	王英
11-30	8am	O$_6$ 主诉紧张感减轻，舒适感增加	王英

表9　危重患者风险评估表

压疮评估表

科室：_____　床号：_____　姓名：_____　年龄：_____　住院号：_____

诊断：_____　入院时间：_____

分值 月日	感觉				潮湿				活动力				移动力				营养				磨擦力剪切力			总评分	护理措施	签名
	完全受限	严重受限	轻度受限	未受限	持续潮湿	潮湿	有时潮湿	极少潮湿	限制卧位	可坐椅子	偶尔行走	经常行走	不能移动	严重受限	轻度受限	未受限	非常差	可能不足	足够	非常好	有问题	潜在问题	无明显问题			
	1	2	3	4	1	2	3	4	1	2	3	4	1	2	3	4	1	2	3	4	1	2	3			

1. 评分：15~18分有危险；13~14分中度危险；10~12分高度危险；<9分极高度危险，必须定期随访监控，每周评估，及时落实护理措施。

2. 护理措施：（1）气垫床；（2）局部减压：糜子垫；（3）海绵床垫；（4）翻身；（5）皮肤护理2~3次/日；（6）指甲剪平；（7）床单平整、干燥；（8）新型敷料贴；（9）利福平粉涂抹；（10）红外线理疗；（11）加强营养；（12）高危者及带入压疮者定期随访监控。

跌倒/坠床评估表

分值 月日	步态不稳	病危/病重	体质虚弱	年龄≥70岁≤7岁	依从性		意识	精神异常		功能障碍				排泄		既往史		症状	陪护	药物	总评分	护理措施	签名
					一般	差	模糊/错乱	躁动/攻击	抑郁/自杀行为	失语	眨眼障碍	视觉障碍	活动障碍	导尿	失禁	眩晕/跌倒	病理性骨折	主诉眩晕	无				
	8	8	8	8	1	2	1/1	3/3	3/3	1	1	2	2	2	2	3/3	3	2	2				

1. 步态不稳、病危/病重、体质虚弱、年龄≥70岁/≤7岁或评分≥8分为高危人群，每周评估，及时落实护理措施。

2. 药物：1分–（1）镇静催眠药；（2）肌松剂；（3）轻泻剂；（4）利尿剂；（5）麻醉；（6）抗组织胺；（7）抗高血压；（8）抗癫痫/抗痉挛；（9）抗抑郁/精神病；（10）降血糖。

3. 护理措施：（1）告知；（2）宣教；（3）24小时专人陪护；（4）安全警示；（5）两侧架床栏；（6）差防滑鞋；（7）起床有人搀扶；（8）班班交班；（9）高危者定期随访监控。

导管评估表

分值 月日	I 类导管			II 类导管	意识障碍		活动能力		护理操作			症状			精神动态		排泄	总评分	护理措施	签名
	气管插胸	胸管	头部引流		躁动	昏迷	自如	协助	吸痰	搬运	其他	呛咳	呃逆	其他	恐惧	焦虑	失禁			

1. I 类导管或评分≥8 分为高危人群，必须定期随访监控，每周评估，及时落实护理措施。

2. II 类导管：（1）引流管（腹腔引流管、T 管、Y 管、负压引流等）；（2）胃管；（3）深静脉置管；（4）尿管；（5）PICC；（6）其他。

3. 护理措施：（1）告知；（2）宣教；（3）24 小时专人陪护；（4）安全警示；（5）使用约束带；（6）加强导管固定；（7）高危者定期随访监控。

表 10　手术患者及物品交接核查表

手术患者及物品交接核查表

病区_____　　姓名_____　　性别_____　　床号_____　　住院号_____

诊断_____　　日期_____

病房护士/手术室护士核对内容	
患者核对内容	带入物品
□姓名　□性别　□年龄　□病室　□床号　□住院号 □诊断　□手术时间　□手术名称　□手术部位　□标识	□病历
□检查患者的意识情况　　　□检查患者皮肤准备情况 □术前用清洁剂和温水彻底进行皮肤清洁（包括脐部） □皮肤完整　　　　□破损部位/面积_____	□术前用药 □特殊用药及材料
□更衣　□戴手术帽　□腕带 下列物品是否除去： □内衣裤　　□假牙　　□眼镜　　□金属物品　　□首饰	X 片_____张、CT _____张、 MRJ _____张
□术前医嘱执行情况□禁食_____小时 □药物过敏试验　□备备　术□前化验单	其他：_____
静脉通路部位：□上肢　　□下肢　　□颈内外　　□股静脉　□无	
运输方式：□平车　　□轮椅　　□步行　　□其他_____	
其他：	
病房护士签名：	手术室护士签名：
手术室护士/病房护士核对内容	

| 核对患者：□姓名 | □性别 | □年龄 | □病室 | □床号 | □住院号 | □诊断 |

患者的意识情况：□清醒　　□半清醒　　□未清醒

未用完的血制品：□有　　□无
剩余量：全血＿＿＿＿ml　血浆＿＿＿＿ml　红细胞＿＿＿＿u　血小板＿＿＿＿u

术中用药有无过敏：□有　　□无　　□处理＿＿＿＿＿＿＿＿＿＿＿＿＿＿＿
术中输血有无过敏：□有　　□无　　□处理＿＿＿＿＿＿＿＿＿＿＿＿＿＿＿

手术带回：CT＿＿＿＿张、MRI＿＿＿＿张、X片＿＿＿＿张

止痛泵：□硬膜外　　□静脉　　□无

静脉通路部位：□上肢　　□下肢　　□颈内外　　□股静脉

其他：＿＿＿＿＿＿＿＿＿＿＿＿＿＿＿＿＿＿＿＿＿＿＿＿＿＿＿＿＿＿＿＿＿

| 手术室护士签名： | 病房护士签名： |

注：在□内打勾以示执行或所在部位。

表11　出院护理评估单

科别内科　床号15　姓名张亮　性别男　年龄　53 岁　疾病诊断　急性广泛前壁心肌梗死　住院号62583
入院日期　2006.11.25　　出院日期　2006.12.7　　住院天数　12 天
出院小结（护理过程与效果评价）：张亮，男，53 岁以"急性广泛前壁心肌梗死"于 2006 年 11 月 25 日 2pm 入院，神志清，心前区持续疼痛 2 小时，表情痛苦，经过入院评估，护理诊断：疼痛（胸痛）：主要是与心肌缺血、缺氧、坏死有关；潜在并发症：心律失常；恐惧：与预感生命受到威胁有关；自理缺陷：与绝对卧床休息有关；知识缺乏：与缺乏冠心病心绞痛的预防、治疗、饮食、运动等知识有关。措施：遵医嘱给予哌替啶或吗啡镇痛，持续心电监护，持续吸氧 2～4L/min，急性期绝对卧床休息，入院 2 天后疼痛缓解，未发生潜在并发症。向患者讲解心肌梗死患者入院及时治疗的预后情况及积极配合医生治疗的意义，告知患者常用药的名称、剂量、用法及药物的保存方法及大量吸烟、饮酒、大量脂肪餐对病情的影响。嘱患者排便困难时勿用力，教会患者放松术，制定活动及恢复计划，使患者在缓解期活动量由轻微逐渐过渡到能够自理。
出院指导：1. 保持情绪稳定，生活有规律。
　　　　　2. 戒烟酒，低盐、低脂饮食，少量多餐，避免过饱。
　　　　　3. 保持排便通畅，避免用力排便。
　　　　　4. 适量活动，控制体重。
　　　　　5. 定期复查，病情变化及时就诊。
特殊指导：1. 按时口服用药，循序渐进锻炼，避免过度劳累。
　　　　　2. 若有胸痛、气短或胃部胀痛、恶心、呕吐，舌下含服硝酸甘油，5min
　　　　　　服 1 片，最大限量 3 片，若不缓解，呼叫急救车。
复诊时间：　2 次/月
评价（由护士长全面了解情况后负责评价）：
　　1. 患者评价：　　　　优√　　良　　　中　　　差
　　2. 整体护理效果评价：　优√　　良　　　中　　　差
　　　　　　　　　　　　护士长签名　刘珊　护士签名　王英
　　　　　　　　　　　　2013 年 4 月 7 日

附录二 卫生部关于印发《病历书写基本规范》的通知

卫医政发〔2010〕11号

各省、自治区、直辖市卫生厅局，新疆生产建设兵团卫生局：

为规范我国医疗机构病历书写行为，提高病历质量，保障医疗质量和医疗安全，根据《医疗事故处理条例》有关规定，2002年我部印发了《病历书写基本规范（试行）》（以下简称《规范》）。《规范》实施7年多来，在各级卫生行政部门和医疗机构的共同努力下，我国医疗机构病历质量有了很大提高。

在总结各地《规范》实施情况的基础上，结合当前医疗机构管理和医疗质量管理面临的新形势和新特点，我部对《规范》进行了修订和完善，制定了《病历书写基本规范》。现印发给你们，请遵照执行。执行中遇到的情况及问题，及时报我部医政司。

联系人：马旭东、焦雅辉，联系电话：010 - 68792825、68792097

附件：病历书写基本规范.doc

二〇一〇年一月二十二日

病历书写基本规范

第一章 基本要求

第一条 病历是指医务人员在医疗活动过程中形成的文字、符号、图表、影像、切片等资料的总和，包括门（急）诊病历和住院病历。

第二条 病历书写是指医务人员通过问诊、查体、辅助检查、诊断、治疗、护理等医疗活动获得有关资料，并进行归纳、分析、整理形成医疗活动记录的行为。

第三条 病历书写应当客观、真实、准确、及时、完整、规范。

第四条 病历书写应当使用蓝黑墨水、碳素墨水，需复写的病历资料可以使用蓝或黑色油水的圆珠笔。计算机打印的病历应当符合病历保存的要求。

第五条 病历书写应当使用中文，通用的外文缩写和无正式中文译名的症状、体征、疾病名称等可以使用外文。

第六条 病历书写应规范使用医学术语，文字工整，字迹清晰，表述准确，语句通顺，标点正确。

第七条 病历书写过程中出现错字时，应当用双线划在错字上，保留原记录清楚、可辨，并注明修改时间，修改人签名。不得采用刮、粘、涂等方法掩盖或去除原来的字迹。

上级医务人员有审查修改下级医务人员书写的病历的责任。

第八条 病历应当按照规定的内容书写，并由相应医务人员签名。

实习医务人员、试用期医务人员书写的病历，应当经过本医疗机构注册的医务人员审阅、修改并签名。

进修医务人员由医疗机构根据其胜任本专业工作实际情况认定后书写病历。

第九条 病历书写一律使用阿拉伯数字书写日期和时间，采用24小时制记录。

第十条 对需取得患者书面同意方可进行的医疗活动，应当由患者本人签署知情同意书。患者不具备完全民事行为能力时，应当由其法定代理人签字；患者因病无法签字时，应当由其授权的人员签字；为抢救患者，在法定代理人或被授权人无法及时签字的情况下，可由医疗机构负责人或者授权的负责人签字。

因实施保护性医疗措施不宜向患者说明情况的，应当将有关情况告知患者近亲属，由患者近亲属签署知情同意书，并及时记录。患者无近亲属的或者患者近亲属无法签署同意书的，由患者的法定代理人或者关系人签署同意书。

第二章 门（急）诊病历书写内容及要求

第十一条 门（急）诊病历内容包括门（急）诊病历首页（门（急）诊手册封面）、病历记录、化验单（检验报告）、医学影像检查资料等。

第十二条 门（急）诊病历首页内容应当包括患者姓名、性别、出生年月日、民族、婚姻状况、职业、工作单位、住址、药物过敏史等项目。

门诊手册封面内容应当包括患者姓名、性别、年龄、工作单位或住址、药物过敏史等项目。

第十三条 门（急）诊病历记录分为初诊病历记录和复诊病历记录。

初诊病历记录书写内容应当包括就诊时间、科别、主诉、现病史、既往史，阳性体征、必要的阴性体征和辅助检查结果，诊断及治疗意见和医师签名等。

复诊病历记录书写内容应当包括就诊时间、科别、主诉、病史、必要的体格检查和辅助检查结果、诊断、治疗处理意见和医师签名等。

急诊病历书写就诊时间应当具体到分钟。

第十四条 门（急）诊病历记录应当由接诊医师在患者就诊时及时完成。

第十五条 急诊留观记录是急诊患者因病情需要留院观察期间的记录，重点记录观察期间病情变化和诊疗措施，记录简明扼要，并注明患者去向。抢救危重患者时，应当书写抢救记录。门（急）诊抢救记录书写内容及要求按照住院病历抢救记录书写内容及要求执行。

第三章 住院病历书写内容及要求

第十六条 住院病历内容包括住院病案首页、入院记录、病程记录、手术同意书、麻醉同意书、输血治疗知情同意书、特殊检查（特殊治疗）同意书、病危（重）通知书、医嘱单、辅助检查报告单、体温单、医学影像检查资料、病理资料等。

第十七条　入院记录是指患者入院后，由经治医师通过问诊、查体、辅助检查获得有关资料，并对这些资料归纳分析书写而成的记录。可分为入院记录、再次或多次入院记录、24 小时内入出院记录、24 小时内入院死亡记录。

入院记录、再次或多次入院记录应当于患者入院后 24 小时内完成；24 小时内入出院记录应当于患者出院后 24 小时内完成，24 小时内入院死亡记录应当于患者死亡后 24 小时内完成。

第十八条　入院记录的要求及内容。

（一）患者一般情况包括姓名、性别、年龄、民族、婚姻状况、出生地、职业、入院时间、记录时间、病史陈述者。

（二）主诉是指促使患者就诊的主要症状（或体征）及持续时间。

（三）现病史是指患者本次疾病的发生、演变、诊疗等方面的详细情况，应当按时间顺序书写。内容包括发病情况、主要症状特点及其发展变化情况、伴随症状、发病后诊疗经过及结果、睡眠和饮食等一般情况的变化，以及与鉴别诊断有关的阳性或阴性资料等。

1. 发病情况：记录发病的时间、地点、起病缓急、前驱症状、可能的原因或诱因。

2. 主要症状特点及其发展变化情况：按发生的先后顺序描述主要症状的部位、性质、持续时间、程度、缓解或加剧因素，以及演变发展情况。

3. 伴随症状：记录伴随症状，描述伴随症状与主要症状之间的相互关系。

4. 发病以来诊治经过及结果：记录患者发病后到入院前，在院内、外接受检查与治疗的详细经过及效果。对患者提供的药名、诊断和手术名称需加引号（“ ”）以示区别。

5. 发病以来一般情况：简要记录患者发病后的精神状态、睡眠、食欲、大小便、体重等情况。

与本次疾病虽无紧密关系、但仍需治疗的其他疾病情况，可在现病史后另起一段予以记录。

（四）既往史是指患者过去的健康和疾病情况。内容包括既往一般健康状况、疾病史、传染病史、预防接种史、手术外伤史、输血史、食物或药物过敏史等。

（五）个人史，婚育史、月经史，家族史。

1. 个人史：记录出生地及长期居留地，生活习惯及有无烟、酒、药物等嗜好，职业与工作条件及有无工业毒物、粉尘、放射性物质接触史，有无冶游史。

2. 婚育史、月经史：婚姻状况、结婚年龄、配偶健康状况、有无子女等。女性患者记录初潮年龄、行经期天数、间隔天数、末次月经时间（或闭经年龄），月经量、痛经及生育等情况。

3. 家族史：父母、兄弟、姐妹健康状况，有无与患者类似疾病，有无家族遗传倾向的疾病。

（六）体格检查应当按照系统循序进行书写。内容包括体温、脉搏、呼吸、血压，一般情况，皮肤、粘膜，全身浅表淋巴结，头部及其器官，颈部，胸部（胸廓、肺部、心脏、血管），腹部（肝、脾等），直肠肛门，外生殖器，脊柱，四肢，神经系统等。

（七）专科情况应当根据专科需要记录专科特殊情况。

（八）辅助检查指入院前所作的与本次疾病相关的主要检查及其结果。应分类按检查时间顺序记录检查结果，如系在其他医疗机构所作检查，应当写明该机构名称及检查号。

（九）初步诊断是指经治医师根据患者入院时情况，综合分析所作出的诊断。如初步诊断为多项时，应当主次分明。对待查病例应列出可能性较大的诊断。

（十）书写入院记录的医师签名。

第十九条 再次或多次入院记录，是指患者因同一种疾病再次或多次住入同一医疗机构时书写的记录。要求及内容基本同入院记录。主诉是记录患者本次入院的主要症状（或体征）及持续时间；现病史中要求首先对本次住院前历次有关住院诊疗经过进行小结，然后再书写本次入院的现病史。

第二十条 患者入院不足 24 小时出院的，可以书写 24 小时内入出院记录。内容包括患者姓名、性别、年龄、职业、入院时间、出院时间、主诉、入院情况、入院诊断、诊疗经过、出院情况、出院诊断、出院医嘱，医师签名等。

第二十一条 患者入院不足 24 小时死亡的，可以书写 24 小时内入院死亡记录。内容包括患者姓名、性别、年龄、职业、入院时间、死亡时间、主诉、入院情况、入院诊断、诊疗经过（抢救经过）、死亡原因、死亡诊断，医师签名等。

第二十二条 病程记录是指继入院记录之后，对患者病情和诊疗过程所进行的连续性记录。内容包括患者的病情变化情况、重要的辅助检查结果及临床意义、上级医师查房意见、会诊意见、医师分析讨论意见、所采取的诊疗措施及效果、医嘱更改及理由、向患者及其近亲属告知的重要事项等。

病程记录的要求及内容：

（一）首次病程记录是指患者入院后由经治医师或值班医师书写的第一次病程记录，应当在患者入院 8 小时内完成。首次病程记录的内容包括病例特点、拟诊讨论（诊断依据及鉴别诊断）、诊疗计划等。

1. 病例特点：应当在对病史、体格检查和辅助检查进行全面分析、归纳和整理后写出本病例特征，包括阳性发现和具有鉴别诊断意义的阴性症状和体征等。

2. 拟诊讨论（诊断依据及鉴别诊断）：根据病例特点，提出初步诊断和诊断依据；对诊断不明的写出鉴别诊断并进行分析；并对下一步诊治措施进行分析。

3. 诊疗计划：提出具体的检查及治疗措施安排。

（二）日常病程记录是指对患者住院期间诊疗过程的经常性、连续性记录。由经治医师书写，也可以由实习医务人员或试用期医务人员书写，但应有经治医师签名。书写日常病程记录时，首先标明记录时间，另起一行记录具体内容。对病危患者应当根据病情变化随时书写病程记录，每天至少 1 次，记录时间应当具体到分钟。对病重患者，至少 2 天记录一次病程记录。对病情稳定的患者，至少 3 天记录一次病程记录。

（三）上级医师查房记录是指上级医师查房时对患者病情、诊断、鉴别诊断、当前治疗措施疗效的分析及下一步诊疗意见等的记录。

主治医师首次查房记录应当于患者入院 48 小时内完成。内容包括查房医师的姓名、专业技术职务、补充的病史和体征、诊断依据与鉴别诊断的分析及诊疗计划等。

主治医师日常查房记录间隔时间视病情和诊疗情况确定，内容包括查房医师的姓名、专业技术职务、对病情的分析和诊疗意见等。

科主任或具有副主任医师以上专业技术职务任职资格医师查房的记录，内容包括查房医师的姓名、专业技术职务、对病情的分析和诊疗意见等。

（四）疑难病例讨论记录是指由科主任或具有副主任医师以上专业技术任职资格的医师主持、召集有关医务人员对确诊困难或疗效不确切病例讨论的记录。内容包括讨论日期、主持人、参加人员姓名及专业技术职务、具体讨论意见及主持人小结意见等。

（五）交（接）班记录是指患者经治医师发生变更之际，交班医师和接班医师分别对患者病情及诊疗情况进行简要总结的记录。交班记录应当在交班前由交班医师书写完成；接班记录应当由接班医师于接班后 24 小时内完成。交（接）班记录的内容包括入院日期、交班或接班日期、患者姓名、性别、年龄、主诉、入院情况、入院诊断、诊疗经过、目前情况、目前诊断、交班注意事项或接班诊疗计划、医师签名等。

（六）转科记录是指患者住院期间需要转科时，经转入科室医师会诊并同意接收后，由转出科室和转入科室医师分别书写的记录。包括转出记录和转入记录。转出记录由转出科室医师在患者转出科室前书写完成（紧急情况除外）；转入记录由转入科室医师于患者转入后 24 小时内完成。转科记录内容包括入院日期、转出或转入日期，转出、转入科室，患者姓名、性别、年龄、主诉、入院情况、入院诊断、诊疗经过、目前情况、目前诊断、转科目的及注意事项或转入诊疗计划、医师签名等。

（七）阶段小结是指患者住院时间较长，由经治医师每月所作病情及诊疗情况总结。阶段小结的内容包括入院日期、小结日期，患者姓名、性别、年龄、主诉、入院情况、入院诊断、诊疗经过、目前情况、目前诊断、诊疗计划、医师签名等。

交（接）班记录、转科记录可代替阶段小结。

（八）抢救记录是指患者病情危重，采取抢救措施时作的记录。因抢救急危患者，未能及时书写病历的，有关医务人员应当在抢救结束后 6 小时内据实补记，并加以注明。内容包括病情变化情况、抢救时间及措施、参加抢救的医务人员姓名及专业技术职称等。记录抢救时间应当具体到分钟。

（九）有创诊疗操作记录是指在临床诊疗活动过程中进行的各种诊断、治疗性操作（如胸腔穿刺、腹腔穿刺等）的记录。应当在操作完成后即刻书写。内容包括操作名称、操作时间、操作步骤、结果及患者一般情况，记录过程是否顺利、有无不良反应，术后注意事项及是否向患者说明，操作医师签名。

（十）会诊记录（含会诊意见）是指患者在住院期间需要其他科室或者其他医疗机构协助诊疗时，分别由申请医师和会诊医师书写的记录。会诊记录应另页书写。内容包括申请会诊记录和会诊意见记录。申请会诊记录应当简要载明患者病情及诊疗情况、申请会诊的理由和目的，申请会诊医师签名等。常规会诊意见记录应当由会诊医师在会诊申请发出后48小时内完成，急会诊时会诊医师应当在会诊申请发出后10分钟内到场，并在会诊结束后即刻完成会诊记录。会诊记录内容包括会诊意见、会诊医师所在的科别或者医疗机构名称、会诊时间及会诊医师签名等。申请会诊医师应在病程记录中记录会诊意见执行情况。

（十一）术前小结是指在患者手术前，由经治医师对患者病情所作的总结。内容包括简要病情、术前诊断、手术指征、拟施手术名称和方式、拟施麻醉方式、注意事项，并记录手术者术前查看患者相关情况等。

（十二）术前讨论记录是指因患者病情较重或手术难度较大，手术前在上级医师主持下，对拟实施手术方式和术中可能出现的问题及应对措施所作的讨论。讨论内容包括术前准备情况、手术指征、手术方案、可能出现的意外及防范措施、参加讨论者的姓名及专业技术职务、具体讨论意见及主持人小结意见、讨论日期、记录者的签名等。

（十三）麻醉术前访视记录是指在麻醉实施前，由麻醉医师对患者拟施麻醉进行风险评估的记录。麻醉术前访视可另立单页，也可在病程中记录。内容包括姓名、性别、年龄、科别、病案号，患者一般情况、简要病史、与麻醉相关的辅助检查结果、拟行手术方式、拟行麻醉方式、麻醉适应证及麻醉中需注意的问题、术前麻醉医嘱、麻醉医师签字并填写日期。

（十四）麻醉记录是指麻醉医师在麻醉实施中书写的麻醉经过及处理措施的记录。麻醉记录应当另页书写，内容包括患者一般情况、术前特殊情况、麻醉前用药、术前诊断、术中诊断、手术方式及日期、麻醉方式、麻醉诱导及各项操作开始及结束时间、麻醉期间用药名称、方式及剂量、麻醉期间特殊或突发情况及处理、手术起止时间、麻醉医师签名等。

（十五）手术记录是指手术者书写的反映手术一般情况、手术经过、术中发现及处理等情况的特殊记录，应当在术后24小时内完成。特殊情况下由第一助手书写时，应有手术者签名。手术记录应当另页书写，内容包括一般项目（患者姓名、性别、科别、病房、床位号、住院病历号或病案号）、手术日期、术前诊断、术中诊断、手术名称、手术者及助手姓名、麻醉方法、手术经过、术中出现的情况及处理等。

（十六）手术安全核查记录是指由手术医师、麻醉医师和巡回护士三方，在麻醉实施前、手术开始前和患者离室前，共同对患者身份、手术部位、手术方式、麻醉及手术风险、手术使用物品清点等内容进行核对的记录，输血的患者还应对血型、用血量进行核对。应有手术医师、麻醉医师和巡回护士三方核对、确认并签字。

（十七）手术清点记录是指巡回护士对手术患者术中所用血液、器械、敷料等的记录，应当在手术结束后即时完成。手术清点记录应当另页书写，内容包括患者姓名、住院病历号（或病案号）、手术日期、手术名称、术中所用各种器械和敷料数量的清点核对、巡回护士和手术器械护士签名等。

（十八）术后首次病程记录是指参加手术的医师在患者术后即时完成的病程记录。内容包括手术时间、术中诊断、麻醉方式、手术方式、手术简要经过、术后处理措施、术后应当特别注意观察的事项等。

（十九）麻醉术后访视记录是指麻醉实施后，由麻醉医师对术后患者麻醉恢复情况进行访视的记录。麻醉术后访视可另立单页，也可在病程中记录。内容包括姓名、性别、年龄、科别、病案号，患者一般情况、麻醉恢复情况、清醒时间、术后医嘱、是否拔除气管插管等，如有特殊情况应详细记录，麻醉医师签字并填写日期。

（二十）出院记录是指经治医师对患者此次住院期间诊疗情况的总结，应当在患者出院后24小时内完成。内容主要包括入院日期、出院日期、入院情况、入院诊断、诊疗经过、出院诊断、出院情况、出院医嘱、医师签名等。

（二十一）死亡记录是指经治医师对死亡患者住院期间诊疗和抢救经过的记录，应当在患者死亡后24小时内完成。内容包括入院日期、死亡时间、入院情况、入院诊断、诊疗经过（重点记录病情演变、抢救经过）、死亡原因、死亡诊断等。记录死亡时间应当具体到分钟。

（二十二）死亡病例讨论记录是指在患者死亡一周内，由科主任或具有副主任医师以上专业技术职务任职资格的医师主持，对死亡病例进行讨论、分析的记录。内容包括讨论日期、主持人及参加人员姓名、专业技术职务、具体讨论意见及主持人小结意见、记录者的签名等。

（二十三）病重（病危）患者护理记录是指护士根据医嘱和病情对病重（病危）患者住院期间护理过程的客观记录。病重（病危）患者护理记录应当根据相应专科的护理特点书写。内容包括患者姓名、科别、住院病历号（或病案号）、床位号、页码、记录日期和时间、出入液量、体温、脉搏、呼吸、血压等病情观察、护理措施和效果、护士签名等。记录时间应当具体到分钟。

第二十三条　手术同意书是指手术前，经治医师向患者告知拟施手术的相关情况，并由患者签署是否同意手术的医学文书。内容包括术前诊断、手术名称、术中或术后可能出现的并发症、手术风险、患者签署意见并签名、经治医师和术者签名等。

第二十四条　麻醉同意书是指麻醉前，麻醉医师向患者告知拟施麻醉的相关情况，并由患者签署是否同意麻醉意见的医学文书。内容包括患者姓名、性别、年龄、病案号、科别、术前诊断、拟行手术方式、拟行麻醉方式，患者基础疾病及可能对麻醉产生影响的特殊情况，麻醉中拟行的有创操作和监测，麻醉风险、可能发生的并发症及意外情况，患者签署意见并签名、麻醉医师签名并填写日期。

第二十五条 输血治疗知情同意书是指输血前，经治医师向患者告知输血的相关情况，并由患者签署是否同意输血的医学文书。输血治疗知情同意书内容包括患者姓名、性别、年龄、科别、病案号、诊断、输血指征、拟输血成份、输血前有关检查结果、输血风险及可能产生的不良后果、患者签署意见并签名、医师签名并填写日期。

第二十六条 特殊检查、特殊治疗同意书是指在实施特殊检查、特殊治疗前，经治医师向患者告知特殊检查、特殊治疗的相关情况，并由患者签署是否同意检查、治疗的医学文书。内容包括特殊检查、特殊治疗项目名称、目的、可能出现的并发症及风险、患者签名、医师签名等。

第二十七条 病危（重）通知书是指因患者病情危、重时，由经治医师或值班医师向患者家属告知病情，并由患方签名的医疗文书。内容包括患者姓名、性别、年龄、科别，目前诊断及病情危重情况，患方签名、医师签名并填写日期。一式两份，一份交患方保存，另一份归病历中保存。

第二十八条 医嘱是指医师在医疗活动中下达的医学指令。医嘱单分为长期医嘱单和临时医嘱单。

长期医嘱单内容包括患者姓名、科别、住院病历号（或病案号）、页码、起始日期和时间、长期医嘱内容、停止日期和时间、医师签名、执行时间、执行护士签名。临时医嘱单内容包括医嘱时间、临时医嘱内容、医师签名、执行时间、执行护士签名等。

医嘱内容及起始、停止时间应当由医师书写。医嘱内容应当准确、清楚，每项医嘱应当只包含一个内容，并注明下达时间，应当具体到分钟。医嘱不得涂改。需要取消时，应当使用红色墨水标注"取消"字样并签名。

一般情况下，医师不得下达口头医嘱。因抢救急危患者需要下达口头医嘱时，护士应当复诵一遍。抢救结束后，医师应当即刻据实补记医嘱。

第二十九条 辅助检查报告单是指患者住院期间所做各项检验、检查结果的记录。内容包括患者姓名、性别、年龄、住院病历号（或病案号）、检查项目、检查结果、报告日期、报告人员签名或者印章等。

第三十条 体温单为表格式，以护士填写为主。内容包括患者姓名、科室、床号、入院日期、住院病历号（或病案号）、日期、手术后天数、体温、脉博、呼吸、血压、大便次数、出入液量、体重、住院周数等。

第四章　打印病历内容及要求

第三十一条 打印病历是指应用字处理软件编辑生成并打印的病历（如 Word 文档、WPS 文档等）。打印病历应当按照本规定的内容录入并及时打印，由相应医务人员手写签名。

第三十二条　医疗机构打印病历应当统一纸张、字体、字号及排版格式。打印字迹应清楚易认，符合病历保存期限和复印的要求。

第三十三条　打印病历编辑过程中应当按照权限要求进行修改，已完成录入打印并签名的病历不得修改。

第五章　其他

第三十四条　住院病案首页按照《卫生部关于修订下发住院病案首页的通知》（卫医发〔2001〕286号）的规定书写。

第三十五条　特殊检查、特殊治疗按照《医疗机构管理条例实施细则》（1994年卫生部令第35号）有关规定执行。

第三十六条　中医病历书写基本规范由国家中医药管理局另行制定。

第三十七条　电子病历基本规范由卫生部另行制定。

第三十八条　本规范自2010年3月1日起施行。我部于2002年颁布的《病历书写基本规范（试行）》（卫医发〔2002〕190号）同时废止。

附录三　卫生部关于印发《电子病历基本规范（试行）》的通知

中华人民共和国卫生部
卫医政发〔2010〕24号

各省、自治区、直辖市卫生厅局，新疆生产建设兵团卫生局：

为贯彻落实《中共中央　国务院关于深化医药卫生体制改革的意见》和国务院办公厅《关于印发医药卫生体制五项重点改革2009年工作安排的通知》，加强我国医疗机构电子病历管理，规范电子病历临床使用，促进医疗机构信息化建设，我部组织制定了《电子病历基本规范（试行）》，现印发给你们，请遵照执行。

附件：电子病历基本规范（试行）

二〇一〇年二月二十二日

电子病历基本规范
（试行）

第一章　总　则

第一条　为规范医疗机构电子病历管理，保证医患双方合法权益，根据《中华人民共和国执业医师法》、《医疗机构管理条例》、《医疗事故处理条例》、《护士条例》等法律、法规，制定本规范。

第二条 本规范适用于医疗机构电子病历的建立、使用、保存和管理。

第三条 电子病历是指医务人员在医疗活动过程中，使用医疗机构信息系统生成的文字、符号、图表、图形、数据、影像等数字化信息，并能实现存储、管理、传输和重现的医疗记录，是病历的一种记录形式。

使用文字处理软件编辑、打印的病历文档，不属于本规范所称的电子病历。

第四条 医疗机构电子病历系统的建设应当满足临床工作需要，遵循医疗工作流程，保障医疗质量和医疗安全。

第二章 电子病历基本要求

第五条 电子病历录入应当遵循客观、真实、准确、及时、完整的原则。

第六条 电子病历录入应当使用中文和医学术语，要求表述准确，语句通顺，标点正确。通用的外文缩写和无正式中文译名的症状、体征、疾病名称等可以使用外文。记录日期应当使用阿拉伯数字，记录时间应当采用 24 小时制。

第七条 电子病历包括门（急）诊电子病历、住院电子病历及其他电子医疗记录。电子病历内容应当按照卫生部《病历书写基本规范》执行，使用卫生部统一制定的项目名称、格式和内容，不得擅自变更。

第八条 电子病历系统应当为操作人员提供专有的身份标识和识别手段，并设置有相应权限；操作人员对本人身份标识的使用负责。

第九条 医务人员采用身份标识登录电子病历系统完成各项记录等操作并予确认后，系统应当显示医务人员电子签名。

第十条 电子病历系统应当设置医务人员审查、修改的权限和时限。实习医务人员、试用期医务人员记录的病历，应当经过在本医疗机构合法执业的医务人员审阅、修改并予电子签名确认。医务人员修改时，电子病历系统应当进行身份识别、保存历次修改痕迹、标记准确的修改时间和修改人信息。

第十一条 电子病历系统应当为患者建立个人信息数据库（包括姓名、性别、出生日期、民族、婚姻状况、职业、工作单位、住址、有效身份证件号码、社会保障号码或医疗保险号码、联系电话等），授予唯一标识号码并确保与患者的医疗记录相对应。

第十二条 电子病历系统应当具有严格的复制管理功能。同一患者的相同信息可以复制，复制内容必须校对，不同患者的信息不得复制。

第十三条 电子病历系统应当满足国家信息安全等级保护制度与标准。严禁篡改、伪造、隐匿、抢夺、窃取和毁坏电子病历。

第十四条 电子病历系统应当为病历质量监控、医疗卫生服务信息以及数据统计分析和医疗保险费用审核提供技术支持，包括医疗费用分类查询、手术分级管理、临床路径管理、单病种质量控制、平均住院日、术前平均住院日、床位使用率、合理用药监控、药物占总收入比例等医疗质量管理与控制指标的统计，利用系统优势建立医疗质量考核体系，提高工作效率，保证医疗质量，规范诊疗行为，提高医院管理水平。

第三章　实施电子病历基本条件

第十五条　医疗机构建立电子病历系统应当具备以下条件：

（一）具有专门的管理部门和人员，负责电子病历系统的建设、运行和维护。

（二）具备电子病历系统运行和维护的信息技术、设备和设施，确保电子病历系统的安全、稳定运行。

（三）建立、健全电子病历使用的相关制度和规程，包括人员操作、系统维护和变更的管理规程，出现系统故障时的应急预案等。

第十六条　医疗机构电子病历系统运行应当符合以下要求：

（一）具备保障电子病历数据安全的制度和措施，有数据备份机制，有条件的医疗机构应当建立信息系统灾备体系。应当能够落实系统出现故障时的应急预案，确保电子病历业务的连续性。

（二）对操作人员的权限实行分级管理，保护患者的隐私。

（三）具备对电子病历创建、编辑、归档等操作的追溯能力。

（四）电子病历使用的术语、编码、模板和标准数据应当符合有关规范要求。

第四章　电子病历的管理

第十七条　医疗机构应当成立电子病历管理部门并配备专职人员，具体负责本机构门（急）诊电子病历和住院电子病历的收集、保存、调阅、复制等管理工作。

第十八条　医疗机构电子病历系统应当保证医务人员查阅病历的需要，能够及时提供并完整呈现该患者的电子病历资料。

第十九条　患者诊疗活动过程中产生的非文字资料（CT、磁共振、超声等医学影像信息，心电图，录音，录像等）应当纳入电子病历系统管理，应确保随时调阅、内容完整。

第二十条　门诊电子病历中的门（急）诊病历记录以接诊医师录入确认即为归档，归档后不得修改。

第二十一条　住院电子病历随患者出院经上级医师于患者出院审核确认后归档，归档后由电子病历管理部门统一管理。

第二十二条　对目前还不能电子化的植入材料条形码、知情同意书等医疗信息资料，可以采取措施使之信息数字化后纳入电子病历并留存原件。

第二十三条　归档后的电子病历采用电子数据方式保存，必要时可打印纸质版本，打印的电子病历纸质版本应当统一规格、字体、格式等。

  第二十四条 电子病历数据应当保存备份，并定期对备份数据进行恢复试验，确保电子病历数据能够及时恢复。当电子病历系统更新、升级时，应当确保原有数据的继承与使用。

  第二十五条 医疗机构应当建立电子病历信息安全保密制度，设定医务人员和有关医院管理人员调阅、复制、打印电子病历的相应权限，建立电子病历使用日志，记录使用人员、操作时间和内容。未经授权，任何单位和个人不得擅自调阅、复制电子病历。

  第二十六条 医疗机构应当受理下列人员或机构复印或者复制电子病历资料的申请：

  （一）患者本人或其代理人；

  （二）死亡患者近亲属或其代理人；

  （三）为患者支付费用的基本医疗保障管理和经办机构；

  （四）患者授权委托的保险机构。

  第二十七条 医疗机构应当指定专门机构和人员负责受理复印或者复制电子病历资料的申请，并留存申请人有效身份证明复印件及其法定证明材料、保险合同等复印件。受理申请时，应当要求申请人按照以下要求提供材料：

  （一）申请人为患者本人的，应当提供本人有效身份证明；

  （二）申请人为患者代理人的，应当提供患者及其代理人的有效身份证明、申请人与患者代理关系的法定证明材料；

  （三）申请人为死亡患者近亲属的，应当提供患者死亡证明及其近亲属的有效身份证明、申请人是死亡患者近亲属的法定证明材料；

  （四）申请人为死亡患者近亲属代理人的，应当提供患者死亡证明、死亡患者近亲属及其代理人的有效身份证明，死亡患者与其近亲属关系的法定证明材料，申请人与死亡患者近亲属代理关系的法定证明材料；

  （五）申请人为基本医疗保障管理和经办机构的，应当按照相应基本医疗保障制度有关规定执行；

  （六）申请人为保险机构的，应当提供保险合同复印件，承办人员的有效身份证明，患者本人或者其代理人同意的法定证明材料；患者死亡的，应当提供保险合同复印件，承办人员的有效身份证明，死亡患者近亲属或者其代理人同意的法定证明材料。合同或者法律另有规定的除外。

  第二十八条 公安、司法机关因办理案（事）件，需要收集、调取电子病历资料的，医疗机构应当在公安、司法机关出具法定证明及执行公务人员的有效身份证明后如实提供。

  第二十九条 医疗机构可以为申请人复印或者复制电子病历资料的范围按照我部

《医疗机构病历管理规定》执行。

第三十条　医疗机构受理复印或者复制电子病历资料申请后，应当在医务人员按规定时限完成病历后方予提供。

第三十一条　复印或者复制的病历资料经申请人核对无误后，医疗机构应当在电子病历纸质版本上加盖证明印记，或提供已锁定不可更改的病历电子版。

第三十二条　发生医疗事故争议时，应当在医患双方在场的情况下锁定电子病历并制作完全相同的纸质版本供封存，封存的纸质病历资料由医疗机构保管。

第五章　附则

第三十三条　各省级卫生行政部门可根据本规范制定本辖区相关实施细则。

第三十四条　中医电子病历基本规范由国家中医药管理局另行制定。

第三十五条　本规范由卫生部负责解释。

第三十六条　本规范自 2010 年 4 月 1 日起施行。

附录四　广东省电子病历的基本内容和要求

第一章　总则

第一条　为规范医疗机构电子病历管理和建立，维护医患双方合法权益，根据卫生部《电子病历基本规范（试行）》和《病历书写规范》制定本实施细则。

第二条　本实施细则适用于在广东省内的医疗机构电子病历的建立、使用、保存和管理。

第三条　电子病历是指医务人员在医疗活动过程中，使用计算机信息系统生成的文字、符号、图表、图形、数据、影像等数字化信息，并能实现存储、管理、传输和重现的医疗记录，是病历的一种记录形式。使用文字、图形、影像等处理软件编辑、打印的病历文档，不属于本细则所称的电子病历。

第四条　电子病历系统是指医院内部支持电子病历信息的采集、存储和访问，为医疗卫生服务提供信息处理和智能化服务功能的一套计算机信息系统。一切与患者医疗、保健相关的计算机信息系统产生数据都应纳入电子病历。电子病历系统的建设应当满足临床工作需要，遵循医疗工作流程，保障医疗质量和医疗安全。

第二章　实施电子病历基本条件

第五条　建立电子病历系统应当具备以下条件：

（一）具有专门的管理部门和人员，负责电子病历系统的建设、运行和维护。

（二）电子病历系统具有独立的服务器，备份服务器，有条件的医院可以建立时间戳服务器。

（三）计算机机房符合《计算站场地安全要求》（GB9316－88）。

第六条 建立和健全电子病历使用的相关制度和规程，包括人员操作、系统维护和变更的管理规程。

第七条 电子病历系统具备健全的应用日志和系统日志的管理机制，所有日志保留不少于 90 天。

第八条 电子病历系统运行应当符合以下要求：

（一）具备保障电子病历数据安全的制度和措施，有数据备份机制，有条件的医疗机构应当建立信息系统灾备体系。应当能够落实系统出现故障时的应急预案，确保电子病历业务的连续性。

（二）对操作人员的权限实行分级管理，保护患者的隐私。

（三）具备对电子病历创建、编辑、归档等操作的追溯能力。

（四）电子病历使用的术语、编码、模板和标准数据应当符合有关规范要求。

（五）病历的归档，支持以 PDF 等版式电子文件独立保存（需提供相应阅读软件），文件的格式必须符合病历书写要求，保留其格式与外观不变。

（六）归档的住院电子病历，保留时间不少于 30 年；门、急诊电子病历，保留时间不少于 15 年。

（七）由电子病历系统输出打印病历时，应生成打印序列号（在右下角）以便校验，可加入代表本院标识的水印。

（八）电子病历系统与其他各系统之间实现数据共享，互联互通，能清晰体现内在的逻辑联系，数据准确可靠，数据之间应相互关联、相互制约。

第三章　电子病历系统建设要求

第九条 电子病历系统应符合卫生部《电子病历基本架构与数据标准》（试行）等相关标准。

第十条 电子病历系统开发应建立完备的软件工程管理机制，创建完善的软件开发及运行维护文档管理制度。医疗机构应要求开发单位提供总体设计报告、设计说明书、数据字典、数据结构与流程说明书、测试报告、操作使用说明书、系统维护手册等技术文档。

第十一条 医疗机构应要求开发单位保证操作系统、数据库、网络系统的安全、稳定、可靠，提供技术培训、支持与服务。

第十二条 电子病历系统投入使用前，应通过相关部门验收，确保电子病历符合相关法律规范，并报主管部门备案。

第十三条 电子病历录入应当遵循客观、真实、准确、及时、完整的原则。录入时使用中文和医学术语，要求表述准确，语句通顺，标点正确。通用的外文缩写和无正式中文译名的症状、体征、疾病名称等可以使用外文。记录日期和时间由电子病历系统按年历、月历、日历设定，并由系统服务器自动生成。记录日期应当使用阿拉伯数字，年份应设定为 4 位数，月、日设定为 2 位数，记录格式为"年 - 月 - 日"，记录时间应当采用 24 小时制，时间设定至分钟，记录格式为"时：分"（如"2010 - 06 - 08　09：06"）。

第十四条　电子病历系统应设置有相应权限；操作人员对本人身份标识的使用负责，并遵守保密制度，妥善保管本人用户名和密码。有条件的医疗机构可采用经卫生部测评通过的第三方电子证书认证机构发放的数字证书作为身份识别。

第十五条　医务人员采用身份标识登录电子病历系统完成各项记录等操作并予确认后，系统应当显示医务人员电子签名。

第十六条　电子病历系统应当设置医务人员录入、审查、修改的权限和时限。权限划分和时限设定按照卫生部《病历书写基本规范》和《广东省病历书写与管理规范》进行管理。医疗机构可根据本单位实际划分，设定不同岗位具体的权限和时限。

第十七条　实习医务人员、试用期医务人员记录的病历，应当经过在本医疗机构合法执业的医务人员审阅、修改并予电子签名确认。医务人员修改时，电子病历系统应当进行身份识别、保存历次修改痕迹、标记准确的修改时间和修改人信息。

第十八条　电子病历系统应当满足国家信息安全等级保护制度与标准，安全保护等级不低于二级。严禁篡改、伪造、隐匿、抢夺、窃取和毁坏电子病历。

第十九条　电子病历系统应当为患者建立个人信息数据库（包括姓名、性别、出生日期、民族、婚姻状况、职业、工作单位、住址、有效身份证件号码、社会保障号码或医疗保险号码、联系电话等），授予系统内唯一标识号码并确保与患者在本医疗机构所有的医疗记录相对应。建立患者主索引系统（EMPI）的地区，医疗机构电子病历系统的患者标识应与该地区的主索引数据匹配。

第二十条　电子病历系统应允许医学知识库专业软件的嵌入，为医务人员提供专业性帮助。医学知识库专业软件不能替代医务人员决策，不能限制医务人员的决策行为。

第四章　电子病历系统的基本功能

第二十一条　电子病历系统应当为病历质量监控、医疗卫生服务信息以及数据统计分析和医疗保险费用审核提供技术支持，包括：医疗费用分类查询、手术分级管理、临床路径管理、单病种质量控制、平均住院日、术前平均住院日、床位使用率、合理用药监控、药物占总收入比例等医疗质量管理与控制指标的统计，利用系统优势建立医疗质量考核体系，提高工作效率，保证医疗质量，规范诊疗行为，提高医院管理水平。

第二十二条 电子病历包括门（急）诊电子病历、住院电子病历及其他电子医疗记录。电子病历内容应当按照卫生部《病历书写基本规范》和《广东省病历书写与管理规范》执行，使用卫生部和广东省统一制定的项目名称、格式和内容，不得擅自变更。

第二十三条 电子病历系统基本功能模块及其对应功能要求如下：

（一）病案管理：能实现对患者的整个疾病史的管理。就诊时可显示患者以往病案信息以及每次就诊的信息采集。具体包括：就诊、诊断、手术、过敏、用药及不良反应、输血和外伤等病史管理。

（二）就诊管理：可实现对门诊及住院就诊必要信息的采集，具备把就诊信息加入就诊史的功能。其中就诊管理的必要信息和功能包括：门诊就诊的日期、就诊科室、诊断及补充描述；住院就诊的病案首页内容、合理性校验、诊断及补充描述、编码、传染病报告功能等。

（三）医嘱：能使医嘱录入内容符合医疗详细程度、灵活程度要求，医嘱内容可自动核查和提示，为医嘱的执行提供充分支持。具体包括：满足临床所需的各种医嘱内容、医嘱模式；支持自由文本医嘱；支持合理用药的检查规则；支持医保有关政策；医嘱执行单的自定义，医嘱执行的提醒、核查和结果反馈等。

（四）病历记录：支持各类医疗记录类型，提供方便的录入手段，可对修改进行追踪，提供质量控制手段。具体包括：支持卫生部病历书写规范中列出的所有病历记录类型，支持自由文本录入；自动记录医疗记录的创建人、创建时间、完成时间；提供方便的编辑功能，自定义模板功能；对复制的适当限制；对病历修改的追踪和控制；具备时限自动控制、质量人工控制等质量控制手段；可实现打印要求等。

（五）病历展现：病历展现支持按时间、按内容、按疾病等查阅路径，展现形式支持图表化，提供独立的浏览软件，具备检查结果的新报告提示、报告状态、报告异常提示，支持打印输出等。

（六）辅助临床决策功能：在医嘱下达、医疗方案选择方面能提供辅助临床决策功能。包括：合理用药自动审核，提供用药建议；能提供用药剂量、配套医嘱、疾病治疗方案等诊疗建议；支持临床路径，支持临床指南及临床资料库的使用；进行医保药品推荐；记录对辅助建议的遵从情况等。

（七）任务提醒：能进行任务管理，具备医生、护士工作列表的提醒功能，同时能根据外来事件或临床路径进行提醒。

（八）基础功能：具备电子病历系统的用户管理、数据管理、字典管理等基础服务功能。

第二十四条 电子病历系统具有友好的用户界面；鼠标和键盘均可单独操作；确保数据处理准确无误；可根据需要随时调整设置各种表单、病历页原样打印输出，支持病程记录、医嘱单等续打，具有清洁打印和原样打印输出功能。

第二十五条　电子病历系统具有参数修改、数据字典维护、用户权限控制、操作口令或密码设置修改、数据安全性操作、数据备份和恢复、故障排除等系统维护功能。

第五章　电子病历系统运行与维护

第二十六条　电子病历系统运行维护包括：程序升级、数据库维护、数据备份、备份恢复试验，系统维护、用户信息管理、日志维护等，使电子病历系统 7×24 小时不间断运行。

第二十七条　医疗机构制定电子病历系统运行维护的制度、日志管理制度和应急预案，并定期对预案进行演练、评估和修订预案。

第二十八条　电子病历系统须有专人进行维护，并对每一次维护进行详细记录。维护记录保存不少于电子病历系统的生命周期。

第二十九条　电子病历数据应当保存备份，并定期对备份数据进行恢复试验，确保电子病历数据能够及时恢复。当电子病历系统更新、升级时，应当确保原有数据的继承与使用，确保新旧系统数据的一致性、完整性。

第三十条　电子病历维护经费纳入日常经费预算，保证系统升级和维护的相关费用。

第六章　电子病历质量管理

第三十一条　医疗机构应建立院级、科室、书写者三级质量管理体系，实行病历质量网络实时监控，发现问题及时反馈、及时解决，持续改进。

第三十二条　电子病历质量管理的内容：

（一）贯彻执行国家有关电子病历的法规和规定；

（二）根据卫生部《病历书写基本规范》和《广东省病历书写管理与规范》设定对电子病历的质量监控要点；

（三）制定、监督和执行本单位电子病历工作的各项规章制度；

（四）定期对相关人员进行专业知识及技能培训；

（五）定期组织电子病历质量检查、质量讲评；

（六）电子病历相关医疗数据质量进行监控、检查。

第三十三条　医疗机构在正式实施电子病历前以及医务人员上岗前，应进行人员培训，经考核合格后方可授权书写、使用电子病历。

第三十四条　电子病历中涉及表格式病历模板的，按照《广东省病历书写管理与规范》的要求设计使用。

第七章　电子病历管理

第三十五条　医疗机构应当成立电子病历管理部门并配备专职人员，具体负责本机构门（急）诊电子病历和住院电子病历的收集、保存、调阅、复制等管理工作。

第三十六条 医疗机构电子病历系统应当保证医务人员查阅病历的需要，能够及时提供并完整呈现该患者的电子病历资料。

第三十七条 患者诊疗活动过程中产生的非文字资料（CT、磁共振、超声等医学影像信息，心电图，录音，录像等）应当纳入电子病历系统管理，应确保随时调阅、内容完整。

第三十八条 门诊电子病历中的门（急）诊病历记录以接诊医师录入确认即为归档，归档后不得修改。门（急）诊患者的诊疗过程全部记录实现"无纸化"后，医疗机构应满足患者查询需求，可在指定地点提供查询、复制服务，或配置自助设备以供患者查询、复制。

第三十九条 住院电子病历随患者出院经上级医师于患者出院 72 小时内审核确认后归档，归档后由电子病历管理部门统一管理。

第四十条 对目前还不能电子化的植入材料条形码、知情同意书等医疗信息资料，可以采取措施（如扫描、照像）使之信息数字化后纳入电子病历并留存原件。

第四十一条 归档后的电子病历采用电子数据方式保存，采用 PDF 格式保存的病历应建立完善的索引检索系统。

第四十二条 医疗机构应当建立电子病历信息安全保密制度，设定医务人员和有关医院管理人员调阅、复制、打印电子病历的相应权限，建立电子病历使用日志，记录使用人员、操作时间和内容。未经授权，任何单位和个人不得擅自调阅、复制电子病历。

第四十三条 医疗机构应当受理下列人员或机构复印或者复制电子病历资料的申请，受理申请时，应当要求申请人按照以下要求提供材料：

（一）患者本人或其代理人：应当提供本人有效身份证明及其代理人的有效身份证明、申请人与患者代理关系的法定证明材料；

（二）死亡患者近亲属或其代理人：应当提供死亡患者死亡证明，死亡患者近亲属或其代理人的有效身份证明，死亡患者与其近亲属关系或与其代理人代理关系的法定证明材料；

（三）为患者支付费用的基本医疗保障管理和经办机构：应当按照相应基本医疗保障制度有关规定执行；

（四）患者授权委托的保险机构：应当提供保险合同复印件，承办人员的有效身份证明，患者本人或者其代理人同意的法定证明材料；患者死亡的，应当提供保险合同复印件，承办人员的有效身份证明，死亡患者近亲属或者其代理人同意的法定证明材料。合同或者法律另有规定的除外。

第四十四条 公安、司法机关因办理案（事）件，需要收集、调取电子病历资料的，医疗机构应当在公安、司法机关出具法定证明及执行公务人员的有效身份证明后如实提供。

第四十五条　医疗机构可以为申请人复印或者复制电子病历资料的范围按照卫生部《医疗机构病历管理规定》执行。

第四十六条　医疗机构受理复印或者复制电子病历资料申请后，应当在医务人员按规定时限完成病历后方予提供。

第四十七条　复印或者复制的病历资料经申请人核对无误后，医疗机构应当在电子病历纸质版本上加盖证明印记，或提供已锁定不可更改的病历电子版。

第四十八条　发生医疗事故争议时，应当在医患双方在场的情况下锁定电子病历并制作完全相同的纸质版本供封存，封存的纸质病历资料由医疗机构保管。

第四十九条　在保护患者隐私的前提下，电子病历应发挥在医疗、教学、科研、管理等领域的积极作用。

第八章　电子病历系统的接口要求

第五十条　电子病历系统接口应实现与医疗机构应用的其他信息系统进行数据交换的功能。须满足下列基本要求：

（一）保证上传数据与电子病历中心保留数据的一致性；

（二）保证上传数据的有效性和完整性；

（三）可按医疗保障、区域医疗服务等的要求及时下载更新数据；

（四）严格按照卫生部《医疗机构病历管理规定》有关要求实现电子病历数据区域共享。

第五十一条　电子病历系统应为卫生行政部门监督管理提供数据交换接口，保障数据的一致性和准确性。

第五十二条　电子病历系统应预留与居民电子健康档案等区域卫生信息平台的接口，实现病历数据、居民健康信息区域共享。

第九章　附则

第五十三条　如本实施细则与国家新颁布的相关法律、法规不一致时，以国家的法律、法规为准。

第五十四条　本实施细则由广东省卫生厅负责解释。

第五十五条　本实施细则自下发之日起施行。

附录五 护理文件质量考核标准

一、护理文件书写标准及质量考核标准

护理文件质量标准（100分）

患者入院评估单（2分）

信息来源	项目	质量标准	应得分	扣分标准	扣分	责任者
护理部检查 病案室检查	书写内容	1、入院评估各项填写规范 2、评估内容准确	1 1	未按要求书写1处扣0.25分 内容与医嘱不符扣0.5分		

体温单（20分）

信息来源	项目	质量标准	应得分	扣分标准	扣分	责任者
护理部检查 病案室检查	楣栏	用蓝黑笔填写姓名、性别、年龄、科别、病室、床号、住院号	2	一处未填写或写错误扣0.25分，未用蓝黑笔填写扣0.5分		
护理部检查 病案室检查		1. 住院日期：用蓝笔每页第一日填写年、月、日，中间以横线隔开，跨月份（年度）时，应填写年、月、日或月、日，其余只填写日期	1	一处填写不准确或未填写扣0.25分		
		2. 住院日数用蓝笔、阿拉伯数字填写	1			
		3. 手术（分娩）日数，用红笔记录，次日为第一日，依次填写至第十四日，如在14天内又做手术，则第二次手术日数作为分子，第一次手术日数作为分母填写	2			
护理部检查 病案室检查 询问患者	书写内容	1. 在40℃～42℃之间的相应时间栏内，用红笔纵写入院时间、手术、转科、分娩、出院、死亡时间。时间用中文写某时某分。（手术不写时间）	2	未按要求书写一处扣1.25分 未按要求执行一处扣1.25分		
		2. 一般患者每日测两次T、P、R；新入院、手术后患者每日测四次，连续三天；体温在37.5℃以上者每日测四次；39℃以上者每日测四小时测一次，待体温正常三天后恢复每日两次	4	未注明一次扣0.75分		
		3. 体温不升应在35℃以下写T不升	1			

信息来源	项目	质量标准	应得分	扣分标准	扣分	责任者
护理部检查 病案室检查	绘制	1. 按《规范》要求绘制，点圆线直、点线分明，绘制准确，无涂改。原始记录保存3个月	4	一处绘制不准确扣1.25分，不规范扣0.75分，无原始记录扣3.75分 未按要求书写一处扣0.75分		
		2. 电子病历：体温、脉搏不允许补画、手工画，不可编造，不允许手写数字	1			
护理部检查 病案室检查	其他	1. 在34℃以下栏内用蓝黑笔阿拉伯数字填写血压、摄入量、出量、大便、小便、体重、身高。不标单位名称	2	一处填写不准确扣1.25分，应写未写扣1.25分		
		2. 页码：用阿拉伯数字填写	1	漏填或填错一页扣0.25分		

医嘱单（20分）

信息来源	项目	质量标准	应得分	扣分标准	扣分	责任者
护理部检查 病案室检查	楣栏	项目填写完整	2	一处填写不正确或未填写扣1分		
护理部检查 病案室检查	书写内容及要求	1. 注明执行医嘱具体时间并及时签名	6	未注明执行时间 未签名		
		2. 字迹清晰可辨	2	字迹不规范		
		3. 一律使用蓝黑墨水笔签名	2	用笔不符合要求		
		4. 试敏、输血护士双签字规范	4	护士双签字不规范		
		5. 手术患者腕带护士双签字规范	4	护士双签字不规范		

护理记录单（20分）

信息来源	项目	质量标准	应得分	扣分标准	扣分	责任者
护理部检查 病案室检查	楣栏	用蓝黑笔填写齐全	1	漏填或填写不正确一处扣0.25分		
护理部检查 病案室检查 询问患者	书写内容及要求	1. 日期、时间填写准确	1	未填或填写不全、不准确一处扣0.25分		
		2. 根据护理级别及医嘱要求准确记录患者的客观病情变化、所采取的护理措施及效果	10	一处记录不真实扣2.5分，不客观扣1.25分，主要病情遗漏一处扣2.5分，一项护理措施未落实扣1.25分，无效果评价扣0.25分		
		3. 入院当天按规范要求做首次记录	2	记录不及时扣1.25分，内容不全缺一项扣1.25分，描述不确切、不规范扣0.5分。		
		4. 按规定记录频次记录	2	少记一次扣1.25分		
		5. 特殊病情变化及治疗、护理应随时记录	2	未及时记录一次扣1.25分		
		6. 每次记录后签全名	1	漏签名或未签全名一次扣0.25分		
		7. 注明页码	1	漏填或填错一页扣0.25分		

重症护理记录（20 分）

信息来源	项目	质量标准	应得分	扣分标准	扣分	责任者
护理部检查 病案室检查	楣栏	用兰笔填写姓名、科别、病室、床号、住院号	1	漏填或填写不正确一处扣 0.75 分		
护理部检查 病案室检查	书写内容及要求	1. 用蓝笔填写各项生命体征及出入量，不标单位名称	1	未按规定书写一处扣 0.5 分		
		2. 按时间先后根据疾病护理常规及医嘱要求及时、准确、完整记录 T、P、R、BP、入量、出量、病情变化、医嘱执行情况	10	一处记录不真实扣 2.5 分，不及时扣 0.75 分，有主要病情的遗漏一处扣 2 分，一项护理措施未落实扣 1.25 分，未按规定书写一处扣 0.75 分，不准确一处扣 1.25 分		
		3. 液体出入量，24 小时用蓝笔划双线总结一次，必要时分类总结。总结时以实入量为准	3	未按规定书写一处扣 0.75 分 不准确一处扣 1.25 分		
		4. 每次记录标明时间，字迹清楚，签全名。不得采用刮、贴、涂等方法	2	一处未按规定书写 0.75 分		
		5. 每班及跨日、跨月首次记录必须标明日期	2	一处未按规定书写 0.25 分 漏填或填错一页扣 0.2 分		
		6. 注明页码	1			

手术清点护理记录单（15 分）

信息来源	项目	质量标准	应得分	扣分标准	扣分	责任者
护理部检查 病案室检查	楣栏	用蓝笔填写姓名、科别、病室、床号、住院号	1	漏填或填写不正确一处扣 0.75 分		
护理部检查 病案室检查	书写内容及要求	1. 输血项目填写完整、正确	1	漏填或填写不正确一处扣 0.75 分		
		2. 手术物品清点内容正确	5			
		3. 无菌物品的内外消毒有效标志物检验、留存合格	5	未进行三次清点校对扣 0.75 无合格标记、无消毒时间、未在有效期内各扣 0.75		
		4. 责任人签名清晰、规范	1	签名不清楚、未签全名扣 0.75		
		5. 手术核查记录单护士签字规范	1	签名不清楚、未签全名扣 0.75		
		6. 转送交接登记内容具体规范，护士双签	1	登记内容不规范、护士未双签各扣 0.75		

护理路径实施单（3 分）

信息来源	项目	质量标准	应得分	扣分标准	扣分	责任者
护理部检查	书写内容及要求	1. 楣栏项目填写齐全	1	漏填或填写不正确一处扣 0.25 分		
		2. 内容符合患者病情，客观真实	1	不按规定书写一处扣 0.25 分		
		3. 项目填写完整	1	填写不全一处扣 0.25 分		

二、护理记录按照有关规定由相关护理人员审核签字

1. 护理记录单必须由有执业证的护士书写并签全名，无证人员不能单独书写和签名，见习护士、无证人员书写的护理记录单必须由有执业证护理人员审阅、修改后画斜线签名，无证人员以分母签名，有证人员以分子签名。

2. 首次护理记录是指患者入院后由经管护士或值班护士书写第一次护理记录，要求在入院后 3 小时内完成，并由经管护士或值班护士签字。

3. 首次病程、每页病程及出院记录护士长应在 24 小时内审阅并签全名。

（常平福）

参 考 文 献

［1］韦志国 . 实践技能训练应用写作 . 北京：北京交通大学出版社，2010

［2］刘俊 . 实用公文写作一本通 . 北京：经济科学出版社，2012

［3］张保忠 . 党政机关公文处理工作条例释义与实务全书 . 北京：人民出版社，2012

［4］张保忠 . 党政公文写作规范技巧范例全书 . 北京：研究出版社，2012

［5］魏建周 . 新编党政机关公文写作 . 北京：红旗出版社，2012

［6］岳海翔，丁洪荣 . 新编公文写作一本通 . 北京：中国文史出版社，2012

［7］张中伟，白波 . 应用文写作（修订版）. 北京：北京理工大学出版社，2008

［8］中华人民共和国国家标准 . 党政机关公文格式 . GB/T9704—2012

［9］洪威雷 . 新编大学应用文写作 . 武汉：武汉大学出版社，2010

［10］史瑞芬，付雁 . 护理应用文写作 . 北京：人民卫生出版社，2008

［11］张文英，杨欣 . 新编应用文写作教程 . 天津：南开大学出版社，2010

［12］段轩如，高玲 . 应用文写作教程 . 北京：中国人民大学出版社，2010